KB214565

설교자는 '하나님 말씀의 봉사자'(verbi Divini Minister)로서 하나님 말씀만을 증거하기로 결단해야 한다. 이것이 본서의 저자들이 지닌 확신이다. 본서의 저자들은 설교자로서의 목회 경험을 바탕으로 강해 설교를 강조한다. 즉, 하나님의 말씀을 하나님의 백성에게 드러내는 강해 설교를 목회자의 핵심 사역으로 이해한다. 본서의 특징은 무엇보다도 강해 설교의 신학적 뿌리를 명확하게 규명한 것이다. 강해 설교란 '하나님께서 말씀하셨다'(Deus dixit)라는 성경계시의 특성을 따라 그리스도의 복음을 전하는 것이다. 게다가 본서의 저자들은 설교문 작성과 전달의 실제적 측면들을 간략하되 친절하게 안내한다. 특히 비판과 격려를 통한 설교 평가는 설교자의 성숙에 유익한 자극제가 될 것이다.

-박태현, 총신대학교 신학대학원, 설교학 교수

포스트모던 시대에 설교자들이 가장 우선적으로 회복해야 할 것은 효과적인 설교 기술보다 더욱 확고한 강해 설교의 철학이다. 이런 점에서 마크 데버와 그렉 길버트의 책은 견고한 강해 설교 철학의 진수를 잘 보여주고 있다. 이뿐 아니라 본서는 어떻게 탄탄한 성경신학의 토대 위에 설교를 준비하고 구조화하며 전달, 평가함으로 강해 설교를 건축할 수 있는지 설교 설계도를 제시해주고 있다. 이 책은 묵직한 설교 이론을 담고 있으면서도 저자가 설교사역 가운데 활용한 실제적인 예들과 설교 샘플들을 함께 제시하는 것도 유익한 점이다. 건강한 교회를 다시 꿈꾸며 진정한 강해 설교를 다시 회복하고 실천하기 원하는 설교자들에게 적극 추천한다.

-박현신, 총신대학교 신학대학원, 설교학 교수

설교자는 설교에 대한 지속적인 격려를 받을 필요가 있다. 바로 이것이다. 교회를 성장시키는 방법론적 설교나, 사람들을 감동하게 하는 기술,

그리고 쉽게 이해하게 하는 커뮤니케이션 이론이 아닌 격려 말이다. 하나님의 말씀을 신실하게 전해야 한다는 것, 그리고 그래도 된다는 격려, 이것이야말로 설교자들이 주기적으로 듣고 다시 힘을 낼 수 있게 만든다. 많은 설교학 책들은 전자(즉, 방법론들)에 집중하지만, 마크 데버와 그렉 길버트는 우리를 신실한 말씀사역으로 초대하며, 그래도 괜찮다고 계속 우리를 격려해준다. 특히 3부에서는 서로의 설교문을 공개하며 어떻게 설교자들이 서로를 격려하고 돌볼 수 있는지의 좋은 예를 보여준다. 게다가 이 책의 백미인 9장을 읽어보라. 자신의 설교를 돌아보는 법에 대한, 다른 어떤 설교학 책도 주지 않는 좋은 조언들을 볼 수 있을 것이다.

—이정규, 시광교회 담임목사

마크 데버와 그렉 길버트는 내가 가장 좋아하는 설교자들에 속한다. 그들 모두 성경이 모든 사람에게 영원한 의미가 있는 무언가를 말한다고 믿는다. 나는 데버의 설교를 들으면 성경이 무어라고 말하는지 생각해보게 된다. 또한 길버트의 설교를 들으면 성경이 말하는 바를 시각적으로 보게 된다. 주님은 이들에게 그러한 은사를 주셨다. 이 책은 이 두 은사를 조합하여 설교자이자 청자인 우리가 "좋은 설교"에 대해 생각해보고 시각화해보도록 돕는다. 두 사람이 팀을 이루어 이렇게 재미있고, 간단명료하고, 신학적으로 건전하고, 실천적이고, 영감을 주는 설교에 대한 책을 썼다는 것이 참으로 감사하다.

—타비티 안야빌레, 그랜드케이먼 제일침례교회 목사

예배적이고, 지적으로 풍성하고, 겸손하고, 유머러스하기 때문에, 이 책은 읽는 즐거움이 있다. 길버트와 데버는 교회에서 설교되는 말씀이 다시 중심 지위를 회복해야 한다고 강력하게 주장한다. 설교는 교회의 일(job)이 아닌 교회의 생명이다. 이 책은 위대한 통찰력과 실질적인 지혜로 가득하기에 모든 목회자가 이 책에 빠져들기를 바란다.
–J.D. 그리어, 서밋교회 수석 목사

나는 종종 존경하는 위대한 강해자들과 하루만 시간을 보내면서 그들이 설교를 위해 어떻게 연구하고 준비하는지 볼 수 있다면 얼마나 좋을까 생각했었다. 사람들이 큰 그림을 볼 수 있도록 그들은 어떻게 본문을 선정하고 어떤 전략을 사용할까? 구약과 신약, 그리고 다양한 성경의 책들과 장르의 균형을 맞추기 위해 어떻게 할까? 생각을 개인적으로 발전시켜 나가는 모습은 어떠하고, 설교를 만들어내는 모습은 어떠할까? 내가 이 책을 사랑하는 이유는 그 때문이다! 이 책은 독자에게 두 명의 위대한 설교자가 나누는 따뜻한 대화에 참여할 기회를 부여함으로써, 평생 사역하는 동안 설교에 유익을 줄 것이다. 신학을 다룬 1부, 방법론을 다룬 2부, 그리고 모든 격려의 말까지, 이 책은 오랫동안 내가 접한 설교에 관한 책중 최고다.
–허셀 W. 요크, 서던뱁티스트신학교 신학대학 학장, 설교학 교수

이 얇은 책은 분명하고, 간단하며, 즐겁게 강해 설교의 핵심을 파고든다. 신학 부분은 강력하면서도 통찰력이 넘치고, 그리스도에게 집중해야 한다는 강조는 시의적절하며, 실천적인 지침도 유용하다. 이 책은 자애로우면서 동시에 격려하는 목회자의 어조로 기록되어 있어서, 당신이 스스로 더 나아지길 원하게 만들 뿐 아니라, 설교의 특권에 경탄하게 만든다. 나는 데버와 길버트가 설교의 서론부터, 설교 원고 작성과 "설교 산책"에 이르기까지 서로 다른 접근법을 가지고 있다는 점이 특히 좋다. 두 사람 모두 같은 확신으로 움직이지만 각자 자신만의 고유한 방식으로 자신의 작업을 한다. 또 나는 그들이 한 책 전체를 한 번에 개관하는 설교를 하는

것이라든가 여러 장을 한꺼번에 설교하는 것 등 다양한 방식의 강해를 말해주는 것도 좋다. 나는 이 책을 강의실에서 사역을 준비하는 학생들이 보도록 할 계획이다. 하지만 헤아릴 수 없는 그리스도의 부유함을 설교하는 노련한 설교자 역시 이 책에서 많은 격려와 도움을 얻을 것이다.
–토니 메리다, 이마고데이교회 수석 목사, 서던뱁티스트신학교 설교학 교수

마크 데버와 함께하는 시간은 나에게 있어 언제나 엄청난 특권이었다. 나는 그와 교제를 나누며 발전했고, 격려받았고, 깨우쳤고, 열광했다. 설교에 관한 이 책은 그의 동료 그렉 길버트와 나누는 대화로 우리를 초대한다. 하나님의 말씀을 설교하는 일에 대한 그들의 신학적 헌신을 바탕으로, 이 책은 설교하는 기술에 관한 충만한 실천적 개선책을 제공한다. 이 책은 초보자나 숙련자들 모두를 자극하여 설교를 개선하게 한다. 당신을 위해 또는 당신의 목사를 위해 이 책을 사라.
–필립 젠슨, 시드니 성공회 교구의 호주 성직자, 세인트 앤드류 성당 학장

설교

Preach

마크 데버, 그렉 길버트의 설교

지은이   마크 데버, 그렉 길버트
옮긴이   이대은
펴낸이   김종진
초판 발행 2019. 9. 23.
등록번호 제2018-000357호
등록된 곳 서울특별시 강남구 선릉로107길 15, 202호
발행처   개혁된실천사
전화번호 02)6052-9696
이메일   mail@dailylearning.co.kr
웹사이트 www.dailylearning.co.kr

책값은 뒤표지에 있습니다.
ISBN 979-11-89697-00-6 03230

PREACH
[THEOLOGY
MEETS
PRACTICE]

설교의 개혁된 실천

마크 데버, 그렉 길버트의

설교

마크 데버, 그렉 길버트 지음

이대은 옮김

개혁된실천사

내가 가르칠 수 있는 특권을 누렸던,
캐피톨힐 침례교회의 목회 인턴이었던 모든 이들에게.
여러분이 하나님의 말씀을 설교할 때
하나님이 여러분을 축복하시기를.
—마크 데버

형제 매그넘 주니어를 기억하며.
하나님이 제게도 그렇게 오래도록 그리고
그렇게 신실하게 설교할 수 있는 은혜를 주신다면,
저는 참으로 복 받은 사람일 것입니다.
—그렉 길버트

목차

3부 설교 원고

감사의 말

어떤 책도 스스로 쓰이지 않고, 어떤 저자도 홀로 책을 쓰지 않습니다. 이 책이 나오기까지 도와주시고 지지해주신 많은 분들께 감사를 표합니다.

조나단, 카렌, 매트, 라이언, 그리고 9Marks의 다른 모든 이들에게 감사합니다. 사랑하는 친구들이여, 당신들이 하는 일은 그리스도의 교회에 너무나 선하고 유용한 일입니다. 우리는 이 책 작업뿐 아니라 9Marks의 모든 사역을 함께 할 수 있는 것을 큰 특권으로 여깁니다!

B&H의 모든 친구들에게도 감사합니다. 좋은 계획을 주시고, 함께해 주시고, 오래 인내해 주셔서 감사합니다. 저희 모두 앞으로도 유익한 관계가 오래 지속하기를 바랍니다.

캐피톨힐 침례교회와 서드 에비뉴 침례교회의 성도들이여, 우리는 여러분 모두를 매우 사랑합니다. 우리는 여러분에게 설교하는 것을 좋아하며, 여러분과 언약을 맺고 그 안에서 살아가는 일이 얼마나 즐거운지 모릅니다. 앞으로도 더 오랫동안 여러분과 함께 하나님의 말씀을 펼치며 그리스도 안에서 함께 성숙해 가기를 고대합니다.

마지막으로 가족에게 감사합니다. 가족들의 격려와 지지가 없었으면 이 모든 작업은 불가능했습니다. 이 책을 쓰는 동안 가족들은 우리에게서 받는 것보다 훨씬 많은 것을 우리에게 베풀었습니다. 복음 안에서 함께 섬길 수 있게 하신 하나님께 감사하며, 우리는 가족들을 진심으로 사랑합니다.

서문

세상 어떤 사람도 '설교'라는 제목의 책을 보고 집어서 읽어봐야 겠다고 생각하지는 않을 테다. 그런데 당신은 그렇게 한 정말 몇 안 되는 사람 중 하나다! 이제 두 문장밖에 이 책에 들어서지 않았지만, 그 사실은 틀림없다.

당신이 이 책을 집은 이유는 여러 가지가 있을 수 있다. 어쩌면 당신은 매주 목사님이 강단에서 하시는 작업에 관심이 많은 교회 성도일 수 있다. 그래서 목사님이 읽을지도 모르는 이 책을 한번 보고 싶었을지 모르겠다. 어쩌면 당신은 매주 출석하는 교회에서 선포되는 말씀을 우려하고 있는 그리스도인일지도 모르겠다. 아니면 당신은 전혀 그리스도인이 아님에도, 어떤 이유에선지 신학과 실천 코너에 있는 책 중에 설교라는 기묘한 일에 관심이 끌렸을 수도 있다. 위에서 언급한 어떤 경우라도 대환영이다! 우리는 당신이 이 책을 집었다는 사실에 기쁘다. 그리고 이 책을 넘기면서 유익을 누리기 바란다.

하지만, 우리는 이 책을 읽는 사람 대부분은 설교자일 것으로 생각한다. 오랫동안 하나님의 말씀을 선포했던 설교자일 수도 있고, 지금까지 설교를 그다지 많이 하지 않은 신참일 수도 있다. 이러한 이유로 우리가 이 책에서 말하는 내용은 대부분 설교와 관련한 "일 이야기(shop talk)"가 될 것이다. 다른 말로 하자면 이 책의 내용은 고도로 실천적이고, 고도로 구체적이며, 우리가 직접 설교를 준비하고 전했던 현장 경험에서 나온 내용들이다. 이 책을 읽을 때 다음 한 가지를 부디 명심해 달라. 우리는 설교를 준비하거나 전하는 방법이 오직 **하나**뿐이라고 말하려는 것이 절대 아니다. 도입과 결론을 사용하는 방법이 **한 가지 방법**뿐이라는 것도 아니며, 예화를 가미하는 방법이 **한 가지 방법**뿐이라는 것도 아니며, 우리가 이 책에서 말하는 대부분의 일을 하는 방법이 **한 가지 방법**뿐이라는 것이 아니다. 때로 우리는 왜 다른 방법보다 특정한 방법이 더 좋다고 생각하는지 그 이유를 강력하게 주장하기도 할 것이다. 하지만 우리는 당신이 그러한 조언을 잘 소화해서 당신의 상황과 교회에 맞게 조정할 것이라 믿는다.

책을 쓰기 시작하면 언젠가는 글쓰기가 막히고 무엇을 써야 할지 모르겠는 순간이 찾아온다. 그때에는 다음과 같은 질문들이 꼬리에 꼬리를 물고 머리에 떠오른다. **나는** 이 책을 왜 쓰고 있는가? **나는** 이것에 관하여 남이 읽을 가치 있게 쓰려면 어떻게 해야 하는가? 이 책 역시 예외는 아니다. 하지만 우리는 몇 가지 답변으로 그러한 질문을 즉각 해결할 수 있다. 첫째로, 우리는 절대로 우리가 최고의 설교자라고 생각해서 이 책을 쓰는 것이 아니다. 오히려 그 반대다! 우리 둘 다 우리보다 뛰어난 설교자들의 이름을 수십 명이라도 댈 수 있다. 또 우리는 서로를 최고의 설교자로 생각하고 서로를 칭찬하지 못해 안달이 난 그런 패거리도 아니다. 사실, 믿든 말든, 그렉은 마크의 설교보다 다른 설교자들의 설교를 듣는 편을 더 좋아한다. 마크 역시 그렉의 설교보다 여러 설교자들의 설교를 좋아한다. 그래서 우리는 그런 패거리는 아니다. 또 우리가 다른 이들보다 설교 경험이 많아서 이 책을 쓰는 것도 아니다. 마크는 담임 목사로 15년 넘게 섬겼다(물론 가볍게 여길 것은 아니다. 하지만 다른 많은 설교자들처럼 사십 년, 오십 년, 육십 년의 경력이 있는 것도 아니다). 그렉은 여전히 담임 목사로 일한 지난 5년이 영원과 같았다고 생각하고 있다.

따라서 그러한 이유 때문은 아니다. 우리가 이 책을 쓰는 이유에 대한 최상의 답변은, 우리가 복을 받아 하나님의 섭리 아래 지난 5년간 이러한 문제들을 놓고 함께 생각하고 함께 의견을 나눌 시간이 많았다는 점이다. 분명히 그 대화의 방향은 일방통행인 경우가 많았다(마크가 나 그렉을 가르치는 쪽으로). 사실 내가 설교에 대해 알고 **행하는** 것의 90퍼센트는 마크에게서 배운 것이다. 하지만 나는 **모든 것이** 일방통행은 아니었다고 믿는다. 내가 하는 **모든 것이** 마크와 유사하지는 않다. 그리고 내가 마크에게 말한 내용 중에서 마크가 두 개나 세 개(어쩌면 넷? 내가 강요하는 건가?) 정도는 받아들이지 않았나 생각한다.

시간적 압박을 받을 때, 우리 둘이 설교를 준비하는 과정은 꽤 다르다. 우리는 적용에 대해서도 다르게 생각한다. 설교 원고를 기록하는 방식도 다르다. 마크는 어떤 설교라도 열세 쪽 정도에 달하는 원고를 준비하지만, 나는 네 쪽 정도를 준비한다. 그리고 내 설교는 분명 마크의 영향을 많이 받았지만 우리는 설교하는 **스타일**이 다르다. 무엇보다도 나는 설교할 때 많이 돌아다닌다. 이에 반해 마크는 강단 뒤에 두 다리를 굳건히 둔 채로 가만히 서 있는 편이다. 우리 모두 유머를 활용하지만 마크가 더 잘한다. 나는 옷을 더 잘 입는다. 마크는 인용을 많이 하지만 나는 그렇지 않다. 나는 마크보다 내 자신의 이야기나 우리집 아이들 이야기를 더 많이 한다. 마크는 서론이 더 길고 충실하다. 내 서론은 더 짧고, 솔직히 말해서 더 수준이 낮다.

어쨌든 이 책을 보면서 멘토와 멘티, 처녀 항해에 나서는 오랜 제자와 선생님의 대화로 생각해달라. 유사성도 보이지만 차이도 보일 것이다. 당신은 우리가 확신하는 것이 무엇인지, 또 완전히 확신하지는 못하지만 그래도 어쨌든 해나가는 것이 무엇인지를 볼 것이다. 하지만 그 모든 것을 통해 우리가 하나님의 말씀이 우주에서 가장 강력한 능력이라는 확신을 공유한다는 사실을 보기 바란다. 하나님의 말씀은 생명을 주고, 치료하며, 삶을 바로잡고, 변화시킨다. 우리는 모두 이 점을 확신한다. 그리고 이 책을 읽음으로써 당신도 그러한 확신을 얻기 원한다―최근 몇 년간 시들해진 확신이 회복되든, 전혀 가져보지 못한 확신이 새롭게 생겨나든. 우리는 그렇게 갱신된 확신을 품은 당신이 하나님의 말씀을 열정적이고 정확하고 담대하게 선포하려는 열망을 다시 살려내기를 소망한다.

내용을 계속 진행하기 전에, 이 책이 바로 지금 이 시대의 교회에 유용할 것이라고 생각하는 몇 가지 구체적인 이유를 제시하려고 한다. 세 가지 이유가 떠오른다.

첫째, 우리는 복음주의 교회에서, 설교된 하나님의 말씀에 대한 자신감이 상실되는 현상을 본다. 우리 솔직해지자. 설교는 이상한 것이다. 우리 시대는 촌철살인과 즉각적인 반응으로 점철되어 있다. 우리의 소통은 대부분 짧은 논평, 더 짧은 블로그 글, 그보다 더 짧은 페이스북 페이지, 그리고 가장 최근에는 140자 글만 쓸 수 있는 트위터로 이루어진다(트위터로 신학 논쟁을 하려는 사람을 본 적이 있는가? 그런 일은 없기를). 우리의 주의지속시간은, 칠팔 초 만에 카메라 앵글을 바꾸는 텔레비전 예능 프로그램으로 길들여지고 형성되었다. 더 시간이 걸리면 지루해한다. 또 우리는 뉴스에 대해서 **논해야만** 하는 뉴스 프로그램에 익숙해졌다. 그저 **듣고만** 있는 것은 너무 지겹고 참을 수 없어 한다. 그런데 이 와중에 우리는 그리스도인들이 앉아서 삼사십 분 내내 한 사람이 이야기하는 것을 **듣고만** 있기를 기대한다. 그리고 그들은 우리가 말하는 내용에 답변을 달거나 논평을 하거나 '좋아요'를 누를 수도 없다!

아마도 이러한 현상에 대한 반응으로, 그리고 주의지속시간이 그렇게나 짧아진 사람들을 충족시키기 위해, 꽤 많은 그리스도인이 교회가 앞으로 나아갈 최선의 방식은 대화식 설교를 받아들이는 것이라고 주장한다. 즉 성경을 가르치기만 하는 설교 형식이 아니라, 주일학교 시간이나 소그룹 성경 공부와 같이 주장과 질문과 답이 있는 대화 형식을 취해야 한다는 것이다. 그렇게 하면 주장이 펼쳐지고, 사람들은 그 가르침에 더 관여할 수 있고, 상호작용할 수 있고, 질문에 대한 답변도 받을 수 있다. 그리고 이는 한 사람이 긴 시간, 아무런 방해를 받지 않고 설교를 하는 방식으로는 불가능하다.

물론 우리는 그 의도를 분명히 알겠다. 그리고 이것은 어떻게 보면 좋은 일이다. 사실 우리 둘 다 각자 교회에서 그런 형태로 가르침이 행해지는 기회를 제공하고 있다. 하지만 우리는 회중이 상세하게, 힘있게, 끊김 없는 설교의 형식으로 전해지는 하나님 말씀을 듣지 않을 때 잃어버릴 중요한 것들을 떠올리게 된다. 우리가 이 책에서 하려는 일은 그 중요한 것들이 무엇인지를 보여주고, 단지 **숙고된** 말씀이 아닌 **선포된** 하나님의 말씀이 지니는 능력에 대한 당신의 자신감을 길러주는 것이다.

둘째, 우리는 많은 복음주의 교회에서 성경 강해에 대한 자신감이 부족하다는 사실을 본다. 최근 몇 년 많은 복음주의 그리스도인들이 소위 "강해 설교(expositional preaching)"를 강력하게 주장하고 나섰다. 하지만 강해는 교회에 새롭게 등장한 신개발품이 아니다. 누군가는 수십 년 동안 강단에서 해 오던 일이다. 그리고 우리는 더나아가 이 책에서 강해란 성경이 기본적으로 전제하고 있는 설교 형식이라는 점을 보여주려고 한다. 하지만 최근 몇 년 점점 설교란 본질상 강해하는 것, 곧 뜻을 명확하게 밝혀 내용을 노출시키는

(expositional) 것임을 옹호하는 목소리가 점점 높아지고 있다. 즉, 설교란 하나님의 말씀을 청자들에게 **노출시키는**(expose) 것이라는 주장이다.

우리는 이렇게 강해에 관심이 집중되는 새로운 현상을 감사하게 여긴다. 하지만 또한 강해 설교에 대해 점점 더 많은 의문들이 제기되고 있다는 점에 주목한다. 우리가 성경 어디에서 강해를 확인할 수 있는가? 강해를 하면 사람들을 지겹게 만들어 마음이 멀어지게 하지 않는가? 건조하지 않고 생명력 넘치는 강해를 할 수 있기는 한 것인가? 이러한 의문 제기의 결과, 몇몇 복음주의 설교자들은 강해를 무서워하여 피하는 것처럼 보이기도 한다. 때로 그들은 주제 설교, 인물 연구, 심지어 설교의 정의에도 맞지 않는 설교로 강해 설교를 대신한다. 이제 성경의 한 본문을 펴고 그 본문의 의미를 주일마다 설교하는 일은 대부분의 복음주의 교회에서 드문 일이 되어버렸다.

우리는 도리어 그 반대가 되기를 원한다. 우리는 강해 설교를 반대하는 사람들의 주장에 대해서도 설득력 있는 대답을 제시하고자 한다. 우리가 이 책에서 그러한 반대에 답하며 성경적으로, 신학적으로, 실천적으로 강해 설교를 옹호하고자 한다.

셋째, 우리는 몇몇 강해 설교자들조차 강해 설교에 대해 내리는 악평에 맞서려고 한다. 다시 한 번 우리 솔직해지자. "강해 설교"라는 명목 아래 행해지는 수많은 설교는 그저 좋은 설교가 아닐 뿐이다. 우리는 앞에서 강해 설교에 대한 여러 의문점들을 제기하였다.

그 의문점들 중 몇몇은 어느 정도 일리가 있으며, 수많은 실천적 증거가 그러한 의문점을 뒷받침하고 있다. 우리 둘 다 "강해 설교"라는 이름 아래, 그저 1세기 유다 배경에 관한 주석책을 읽는 것에 지나지 않았던 설교를 들은 경험이 있다. 우리는 본문 가운데 길을 잃은 설교자들이 "아, 시간이 다 됐군요. 하나님의 말씀이 얼마나 풍요로운지 놀랍지 않습니까? 다음주에 이 말씀으로 다시 돌아오겠습니다"라는 말로 설교를 마무리하는 모습을 본다. 또 어떤 이들은 간단한 본문을 가져다가 이해할 수 없을 정도로 복잡하게 만든다. 적용에서도 "아시겠습니까? 성경이 이웃을 사랑하고 말합니다…그러니까 이웃을 사랑하십시오. 정말로 사랑하십시오. 그들에게 사랑을 주십시오! 다음 대지입니다!"같은 수준에 지나지 않는 설교를 많이 듣는다. 강해 설교가 악평을 받고 있다면(복음주의권 내에서 실제로 그러하다), 강해 설교를 해야 한다고 주장하는 우리는 그 비판을 온전히 모면할 수 없을 것이다.

그러한 이유로 우리가 이 책에서 하고 싶은 또 하나의 일은 하나님의 말씀을 어떻게 강해해야 회중을 몰입시키고, 회중에게 영향을 미치며, 죄를 깨닫도록 할 수 있느냐에 대해 우리가 수년간(그렉의 경우에는 몇 달간) 배운 내용을 글로 옮기는 것이다. 우리가 말하는 것들 중에 몇 가지는 우스울 정도로 사소하거나 하찮게 들릴 수도 있다. 어떤 것들은 전적으로 개인적 의견의 영역일 수도 있다. 이것이 당신에게 도움이 될 것 같으면 취하고, 그렇지 않으면 버릴 수도 있다. 하지만 우리는 적어도 이 책을 통해 우리 둘이 했던 것과 똑같은 실수를 당신은 피할 수 있기를 바란다.

세 가지 사항을 다 말했으니, 이제 설교에 대한 전문적 이야기를 할 때가 됐다. 이 책은 3부로 구성되어 있다. 각 부는 서로 다른 역할을 한다. 1부에서는 설교에 관한 신학을 논하려고 한다. 그리고 특별히 강해 설교에 관한 신학을 논하려고 한다. 이 부분을 통해 조직 신학 또는 성경 신학을 완전히 다루려는 것은 아니다. 따라서 우리가 말하지 않고 넘어가는 무언가가 반드시 있을 것이다. 우리는 그저 왜 설교가 그렇게 중요한지, 왜 설교하는 최고의 방법이 강해인지를 성경에서 보여주고 싶을 뿐이다. 2부에서는 강해 설교에 관한 실천적인 고찰을 다루려고 한다. 당신은 어느 본문을 설교할지 어떻게 정하는가? 강해 설교 안에는 어떤 구성요소들이 있어야 하며, 그 각 부분은 어떻게 조합되어야 하는가? 어떻게 해석에서 신학으로, 신학에서 적용으로 나아가야 하는가? 설교하는 사람만큼이나 이 작업을 해나가는 방법도 다양할 것이다. 하지만 우리가 하는 방식이 어떤지에 대해 이야기하는 내용을 들으면 당신에게도 도움 내지 격려가 되리라 믿는다. 그리고 3부가 나온다. 당신은 이 책에서 우리 둘이 어떻게 회중 내 몇몇 사람에게 설교에 대한 피드백을 요청하는지를 보게 될 것이다. 우리는 그렇게 하는 편이 도움이 된다고 생각했다. 따라서 그 실제 모습이 어떤지 조금이나마 보여주려고 한다. 그래서 3부는 두 개의 설교 원고를 담고 있다. 하나는 그렉의 설교이며 하나는 마크의 설교이다. 그리고 설교에 대해 서로 나눈 대화가 설교 원고 여기저기에 들어가 있다. 우리는 격려도 하고 비판도 하며 제안도 한다. 약간의 논쟁을 하기도 하고 서로를 놀리기도 한다. 이렇게 해서 당신에게 우리 교회에서 일어나는 "설교 돌아보기"가 어떠한지를 보여주고 싶었다.

무엇보다 우리는 당신이 얼마나 숙련된 설교자인지와 상관없이 이 책을 통해 당신이 나아지기를 바란다. 당신이 풋내기라고 한다면 하나님의 말씀을 하나님의 백성에게 전하는 일을 준비할 때 도움이 되기 바란다. 그리고 당신이 숙련된 설교자라면 하나님이 당신에게 주신 사명을 계속 감당해 나가는 데, 이 책이 당신에게 격려가 되고 어쩌면 무언가 생각할 사항을 줄 수 있기 바란다. 또 당신이 얼마나 많이 설교했는지와 상관없이 이 책으로 인해 당신 마음에 성경을 설교하는 일에 대한 열정이 다시 한 번 불붙기 바란다. 하나님의 말씀은 우리의 생명이며, 죽어가는 세상에 유일한 희망이다. 그렇다면 우리의 입술, 우리의 입, 우리의 목소리를 통해 생명의 복음이 선포된다는 것은 얼마나 큰 특권인가! 하나님의 말씀을 설교하는 모든 이에게 하나님의 복이 있기를!

— 1부 —

신학

1장
하나님이 말씀하시다

    나는 23권이나 되는 소설을 많이 읽지는 않았다. 아니, 사실은 23 권짜리 소설은 **한 번도** 읽은 적이 없다. 하지만 만약 그런 책을 읽었 다면 나는 그 저자가 참 할 말이 많았다고 생각할 테다. 그래서 저 자가 어떤 통찰력을 보여줄지 기대하거나, 아니면 적어도 통찰력을 제시하려는 열의라도 기대할 것이다. 아니면 주인공의 캐릭터 변화 나 정교한 구성 또는 의외의 사건, 비극, 하다못해 재미라도 바랄 것 이다. 간단히 말해서 23권이나 되는 소설을 읽으면서 어디에선가 **의미**를 찾아내기를 기대할 것이다.

    만약 그렇게 생각한다면, 나이젤 톰(Nigel Tomm)이 쓴 소설에서 는 당신이 읽고 즐길 거리가 전혀 없을 것이다. 2008년, 톰은 어떻 게 했는지는 몰라도 한 출판사를 설득해서 『어쩌구 이야기(The Blah Story)』[1] 라는 23권짜리 소설을 출간한다. 작가는 원대한 포부와 격 렬한 열망으로 이 작품을 썼다. 그 열망이란 **아무 이야기도 하지 않**

고 1,130만 글자의 책을 써보겠다는 것이었다. 믿지 못하겠다고? 톰의 소설 제16권에 있는 내용을 발췌해보겠다.

아무도 누구에게 어쩌구하지 않기에, 누구도 어쩌구가 어쩌구할 필요 없으며, 어쩌구는 조용하게 어쩌구가 있는 곳에 작은 어쩌구를 어쩌구했고, 어쩌구가 어쩌구를 봤을 때 다시 엄청난 어쩌구의 어쩌구를 어쩌구했는데, 작고 늙은 어쩌구는 무언가를 어쩌구하려고 어쩌구를 압박했고 어쩌구는 동의했는데, 어쩌구가 어쩌구로 어쩌구를 하고, 그들의 어쩌구의 어쩌구에 대해 이야기한 후에, 어쩌구는 어쩌구에게 다시 어쩌구하지 않았지만, 거기에서 모두 어쩌구하여 어쩌구가 어쩌구하여 어쩌구를 통해 어쩌구했는데, 그 어쩌구는 어쩌구의 어쩌구여서 어쩌구를 넘어 어쩌구하고 어쩌구로 어쩌구라고 하는 어쩌구 단어를 어쩌구하지 않기 위해 어쩌구였는데 똑똑한 어쩌구, 어쩌구 중 높은 어쩌구, 그리고 어쩌구였다.

출판사는 사람들이 이 책을 구매해야 할 이유를 다음과 같이 내세우며 도박에 가까운 시도를 했다.

여기 압도적인 창조력을 발견할 수 있다. 나이젤은 단어와 의미의 경계를 허물며, 독보적인 소설 『어쩌구 이야기』에 생기와 풍성한 설득력을 부여한다. 이는 텍스트를 표현하는 새로운 방식으로서, 상상력을 해방하여 모든 단어 하나하나를 당신만의 창조성을 통해 당신의 것으로 만들 수 있도록 허락한다.

단어 하나하나를 당신의 것으로 만들 수 있도록 **허락**한다라... 글쎄, 그렇게 표현할 수도 있을 것이다. 분명한 사실은 이 출판사의 도박이 성공하지 못했다는 점이다. 독자 역시 이야기 전부를 스스로 써야 한다는 점에 그다지 흥미를 느끼지 않았다. 이 소설은 현재 절판 상태이다!

하나님은 말씀하시며
이것이 하나님을 구분되게 한다

최근 몇십 년 동안 유독 나이젤 톰만 단어와 말에 의미가 있다는 개념을 조롱한 것이 아니다. 사실 모든 세계관이, 다른 사람과 나누는 의사소통인 언어가 실제로 게임에 불과하고 모든 사람은 자신이 읽거나 듣는 단어에 자신이 바라는 무슨 의미든 집어넣을 수 있다고 주장한다. 언어란 그저 "어쩌구 저쩌구"더미라는 것이다. 그리고 우리는 자신의 필요와 입맛대로 각각의 "어쩌구"를 채워 넣으면 된다는 것이다.

하지만 성경은 언어를 그렇게 보지 않는다. 어림도 없다.

성경 첫 장부터 우주를 창조하신 하나님에게 말씀은 엄청나게 중요하다. 사실 성경을 읽다 보면 성경이 반복해서 논하는 흥미로운 주제 하나를 보게 된다. 하나님의 백성들이 항상 숭배하고픈 유혹을 느꼈던 거짓 신들과 하나님을 구분하는 것이 바로 하나님의 **말씀**이라는 점이다. 성경의 하나님은 완전히 고유하시고, 완전히 단독자시며, 우리 예배를 받기에 완전히 합당하신 분이다. 그리고 그러한 가장 중요한 증거가 바로 하나님이 **말씀하신다**는 사실이다.

오늘날 우리 그리스도인들은 이 사실을 당연히 여기기 쉽다. 정말 그렇다. 우리에게는 하나님이 말씀하신다고 확언하는 일이 대수롭지 않다. 우리는 익숙해져 있기 때문이다. 우리는 "당연히 하나님이 말씀하시지! 말씀할 수 없는 하나님이라면 그게 무슨 하나님이지?"라고 말한다. 그래서 우리는 성경을 읽고 그것을 **하나님의 말씀**으로 이해한다. 우리는 하나님이 아브라함, 이삭, 야곱, 모세에게 하신 이야기를 읽는다. 또 우리는 "여호와께서 이렇게 **말씀하셨다**"라고 단호하게 선포하는 선지자들의 말씀을 어려움 없이 인용한다. 그리고 예수님이 **"육신이 되신 말씀"**이라는 요한의 글도 태평하게 인정한다. 그러한 사실은 결코 다시 생각해볼 필요도 없이 자연스럽다.

하지만 언제나 그랬던 것은 아니다. 이스라엘인들에게는 하나님이 자신들에게 말씀하신다는 사실, 하나님이 실제로 이야기를 하고 소통하신다는 점은 그렇게 당연히 받아들일 일이 아니었다. 고대 중동에서 "신들"은 흔했다. 이스라엘을 둘러싼 모든 종족과 민족에게는 그들만의 신이 있었고 고유한 예배 방식이 있었다. 그들 모두 자기 신이 실재하며 활동한다고 믿었다. 하지만 그러한 이방 신들이 절대로 행하지 못한 한 가지가 있었는데, 그것이 바로 **말**이었다.

그들의 신은 말하는 법이 없었다. 오직 한 분 하나님만 말씀하셨고, 그분이 바로 여호와 이스라엘의 하나님이셨다.

성경 전체에서 가장 냉소적이면서도 신랄한 말씀이 이사야서에 나온다. 하나님은 이 말씀에서 자기 백성이 숭배하기 시작한 거짓 신들을 강력하게 비난하신다. 이스라엘인들은 하나님을 사랑하고 신뢰하기는 고사하고 이웃들이 섬기는 이방 우상에게 돌아서고 말았다. 그리고 하나님은 그들이 엄청나게 어리석은 결정을 내렸음을 네 장이 넘는 분량을 통해 입증하신다. 오직 하나님께만 구원할 능력이 있는 것이다.

하나님은 우상을 다양한 방향에서 공격하신다. 우선 우상이란 기술자가 깎아서 만든 금속이나 나무 또는 돌 조각에 지나지 않는다는 점을 조롱하신다. 예를 들어 이사야 41장 7절은 한 대장장이가 막 우상을 만든 다른 사람의 작업을 칭찬하는 장면을 우스꽝스럽게 그려낸다. 그 둘이 함께 우상에 못을 박아 흔들리지 않게 하는 모습은 더욱 우습다. 44장에서 하나님은 자기 백성들에게 그들의 "신들"의 유래에 대해 자세히 생각해보라고 요구하신다. 우선 누군가가 나무를 심는다. 그리고 그 나무가 비를 맞고 자라기를 기다린다. 그리고 마침내 나무가 충분히 자라면 그것을 잘라낸다. 15절에서 하나님은 말씀하신다. "이 나무는 사람이 땔감을 삼는 것이거늘 그가 그것을 가지고 자기 몸을 덥게도 하고 불을 피워 떡을 굽기도 하고." 이제 하나님은 정곡을 찌르신다. 그 갑작스러운 비약은 그들이 하는 행동을 더욱 같잖게 만든다. "신상을 만들어 경배하며 우상을 만들고 그 앞에 엎드리기도 하는구나.”

이 지점에서는 도저히 믿을 수 없다는 하나님의 목소리가 들리는 것만 같다. “진심이니? 나무를 잘라서 톱질을 해서 반으로 가르고, 그 반으로는 고기를 구워 먹고 나서 그 나머지 반 토막에는 엎드려 경배하겠다고?” 이러한 조롱은 다음 두 구절로 이어진다.

“그 중의 절반은 불에 사르고 그 절반으로는 고기를 구워 먹고 배불리며 또 몸을 덥게 하여 이르기를 아하 따뜻하다 내가 불을 보았구나 하면서 그 나머지로 신상 곧 자기의 우상을 만들고 그 앞에 엎드려 경배하며 그것에게 기도하여 이르기를 너는 나의 신이니 나를 구원하라 하는도다”(16-17절).

하지만 우상숭배란 그 모든 어리석음은 차치하고 더욱 심오하고 서글픈 문제를 드러내 보이는 것이다. 이 거짓 신을 경배하는 자들은 다만 우스꽝스럽기만 할 뿐 아니라, 눈이 멀고 무지하여 그 마음이 어두워진 것이다. 하나님은 이 구절을 다음과 같이 마무리하시는데 이는 조롱이라기보다는 현혹되어 버린 자기 백성에 대한 한탄에 가깝다.

“그들이 알지도 못하고 깨닫지도 못함은 그들의 눈이 가려서 보지 못하며 그들의 마음이 어두워져서 깨닫지 못함이니라 마음에 생각도 없고 지식도 없고 총명도 없으므로 내가 그것의 절반을 불 사르고 또한 그 숯불 위에서 떡도 굽고 고기도 구워 먹었거늘 내가 어찌 그 나머지로 가증한 물건을 만들겠으며 내가 어찌 그 나무 토막 앞에 굴복하리요 말하지 아니하니 그는 재를 먹고 허탄한 마음에 미혹되어 자기의 영혼을 구원하지 못하며 나의 오른손에 거짓 것이 있지 아니하냐 하지도 못하느니라"(18-20절).

우상은 "나무 조각"에 불과하다는 이 주장 자체로도 엄청나게 인상적이다. 하지만 더 이야기해야 할 것이 있다. 우상의 부끄러운 유래뿐 아니라, 우상은 아무것도 **하지** 못한다는 점을 이야기한다. 이제 우리는 가장 중요한 요점에 다다르게 되었다. 즉, 더 정확히 말하자면 우상들은 **말을 하지** 못하므로 이스라엘의 하나님과는 완전히 다르다는 점이다.

이사야 41장 21-24절에서 하나님이 우상에게 어떻게 말씀하시는지 보자. 하나님은 마치 재판장이 피고를 호명하듯 그들을 부르신다. 그리고 그들이 실재한다는 증거를 제시하고, 그들에게 능력이 있다는 사실을 입증해보라고 명하신다. 하나님이 그들에게 하라고 명하신 내용을 자세히 살펴보자.

"나 여호와가 말하노니
너희 우상들은 소송하라 야곱의 왕이 말하노니
너희는 확실한 증거를 보이라
장차 당할 일을 우리에게 진술하라

또 이전 일이 어떠한 것도 알게 하라

우리가 마음에 두고 그 결말을 알아보리라

혹 앞으로 올 일을 듣게 하며

뒤에 올 일을 알게 하라

그리하면 너희가 신들인 줄 우리가 알리라

또 복을 내리든지 재난을 내리든지 하라

우리가 함께 보고 놀라리라

보라 너희는 아무것도 아니며

너희 일은 허망하며

너희를 택한 자는 가증하니라"(사 41:21-24).

하나님은 우상들에게 말을 하라고 도발하신다. "우리에게 진술하라!" 하나님은 명하신다. 무슨 말이라도 하라! 과거에 일어났던 일이나 앞으로 일어날 일을 진술하라. 네가 정말 신이라는 점을 입증할 만한, 그래서 마땅히 두려워해야 할 만한 **무슨 일이라도** 행하라. 하지만 그들이 하나님께 무엇을 제시하는가? 아무것도 없다. 그저 침묵뿐이다. 그래서 하나님은 그들에 대한 판단을 내리신다. "보라 너희는 아무것도 아니며 너희 일은 허망하며."

이에 비해 이스라엘의 하나님은 말씀하시는 하나님이시다. 그리고 이 사실이 우상과 그분을 완전히 구별되게 한다.

"이스라엘의 왕인 여호와, 이스라엘의 구원자인 만군의 여호와가 이같이 말하노라 나는 처음이요 나는 마지막이라 나 외에 다른 신이 없느니라 내가 영원한 백성을 세운 이후로 나처럼 외치며 알리며 나에게 설명할 자가 누구냐 있거든 될 일과 장차 올 일을 그들에게 알릴지어다 너희는 두려워하지 말며 겁내지 말라 내가 예로부터 너희에게 듣게 하지 아니하였느냐 알리지 아니하였느냐 너희는 나의 증인이라 나 외에 신이 있겠느냐 과연 반석은 없나니 다른 신이 있음을 내가 알지 못하노라"(사 44:6-8).

이스라엘의 하나님 외에 다른 신은 없다. 이를 입증하는 근거가 무엇인지 알겠는가? 바로 그분만이 말씀하신다는 사실이다. 그분은 예로부터 장차 올 일을 자기 백성에게 알리셨다. 따라서 누가 자신이 신임을 주장하려면, 그 역시 **말을** 해야만 하는 것이다.

하나님 말씀의 으뜸됨

이사야 41-44장에 나오는, 우상에 대한 하나님의 비판만 하나님의 **말씀하심**이 지니는 의미가 부각된 유일한 구절은 아니다. 성경의 이야기는 거듭 반복해서 하나님의 말씀이 그분을 구별되게 하며, 인간은 이 하나님 말씀에 특별히 주의해야 한다고 말한다.

창세기 1장 1절에서 하나님은 천지를 창조하신다. 그런데 하나님은 어떻게 그렇게 하셨는가? 말씀을 통해 그렇게 하셨다. 창세기 2장에서 하나님은 흙으로 빚으신 생명 없는 몸에 생명을 주신다. 하나님은 어떻게 그렇게 하셨는가? 자신의 입에서 나온 생기로 그렇게 하셨다. 애굽에서 자기 백성을 구원하시고 자신을 계시하실 때 무엇을 주셨는가? 자신의 모습을 그림으로 그려 주셨는가? 그 두려운 얼굴의 **모양**? 아니다. 그분은 율법을 주셨다. 즉 하나님은 자기 백성에게 **말씀하시고** 자신이 누구인지, 그리고 그에 따라 그들이 어떤 존재가 되어야 하는지를 **이야기하신** 것이다.

하나님이 자기 백성에게 자신이 거하는 성전을 설계하고 세우도록 명하신 방식을 봐도, 하나님의 백성들은 하나님의 말씀을 통해 하나님을 알아야 했다는 점이 확인된다. 그리고 이는 당시 주위 이방 신들의 경우와는 완전히 다른 것이었다. 성전의 중심인 지성소 안에 무엇이 있었는지 기억하는가? 전형적인 이방 신전에는 그 중심, 즉 사람들이 예배하러 오는 가장 거룩한 장소에 신의 형상이 서 있었다. 그들은 신의 임재로 나오면서 그 형상을 보기 원했다. 그들은 신을 **보기** 원했던 것이다. 하지만 이스라엘의 하나님은 자기 백성에게 성전 한가운데에 형상을 두라고 명하지 않으셨다. 오히려 여호와의 성전 지성소에 들어오는 사람은 형상이 아니라 금으로 된 상자를 목격하게 된다. 그리고 그 상자 안에는 하나님이 십계명을 기록하신 돌판이 있었다. 알겠는가? 하나님의 백성에게 성경의 하나님은 **시각**이 아닌 **청각**으로 알려지신 것이다. 그들은 하나님의 말씀을 들었을 뿐, 하나님의 얼굴을 보지는 못했다. 그들은 그분을 말씀하시는 하나님으로 알았다.

에스겔 선지자는 바벨론 그발 강가에서 주님을 뵈며 이와 같은 교훈을 얻었다. 당시 이스라엘 사람들은 약탈당하고, 전투에서 패배하였으며, 사슬에 묶인 채로 전혀 알지 못하던 땅으로 유배당했다. 이는 충격적인 사건 전개였다. 어떻게 하나님은 자신이 선택하신 백성이 이런 취급을 당하도록 내버려 두시는가? 어떻게 하나님은 자신의 거룩한 성 예루살렘이 이방인인 바벨론 사람들에게 노략질당하고 파괴되도록 내버려 두실 수 있으신가? 성경이 구체적으로 말하지는 않지만, 당신은 에스겔이 그날 그발 강가에 앉아서 그러한 질문을 던지지는 않았을까 생각할 수 있어야 한다. 만일 그가 그런 질문을 던졌다면, 하나님은 그에게 극적인 방식으로 답하신 것이다. 사실 하나님이 답하신 방식은 지금 우리에게도 매혹적이며, 우리는 에스겔이 그날 틀림없이 보았을 그것에 경탄하게 된다.

에스겔서 전체는 하나님이 에스겔에게 그날 주신 환상에 근거해서 기록되었다. 에스겔이 본 내용을 스스로 시각화하려고 했던 몇몇 학자들은 그 모든 내용이 터무니없으며, 에스겔이 정신이상이라고 주장하기까지 한다. 한 주석가는 에스겔을 두고 "그는 완전한 정신병 환자이기에 엄청난 종교적 성찰을 할 수 있었다. 그는 여러 가지 증상에 따르는 일련의 특징적인 모습을 보여준다. 즉 긴장증, 자아도취-가학성 충돌, 조현병적 금단 증세, 과대망상과 피해망상 등이다. 간단히 말해 그는 여러 위대한 영적 지도자들에게 일반적으로 나타나는 피해망상으로 고통을 받았다."라고 기록했다.[2]

하지만 이러한 주석은 핵심을 완전히 빗나간 것이다. 에스겔은 정신병자가 아니었다. 그리고 그가 본 환상은 그림을 그리거나 건물을 세우도록 의도된 것이 아니다. 그가 본 "바퀴 안에 바퀴"를 물리적인 바퀴의 청사진으로 받아들여서는 안 된다. 전혀 그렇지 않다. 에스겔이 본 환상은 상징이 풍부하여, 상상으로도 분명하게 포착되기를 거부하면서도 하나님이 우리를 초월하시는 분임을 전하는 역할을 한다. 즉, 그분은 우리보다 위대하신 분이며 우리가 어떻게 상상해도 그보다도 더 영광스러우신 분이다.

에스겔이 본 내용에 대해서도 많은 이야기를 할 수 있겠지만, 특별히 한 가지 세부 묘사가 통상적인 이야기 진행 방식과 완전히 반대된다. 당신은 에스겔의 환상의 절정을 기억하는가? 그 모든 영광스러운 심상, 섬광이 번쩍이는 폭풍, 생물들, 바퀴, 눈, 남보석 보좌, 불과 같은 사람의 형상 등이 등장한 후에 그 모든 형상이 우리를 어디로 인도하는지 기억하는가? 에스겔은 이렇게 묘사한다. "이는 여호와의 영광의 형상의 모양이라 내가 보고 엎드려 **말씀하시는** 이의 음성을 **들으니라**"(겔 1:28).

이 구절의 마지막은 단순해서 놀랍다. 그렇지 않은가? 에스겔이 본 그 환상의 모든 장엄함, 그 모든 영광이 결국은 마지막 한 구절로 귀결되는 것이다. "말씀하시는 이의 음성을 들으니라."

성경이 하나님의 말씀에 얼마나 무게를 두는지 굉장히 흥미롭지 않은가? 우리는 대부분 하나님과의 만남을 떠올리면 시각적인 면을 생각하게 된다. 따라서 사전 지식 없이 에스겔이 하나님과 만남 가운데 경험했던 것이 무엇일지 추측한다면, 아마도 모든 것이 음성으로 **시작하여,** 영광스럽고 어마어마하게 아름다운 환상으로 마무리될 것으로 생각한다. 따라서 실제로는 그와 정반대로 진행되었다는 사실은 흥미로우면서도 도발적이다. 우선 에스겔은 본다. 그러고 나서 듣는다. 그리고 그 **들음**이 그가 하나님과 맺는 관계의 기초를 형성하는 것이다.

하나님의 말씀하심이
우리가 하나님과 맺는 관계의 기초다

성경은 내내 이 단순한 진리를 가르친다. 한 사람이 하나님과 맺는 관계의 근본적인 기초는 하나님의 말씀을 듣고 반응하는 것이라는 점이다. 예를 들어 에덴동산에서의 아담과 하와를 생각해보라. 하나님과 그들이 맺은 친밀함이 놀라운 것은 그들이 하나님을 봤다는 것보다는 그들이 하나님의 말씀을 듣고 하나님과 대화를 한다는 점이다. 하나님은 그들에게 말씀하시고, 그들은 하나님의 말씀을 듣고 반응한다. 사탄이 하나님과 그들의 관계를 방해하려고 움직일 때도 그들이 하나님께 들은 내용을 공격한다. "하나님이 참으로 너희에게 동산 모든 나무의 열매를 먹지 말라 하시더냐?" 마침내 아담과 하와는 하나님의 말씀을 거부했고, 이것이 하나님께 대한 그들의 반역이다. 아담과 하와가 하나님의 말씀을 듣고 순종하는 것이 하나님과의 관계를 규정했다.

아브라함도 마찬가지다. 그가 하나님과 맺은 관계의 시작과 근본은 고향을 떠나 가나안으로 가라고 부르신 하나님의 은혜의 말씀이다. 이스라엘의 모든 이야기는 다음 말씀으로 시작하는 것이다. "여호와께서 아브람에게 이르시되"(창 12장). 또 하나님이 새롭게 구속하여 세우신 이스라엘 민족과 맺은 언약 관계가 어떻게 시작했는지 생각해보라. 이 관계는 하나님이 그들에게 자신의 율법을 말씀하심으로 시작했다. 따라서 모세는 율법을 공포한 뒤에 이렇게 선포한다.

"내가 오늘 너희에게 증언한 모든 말을 너희의 마음에 두고 너희의 자녀에게 명령하여 이 율법의 모든 말씀을 지켜 행하게 하라 이는 너희에게 헛된 일이 아니라 너희의 생명이니 이 일로 말미암아 너희가 요단을 건너가 차지할 그 땅에서 너희의 날이 장구하리라"(신 32:46-47).

이스라엘 백성이 하나님과의 관계를 누리는 방법은 하나님의 말씀을 듣고, 묵상하고, 기억하고, 순종하는 것이다. 사무엘과 하나님의 관계 역시 하나님의 음성을 듣는 것으로 시작한다. 사무엘상 3장 7절은 흥미롭다. "사무엘이 아직 여호와를 알지 못하고 여호와의 말씀도 아직 그에게 나타나지 아니한 때라." 여호와를 아는 것과 여호와의 말씀이 나타나는 것이 함께 언급되는 것이 보이는가? 사무엘은 어릴 때부터 줄곧 성전에서 섬겼지만, 하나님의 말씀이 나타나기 전까지는 여호와를 참으로 아는 것은 아니었다.

물론 이 모든 것은 하나님의 말씀의 성육신이신 예수 그리스도에게서 그 정점에 이른다. 당신도 알다시피 하나님은 그리스도 안에서 자신을 가장 온전하고 완벽하게 드러내셨다. 예수님 안에서 우리는 하나님을 알게 되었고 하나님과의 관계가 성립되었다. 요한 사도는 자신의 복음서 첫 장에서 이에 대해 기록한다. "말씀이 육신이 되어 우리 가운데 거하시매 우리가 그의 영광을 보니 아버지의 독생자의 영광이요 은혜와 진리가 충만하더라…본래 하나님을 본 사람이 없으되 아버지 품 속에 있는 독생하신 하나님이 나타내셨느니라"(요 1:14,18). 요한의 언어는 농밀하며 의미로 가득하다. 하지만 핵심은 분명하다. 우리와 같이 죄 많은 인간이 성부 하나님을 아는 것은, 오직 성부 하나님을 완벽하게 아시고, 아버지의 품에 계시며, 자신을 우리에게 알리신 성자를 통해서만 가능하다는 사실이다. 히브리서 저자가 기록했듯이 말이다. "옛적에 선지자들을 통하여 여러 부분과 여러 모양으로 우리 조상들에게 말씀하신 하나님이 이 모든 날 마지막에는 아들을 통하여 우리에게 말씀하셨으니"(히 1:1,2).

하나님이 말씀하신다, 고로 우리는 설교한다

우리는 하나님 말씀을 설교하는 자로서 우리 하나님이 말씀하시는 하나님이라는 사실이 얼마나 중요하고 놀라운지 이해해야 한다. 하나님이 반드시 말씀해야 하는 것은 아니다. 적어도 우리에게는 그렇다. 아담과 하와가 동산에서 하나님께 죄를 범하였을 때, 하나님은 "너는 흙이니 흙으로 돌아갈 것이니라"(창 3:19)라는 저주가 마지막 말씀이 되게 하실 수도 있었다. 그 후 영원히 그들에게 침묵하실 수도 있었다. 하나님은 우리 반역자들이 하나님을 전혀 알지 못한 채로 어둠과 무지 속에서 살다가 진노 아래 죽도록 내버려 두실 수도 있었다. 이 사실을 이해한다면, 우리가 하나님께 반역을 저지른 후에도 하나님이 계속해서 인간을 돌아보셨다는 사실과 더불어 우리에게 계속해서 말씀하시고 특별히 예수님, 즉 성자의 인격 안에서 자신을 계시하셨다는 사실이 참으로 위대한 자비와 사랑의 표식임을 깨닫는다.

이러한 모든 사실을 통해 우리는 한 사람이 회중 앞에 서서 하나님의 말씀을 선포할 때 작용하는, 그 가슴 저미는 상징 행위를 이해할 수 있다. 최근 몇몇 교회 지도자들은 설교에 대한 우리의 전통적 개념을 수정해야 한다고 주장하고 나섰다. 그들은 한 사람이 많은 사람에게 장시간 독백 형태로 말하는 것이 잘못됐다고 주장한다. 이는 폭정이자 비인격적, 비인간적 행위로서, 우리가 오래전에 떠나보낸 계몽시대 또는 헬레니즘 사고의 자취라는 것이다.

우리는 그러한 생각이 잘못됐다고 믿는다. 사실 우리는 독백 형태의 설교, 즉 한 사람이 말하고 다른 이들이 듣는 설교가 우리의 영적인 처지와 하나님의 은혜를 정확하고 강력하게 드러내는 상징이라고 생각한다. 한 사람이 하나님의 말씀을 전하고 다른 이들이 듣는 것은 하나님께서 은혜로 자신을 계시하신 사실과 우리의 구원이 선물이라는 사실을 잘 묘사한다. 하나님이 사랑으로 인간에게 말씀하신다면 이는 어느 때라도 은혜의 행위이다. 우리는 이를 누릴 자격이나 공로가 전혀 없다. 설교 행위는 이러한 현실을 강력하게 방증하는 상징인 것이다.

처음으로 설교를 기록한 사도행전의 한 장면도 이 사실을 매혹적으로 그려낸다. 그 무리는 사람의 계획으로 한 데 모인 것이 아니었다. 하나님이 자신의 목적에 따라 자신의 영을 부어주셨고, 베드로는 그 군중에게 어떤 일이 벌어진 것인지 설명하고 싶은 마음이 생겼다. 베드로는 시편 16편, 시편 110편 및 요엘서에서 하나님의 말씀을 인용한 뒤에 그 말씀들이 무슨 뜻이며, 청중들에게 어떤 의미가 있는지 설명했다. "우리가 어찌할꼬?"(행 2:37)라는 그들의 반문은 그들이 무지하다는 것과 그들이 들을 필요가 있다는 것을 가리킨다. 그리고 베드로는 이 기회가 아니었으면 그들이 접하지 못했을 그러한 메시지를 전한다. 이는 대화도 아니었고, 논의도 아니었다. 오히려 예전에 알려지지 않은 새로운 소식을 알리는 행위였다. 베드로 자신조차도 하나님이 비추어주신 신적이고 초자연적인 빛이 아니었으면 예수님의 정체성을 이해할 수 없었다. 그리고 예루살렘에 모인 사람들도 하나님이 계시해주지 않으시면 예수님이 누구신지 이해할 수 없을 것이었다.

기독교의 설교는 언제나 이런 방식이었다. 많은 교회 건물에 강단이 비어 있다는 것이 이 시대의 영적인 현실을 잘 보여준다. 우리는 수백만 가지의 방법을 동원하여 교회를 위한 생명과 우리 자신들을 위한 생명을 추구하면서 돌아다닌다. 하지만 하나님이 사람들을 자신과 관계맺도록 불러들이는 방법으로 주신 그 한 가지 방편만은 유독 무시하고 업신여긴다. 설교라는 행위―즉 성경 뒤에 서 있는 한 사람의 목소리를 회중이 듣는 행위—안에서 하나님은 우리가 자신의 말씀을 통해서 자신과 관계를 맺을 수 있다는 사실을 나타내는 중요한 상징을 베푸시는 것이다. 아브람이 약속의 말씀을 통해 하나님께로 부름받았던 것과 마찬가지로, 우리 그리스도인들은 하나님을 믿고 하나님의 약속을 신뢰함으로 하나님의 백성이 된다. 한 마디로, 우리는 믿음을 통해 하나님과의 관계에 들어서는 것이다. 그리고 바울은 로마서 10장에서 "믿음은 들음에서 나며 들음은 그리스도의 말씀으로 말미암았느니라"고 말한다.

오직 한 분 하나님이 계신다. 그리고 그분은 관계를 맺으시고, 소통하시며, 인격적인 존재로서 우리에게 말씀하시며, 우리와 관계를 시작하신다. 능력 있고 생명을 주는 진리들은 하나님의 말씀을 설교함으로써 선포될 뿐만 아니라 그 행위를 통해 강력하게 상징화된다. 그분은 말씀하신다. 고로 우리는 설교한다.

2장
하나님 말씀의 능력

말에는 능력이 있다. 우리 모두 그렇게 이야기하며 그것이 참이라는 것도 안다. 말은 치유할 수도 있고, 상처를 줄 수도 있고, 무너뜨릴 수도 있고, 세울 수도 있다. 말은 창조하고 파괴할 수 있으며 현실을 바꾸기도 한다. 나는 결혼식을 집례할 때 신랑 신부 앞에 서서 이렇게 선포하는 부분이 제일 좋다. "이제 하나님과 이 증인들이 지켜보는 가운데 이 두 사람이 성부와 성자와 성령의 이름으로 부부가 되었음을 선포합니다." 이 말에는 능력이 있다. 그렇지 않은가? 이 말은 내 앞에 서 있는 남자와 여자의 관계를 실질적으로 변화시킨다. 내가 이 말을 하기 전까지 이들은 결혼한 사이가 아니었다. 하지만 이 말을 하면 모든 것이 바뀐다. 그들은 남편과 아내가 되고 그에 따르는 모든 특권과 혜택 및 책임이 생기는 것이다.

따라서 우리의 말에 능력이 있다는 말도 분명히 사실이다. 하지만 그렇다고 할지라도 **하나님의** 말씀에 능력이 있다는 말은 이와 전혀 다르다. 우리가 하는 말도 상처를 주거나 힘을 줄 수 있고, 때로는 예전에 존재하지 않던 새로운 관계와 신분을 만들어내기도 한다. 하지만 사람의 말은 하나님의 말씀이 행하는 것을 할 수 없다. 우리의 말은 폭풍우를 일으키거나 무에서 무언가를 만들어낼 수 없다. 그리고 무엇보다도 우리의 말로는 죽은 자에게 생명을 줄 수 없고, 앞으로도 그러한 능력은 없을 것이다. 오직 하나님의 말씀만이 그렇게 할 수 있다.

하나님은 말씀으로 창조하시고 생명을 주신다

성경은 첫 문장부터 하나님 말씀의 능력을 가르치며 시작한다. 어둠과 공허의 세계, 즉 무의 세계를 향해 하나님은 말씀하시고 우주에 있는 모든 것을 존재하게 하신다. 멈춰서 생각해보라. 이는 능력이 엄청난 형태로 나타난 것이다. 하나님이 **무언가** 이미 존재하던 것으로부터 세상을 창조하셨다고 해도 그것 자체가 엄청난 일이다. 형체와 형태가 없는 물질을 무언가 질서와 아름다움이 있는 것으로 만들어내는 일도 대단하다. 하지만 하나님은 그렇게 하지 않으셨다. 하나님은 단지 말씀하셨을 뿐이다. "빛이 있으라." 그러자 빛이 생겼다. "물고기가 있으라." 그러자 물고기가 생겼다. "새가 있으라." 그러자 새가 생겼다! 히브리서 저자는 이렇게 말한다. "믿음으로 모든 세계가 하나님의 말씀으로 지어진 줄을 우리가 아나니 보이는 것은 나타난 것으로 말미암아 된 것이 아니니라"(히 11:3). 창세기 첫 장을 읽어보라. 그러면 하나님의 말씀에는 엄청난 능력이 있다는 압도적인 인상을 받는다. 무로부터(*ex nihilo*) 창조해내는 그 능력 말이다.

이야기가 진행될수록 그러한 인상은 강해져 간다. 하나님의 입에서 나오는 말씀이 단지 이전에 없던 것을 존재하게 할 뿐 아니라 생명이 없는 곳에 생명을 주는 능력을 지니고 있다는 점이 곧 분명하게 나타나기 때문이다. 예를 들어 하나님이 아담을 창조하신 사건을 생각해보자. 그렇다, 하나님은 아담을 땅의 흙에서 지으셨다. 그리고 이는 후에 아담이 실제로 하나님께 얼마나 철저히 의존해야만 하는 존재인지를 보여주는 핵심이다. 하지만 무엇이 아담에게 생명을 주었는가? 무엇이 그 진흙 덩어리를 움직이고, 숨 쉬고, 살아서 사랑하는 **사람**으로 바꾼 것인가? 창세기 2장 7절은 그 이야기를 다음과 같이 전한다. "여호와 하나님이 땅의 흙으로 사람을 지으시고 생기를 그 코에 불어넣으시니 사람이 생령이 되니라." 하나님의 입에서 나온 생기로 인해 생명이 아담에게 들어간 것이다.

한편 성경에서 "하나님의 숨결(God's breath)"은 하나님의 말씀과 강하게 연결된다. 예를 들어 시편 33편 6절에서 시편 기자는 이렇게 말한다. "여호와의 말씀으로 하늘이 지음이 되었으며 그 만상을 그의 입 기운으로 이루었도다." 히브리 시는 "병행어구"를 빈번하게 사용한다는 특징이 있다. 이 병행어구를 통해 시인은 한 가지 심상을 여러 가지 표현으로 반복하는 것이다. 병행어구 부분을 묵상하면 많은 것을 얻을 수 있다. 따라서 우리는 병행어구 부분에서 읽는 속도를 늦추고 시인이 말하는 바가 무엇인지 조금 더 깊이 생각하는 것이 좋다. 병행어구는 시인이 사용한 특정 구절 또는 단어가 무슨 의미인지 더 정확히 이해하도록 돕기 때문이다. 여기에서는 "여호와의 말씀"과 "그의 입 기운"이 병행어구를 이루는데, 주님이 하늘과 만상을 만드시는 도구로 나타난다. 결국 하나님의 "말씀"과 그분의 "입 기운"은 같은 것이다.

이사야 선지자가 오실 메시아를 예언하는 이사야 11장에서도 하나님의 숨결과 하나님의 말씀 사이의 이러한 연관성을 볼 수 있다. 이 말씀에서 선지자는 "이새의 줄기"에서 "한 가지"가 나와 공의로 이 땅을 심판하실 것을 예언한다. 그는 "가난한 자를 심판"하실 것이고 "정직으로 세상의 겸손한 자를 판단"(4절)하실 것이다. 선지자는 이 모든 내용을 메시아가 "그의 입의 막대기로 세상을 치"는 것으로 묘사한다. 다른 말로 하자면 이 땅에 거주하는 부정한 자들에게 내릴 심판이 회초리로 내리치는 벌과 같을 것이라는 말이다. 하지만 바로 뒤에 나오는 구절을 보라. "그의 입술의 기운으로 악인을 죽일 것이며"라고 한다. 이는 문자적으로 "악인을 날려 버린다"는 뜻은 아니고, 어쨌든 은유적인 표현이다. 본문은 그들에게 하나님이 내리는 심판으로 메시아가 악한 자들을 정죄하고 멸망시킬 것임을 말한다. 다시 한 번 말하지만 하나님의 입 기운은 하나님의 말씀과 동일시된다.

사도 바울은 데살로니가후서 2장 8절에서 똑같은 언어를 사용한다. 바울은 예수님이 다시 오실 때 "그 입의 기운으로" 불법한 자를 죽이실 것이라고 말한다. 또 요한계시록이 마지막 심판의 날을 어떻게 묘사하는지, 그리고 다시 오실 왕 예수님이 어떻게 자신에게 맞서 싸우려고 도열한 자들을 죽이시는지 보라.

"또 내가 하늘이 열린 것을 보니 보라 백마와 그것을 탄 자가 있으니 그 이름은 충신과 진실이라 그가 공의로 심판하며 싸우더라⋯ 그의 입에서 예리한 검이 나오니 그것으로 만국을 치겠고 친히 그들을 철장으로 다스리며 또 친히 하나님 곧 전능하신 이의 맹렬한 진노의 포도주 틀을 밟겠고⋯또 내가 보매 그 짐승과 땅의 임금들과 그들의 군대들이 모여 그 말 탄 자와 그의 군대와 더불어 전쟁을 일으키다가 짐승이 잡히고 그 앞에서 표적을 행하던 거짓 선지자도 함께 잡혔으니 이는 짐승의 표를 받고 그의 우상에게 경배하던 자들을 표적으로 미혹하던 자라 이 둘이 산 채로 유황불 붙는 못에 던져지고 그 나머지는 말 탄 자의 **입으로부터 나오는 검에** 죽으매 모든 새가 그들의 살로 배불리더라"(계 19:11,14,19-21).

예수님은 만국을 치신다. 그런데 자신에 맞서 도열한 자들을 죽이시는 도구는 다름 아니라 그의 입에서 나오는 검이다. 얼마나 이상한 장면인가! 나는 영광스러운 왕 예수님이 동편에서 멋진 백마를 타시고 나타나시는데 머리에는 금 면류관을 쓰셨고 입에 검을 물고 계신 그림들을 보았다. 물론 나는 요한이 환상 안에서 본 것에 대하여 전혀 의심하지 않는다. 다만 예수님이 다시 오실 때 문자 그대로 검을 이로 무시고 미친 듯이 머리를 앞뒤로 흔들며 적군을 죽이시는 모습을 볼 것으로 예상해야만 한다는 건 아니다! 절대 그렇지 않다. 이 말씀은 다만 종말론에 근거한 심상이며, 이와 같은 괴이한 세부적인 묘사들도 무언가를 **의미하는** 것이다. 이것은 상징으로서 무언가 다른 것을 가리킨다. 이 경우에 예수님의 입에서 나오는 검은 예수님의 말씀을 상징한다. 이사야가 예언한 그대로 예수님은 만국에 대한 **심판으로**, 자신의 숨결, 즉 자신의 말씀으로 만국을 내리치실 것이다.

이제 이 모든 내용의 의미를 알겠는가? 하나님이 아담의 코에 "생기를" 불어넣으실 때 우리는 이 행위가 **하나님 말씀의 능력으로** 세상을 창조하셨던 그 창조 행위가 연속된 것이라는 점을 이해해야 한다. 하나님의 말씀은 존재하지 않는 것을 존재하게 만들고, 생명이 없는 곳에 생명을 준다. 면밀한 지성을 가진 사람이라면 예수님이 하신 사역 자체가 이 점을 드러내고 있음을 눈치챘을 것이다. 예수님은 계속해서 자신의 말, 즉 하나님의 말씀에 치유하고 생명을 주는 능력이 있음을 입증하셨다. 예를 들어 마태복음 8장에서 백부장의 하인을 낫게 한 것은 바로 "가라 네 믿은 대로 될지어다"라는 예수님의 가감 없는 말씀이었다. 마가복음 5장에서 회당장의 딸을 되살려 놓은 것도 바로 말씀의 능력이었다. "내가 네게 말하노니 소녀야 일어나라"(41절). 요한복음 11장에서 예수님의 친구를 사로잡고 있던 죽음의 손아귀를 떨쳐내고 **이미** 죽은 사람을 무덤에서 불러낸 것도 바로 "나사로야 나오라"는 그분의 말씀이었다.

마른 뼈에 생명을

아마도 구약에서 이러한 진리를 가장 극적으로 보여주는 예는 에스겔 37장의 마른 뼈 환상일 것이다. 이는 하나님의 말씀이 생명을 준다는 사실을 다시 확언한다는 점에서뿐만 아니라 이 진리에 대한 우리의 이해를 육체의 수준에서 영혼의 수준으로 끌어올린다는 점에서 엄청난 이야기다. 보라, 마른 뼈가 살아나는 환상이 결국 하나님이 육체의 뼈에 육체의 생명을 주실 수 있다는 사실을 가르치고자 하는 것은 아니다. 우리는 이미 그 사실을 알고 있다. 우리는 여섯째 날의 창조로부터 그 사실을 알고 있다. 그렇지 않다. 마른 뼈 환상은 하나님의 말씀이 **영적으로** 죽은 자들에게 **영적으로** 생명을 준다는 점을 가르치는 것이다. 에스겔은 이렇게 기록한다.

"여호와께서 권능으로 내게 임재하시고 그의 영으로 나를 데리고 가서 골짜기 가운데 두셨는데 거기 뼈가 가득하더라 나를 그 뼈 사방으로 지나가게 하시기로 본즉 그 골짜기 지면에 뼈가 심히 많고 아주 말랐더라"(겔 37:1-2).

그저 마른 뼈가 아니라 **아주** 마른 뼈였다. 그리고 그저 많은 뼈가 아니라 **심히** 많은 뼈였다. 하나님이 에스겔에게 주신 환상은 파국적으로 패배당한 대군의 모습이었다. 생존자는 전혀 없다. 동료의 유해를 묻어줄 단 한 명도 남지 않은 것이다. 완전한 패배와 죽음, 생명력이라고는 전혀 찾아볼 수 없는 모습. 철저한 절망의 장면이다.

그런데 하나님이 말씀하신다. 뼈에 생명을 주기 위해 말씀하시기 전에 먼저 에스겔에게 물으신다. "인자야 이 뼈들이 능히 살 수 있겠느냐?"(3절). 무슨 질문이 이런가! 만약 에스겔의 친구 중 하나가 그렇게 물었다면(그에게 친구가 있었을까?), 돌아서서 이렇게 말했을 것이다. "말도 안 되는 소리 하지 마." 하지만 에스겔은 자신이 누구와 이야기하고 있는지 알고 있었다. 그래서 존경스러운 믿음으로 겸손하게 답했다. "주 여호와여 주께서 아시나이다." 다음에 나오는 말은 놀라울 정도로 너무나 평이하고, 표면적으로는 어리석어 보인다. 하나님은 에스겔에게 설교하라(preach, 개역개정 성경은 '대언하라'로 번역—역자 주)고 말씀하신 것이다!

> "또 내게 이르시되 너는 이 모든 뼈에게 **대언하여** 이르기를 너희 마른 뼈들아 여호와의 말씀을 들을지어다 주 여호와께서 이 뼈들에게 이같이 말씀하시기를 내가 생기를 너희에게 들어가게 하리니 너희가 살아나리라 너희 위에 힘줄을 두고 살을 입히고 가죽으로 덮고 너희 속에 생기를 넣으리니 너희가 살아나리라 또 내가 여호와인 줄 너희가 알리라 하셨다 하라"(겔 37:4-6).

이 말씀은 시작부터 정말 거슬리지 않는가? 에스겔에게 그 골짜기 가장자리에 서서 마른 뼈들에게 **들으라**고 외치게 하신 것이다! 이는 비정상이다. 다시 한 번 말하지만, 에스겔은 이 일을 하라고 명하는 분이 누구인지 알고 있었다. 그래서 그렇게 했다. 그러자 어떤 일이 벌어졌는가?

"이에 내가 명령을 따라 대언하니 대언할 때에 소리가 나고 움직이며 이 뼈, 저 뼈가 들어 맞아 뼈들이 서로 연결되더라 내가 또 보니 그 뼈에 힘줄이 생기고 살이 오르며 그 위에 가죽이 덮이나 그 속에 생기는 없더라 또 내게 이르시되 인자야 너는 생기를 향하여 대언하라 생기에게 대언하여 이르기를 주 여호와께서 이같이 말씀하시기를 생기야 사방에서부터 와서 이 죽음을 당한 자에게 불어서 살아나게 하라 하셨다 하라 이에 내가 그 명령대로 대언하였더니 생기가 그들에게 들어가매 그들이 곧 살아나서 일어나 서는데 극히 큰 군대더라"(겔 37:7-10).

이 구절은 아마도 성경 전체에서 가장 극적인 부분일 것이다. 뼈가 덜걱거리며 움직이며 합쳐져 몸의 형태를 이루어가고, 힘줄과 살이 오르며 가죽이 그 위에 덮인다. 너무나 생생하다. 하지만 핵심을 놓치지 말라! 주님은 에스겔이 방금 본 것이 무슨 뜻인지 설명하신다.

"또 내게 이르시되 인자야 이 뼈들은 이스라엘 온 족속이라 그들이 이르기를 우리의 뼈들이 말랐고 우리의 소망이 없어졌으니 우리는 다 멸절되었다 하느니라 그러므로 너는 대언하여 그들에게 이르기를 주 여호와께서 이같이 말씀하시기를 내 백성들아 내가 너희 무덤을 열고 너희로 거기에서 나오게 하고 이스라엘 땅으로 들어가게 하리라 내 백성들아 내가 너희 무덤을 열고 너희로 거기에서 나오게 한즉 너희는 내가 여호와인 줄을 알리라 내가 또 내 영을 너희 속에 두어 너희가 살아나게 하고 내가 또 너희를 너희 고국 땅에 두리니 나 여호와가 이 일을 말하고 이룬 줄을 너희가 알리라 여호와의 말씀이니라"(겔 37:11-14).

하나님은 에스겔에게 해부학 수업을 진행하신 것도 아니고 육체에 생명을 부여하는 자신의 능력을 재차 강조하신 것도 아니다. 하나님은 죄 가운데 있는 영혼의 상태가 어떠한지를 가르치신다. 그리고 말씀으로 **영적인** 생명을 주시는 자신의 능력을 가르치신다. 바벨론으로 유배당하고, 약속의 땅에서 추방당했으며, 불순종하여 치욕을 당한 이스라엘 민족은 바짝 마른 뼈 무더기에 지나지 않았다. 하지만 하나님은 그들을 다시 살아나게 하신다. 하나님은 그들의 무덤을 여시고 그들 안에 그분의 영을 두실 것이다. 그러면 그들은 다시 살게 될 것이다.

나는 에스겔이 살면서 하나님의 말씀이 그분의 백성에게 영적인 생명을 줄 만큼 능력이 있다는 사실에 대한 신뢰를 한 번이라도 잃은 적이 있었을까 궁금하다. 만약 그런 일이 있었다면, 우리는 그가 기억을 더듬어 골짜기의 마른 뼈 환상으로 다시 돌아가 하나님의 말씀에 대한 신뢰를 다시 새롭게 했기를 바랄 뿐이다. 성경은 우리에게 놀라운 진리를 펼쳐 보여주신다. 즉 하나님이 창조하시고 생명을 주실 때 말씀을 통해 그렇게 하신다는 것이다.

설교된 하나님 말씀의 능력과 권세

실제로 그렇다면 우리 그리스도인, 특별히 교회 지도자들은 어떻게든 하나님 말씀 선포를 사역의 중심 요소로 삼아야 한다는 점은 자명하다. 이와 경쟁하는 가치들과 철학들은 하나님 말씀 선포가 사역의 중심이 되지 못하게 하려고 우리를 심각하게 유혹한다. 우리는 아담에게 생명을 부여하신 일, "하나님의 입 기운"으로 악을 멸망시키는 일, 나사로를 살리신 일 등은 말할 것도 없고, 마른 뼈 골짜기 사건을 통해 영적인 생명을 주는 참된 능력은 하나님 말씀에 있다는 사실을 기억해야 한다. 하나님의 말씀이야말로 우리 하나님이 자신의 지혜로 자기 백성에게 생명을 주기로 작정하신 방식이다.

우리는 사람들이 설교된 하나님 말씀에 대한 마땅한 신뢰를 잃어버린 이유가 우선은 궁극적으로 설교가 정확히 무엇인지에 대해 신학적으로 잘못 이해했기 때문이 아닐까 생각한다. 이렇게 생각해보라. 설교가 단지 하나님과 성경에 관한 새로운 지식을 확인하는 다른 여러 방법 중 한 가지에 불과하다면, 그렇게 할 수 있는 다른 방식도 매우 많다. 책을 읽거나, 비디오를 보거나, 팟캐스트를 듣거나, 다른 그리스도인과 대화를 나누어도 그렇게 할 수 있다. 마찬가지로 설교가 단지 한 사람이 영적인 진리에 대해서 공적으로 묵상하는 것 정도라면 그 정도 유익을 얻을 방법은 셀 수 없이 많다. 예를 들면 다 함께 대화를 나누면서 하나님의 진리를 묵상할 수도 있을 것이다.

하지만 설교가 정말로 생명을 주며, **무에서** 유를 창조하는 하나님 말씀을 선포하는 것이라면, 여기 엄청난 것이 달려 있게 된다. 이제 우리가 설교를 하고 안 하고는 선호의 문제가 아니게 된다. 이는 말 그대로 생사가 걸린 문제가 된다. 성경은 설교라는 행위를 그 정도의 능력과 권위를 지닌 것으로 제시하고 있다. 설교된 말씀은 성령님께서 한 사람의 영혼에 생명을 주고 믿음에 불을 붙이기 위해 사용하시는 독특한 방법으로 보인다. 그 예로 바울이 데살로니가전서 1장 2절-5절에서 어떻게 말하는지 보자. 그는 자신이 데살로니가인의 교회에 선포한 복음은 "말로만" 이른 것이 아니라 "능력과 성령"으로 된 것이라고 말한다. 바울이 데살로니가인에게 선포한 것은 무엇인가? 그렇다, 말씀이었다. 하지만 이는 그냥 말 이상이었다. 그것은 능력으로 덧입혀지고 성령님이 불을 붙인 말씀으로, 이전에 아무것도 존재하지 않던 곳에 영적인 생명을 주는 것이다. 그리고 그 결과는 어떠한가? 데살로니가인들의 믿음은 그 지역 온 데에 "들릴 뿐" 아니라 실제로 "각처에" 퍼져나갔다(8절)! 설교된 말씀에는 능력이 있다.

이런 점에서 교훈이 되는 다른 구절이 마태복음 10장에 나온다. 예수님이 열두 사도에게 하신 담화를 마무리하시는 부분인데 예수님은 이스라엘 전역에 자신의 왕 되심을 선포하도록 사도들을 막 보내실 참이다. 마태복음에서 이 순간까지 예수님은 스스로 그 일을 하셨고, 제자들은 그저 보고 배우며 준비 중이었다. 하지만 마태복음 10장 1절에서 예수님은 자신을 따르는 자들 가운데 열둘을 부르시고, "더러운 귀신을 쫓아내며 모든 병과 모든 약한 것을 고치는 권능"(마 10:1)을 주신다. 더욱이 예수님은 그들에게 천국 메시지를 전하라고 명하신다. 이는 예수님의 왕 되심을 선포하라는 것으로서 예수님이 그때까지 전하시던 바로 그 메시지였다. 예수님이 무슨 일을 하고 계시는지 보이는가? 예수님은 이 열두 남자에게 자신이 지금까지 직접 해오던 바로 그 일을 하는 권세와 책임을 주시고, 그 일을 하도록 파송하시는 것이다. 흥미로운 점은 마태복음 10장의 첫 두 절에서 떠나는 그들을 "제자"라고 칭했지만, 예수님께 권세를 받은 후로는 "사도" 즉 "보냄 받은 자"로 칭한다는 사실이다. 그 차이가 완벽한 것은 아니다. 그 열둘은 사명을 받고 떠날 때도 여전히 예수님을 따르는 제자들이기 때문이다. 하지만 그들이 **스스로를** "보냄 받은 자"로 위임한 것이 아니라는 점은 여전히 교훈이 된다. 예수님이 그들을 **보내신** 후에 그들은 그러한 직함을 받은 것이다.

예수님이 마태복음 10장 나머지 부분에서 그들에게 주신 지침 중에 흥미로운 점이 있다. 적어도 우리 목적상으로는 흥미롭다. 즉 그들이 선포하는 말씀에 권위가 너무나도 강력하게 거한다는 것이다. 예를 들어 14-15절을 보자. 예수님은 사도들에게 어느 집이나 마을이 그들이 전하는 말을 듣지 않으면 발에서 먼지를 떨어버리라고 하신다. 발에서 먼지를 떨어버리는 것은 하나님이 그 집이나 마을을 분명히 심판하실 것이라는 깊은 확신의 표현이다. 그 심판이 너무나 혹독하여 하나님을 경외하는 유대인이면 그 심판이 임할 때 자신에게 그 마을의 **먼지**라도 남지 않도록 한다는 뜻이다. 예수님의 말씀이 이를 확언한다. "내가 진실로 너희에게 이르노니 심판 날에 소돔과 고모라 땅이 그 성보다 견디기 쉬우리라." 이는 두려운 약속이다. 하지만 우리가 중요하게 봐야 할 점은 이 심판이 사도들의 메시지와 얼마나 긴밀하게 연결되어 있느냐는 것이다. 그들의 말을 받아들이는 것은 하나님의 말씀과 그에 수반하는 모든 축복을 받아들이는 것이다. 그들의 말을 거부하는 것은 하나님의 말씀을 거부하는 것으로서 그 모든 두려운 심판을 초래하는 일이다.

　동일한 담화 말미에 예수님은 같은 얘기를 하신다. 마태복음 10장 40절인데 여기에서 예수님은 사도들에게 결론적으로 말씀하신다. "너희를 영접하는 자는 나를 영접하는 것이요 나를 영접하는 자는 나를 보내신 이를 영접하는 것이니라." 이는 사도들의 선포에 내재하는 권위에 대한 대단한 선언문이다. 당신은 예수님이 무슨 말씀을 하시는지 알겠는가? 하나님과 관계를 누린다는 것이 결국에는 인간의 입술로 선포된 복음을 받아들이는 것, 즉 복음을 믿고 참으로 받아들이며 의지하는 것이라는 사실이다. 이 논리를 거꾸로 따라가 보자. "[예수님을] 보내신 이"를 영접하는 자는 분명히 예수님을 영접하는 자이다. 그러면 누가 예수님을 영접하는가? 바로 "너희", 즉 설교자를 영접하는 자인 것이다. 이는 단순히 사람으로서 그들을 잘 대해주라는 뜻이 아니다. 마태복음 10장 앞부분을 보면 여기에서 말하는 영접이란 **그들의 메시지**를 받아들인다는 의미에서 그들을 받아들이는 것임을 분명히 밝힌다. 놀랍다. 하나님을 영접하는 수단, 하나님을 알고 하나님께 알려지는 수단이 말씀 선포, 즉 설교에 있다는 것이다.

고린도후서 5장에서 바울은 자신의 설교 사역에 대해 다음과 같이 놀라운 말씀을 기록한다. "그러므로 우리가 그리스도를 대신하여 사신이 되어 하나님이 우리를 통하여 너희를 권면하시는 것 같이 그리스도를 대신하여 간청하노니 너희는 하나님과 화목하라"(20절). 바울은 여기에서 예수님이 마태복음 10장에서 가르치신 말씀과 동일하게 논리를 도출한 것처럼 보인다. 바울은 자신이 설교할 때 그냥 자신의 입술에서 나오는 말이 아니라, **하나님이 우리를 통하여 너희를 권면하시는** 말이라고 한다. 그렇기에 바울의 복음 설교를 듣고 받아들인 자는, 다름 아니라 예수님을 통해 하나님과 화목하라는 **하나님의** 권면을 바울을 통해서 들은 것과 진배없다.

당신은 하나님의 말씀을 설교할 때 이렇게 생각하는가? 당신의 설교가 하나님이 화목하라고 권하시는 말씀을 권위 있게 알리는 것이라고 생각하는가? 사람들이 예수님을 영접하고, 그에 따라 하나님을 영접하는 일이 당신이 선포한 성경 말씀을 받아들임으로써 가능하다는 사실을 인식하는가? 그래야만 한다. 결국 설교란 여기저기서 하나님 또는 성경에 **관한** 몇몇 생각을 가져다가 늘어놓는 정도가 아니다. 이는 하늘 보좌에서 직접 내리시는 권능의 메시지, 즉

너희는 하나님과 화목하라는 메시지를 선포하는 일이다. 설교에 관해 이 신학 진리를 이해한다면 모든 것이 달라질 수 있다. "우리가 이런 것들을 생각해 봤으면 합니다."라고 권하며 몇 가지를 제시하는 수준의 변변치 못한 설교 사역에서 벗어나 하나님의 보좌에서 직접 메시지가 임하는 설교 사역, 즉 예수님을 신뢰하고 주님으로 고백하면 그분의 손에서 자비와 용서와 구원과 새로운 생명을 얻게 될 것이라는 좋은 소식을 알리는 설교 사역을 하게 될 수 있다.

3장
강해 설교의 중심성

    신학은 실천에 영향을 준다. 우리 모두 이 말이 참임을 안다. 우리가 마음속에 품고 있는 생각과 우리가 **참**이라고 여기는 것들은 행동하고 살아가는 방식에 영향을 미치는 법이다. 예를 들어 가족을 어떻게 생각하는지에 따라 우리가 가족과 사는 방식이 달라진다. 일을 어떻게 생각하느냐에 따라 우리가 일을 하는 방식이 달라진다. 교회의 본질과 의미를 어떻게 이해하느냐에 따라 우리가 교회 멤버 그리고 교회 지도자로 살아가는 방식이 달라진다. 그리고 설교에 관해 어떻게 이해하는지에 따라 우리가 설교하는 방식과 지역 교회 사역에서 설교에 얼마나 중점을 두는지도 달라질 것이다.

    지난 두 장에서 다룬 내용이 참이라면, 즉 하나님의 말씀은 생명을 부여하고 설교는 하나님의 말씀을 선포하는 것이라면 설교에 대한 우리의 생각과 실천방법에서 두 가지는 피할 수 없는 것이 된다.

설교는 반드시 하나님의 말씀을
하나님의 백성에게 드러내야 한다

첫째, 설교의 본질이 하나님의 말씀을 알리는 것이기에 모든 설교는 반드시 하나님의 말씀인 성경에 뿌리를 내리고 굳건하게 연결되어 있어야 그 권위가 나온다. 더 신랄하게 말하자면 하나님의 말씀에 뿌리를 내리거나 굳건하게 연결되어 있지 **않으면** 절대로 설교가 아니다. 그것은 그냥 연설이다. 여기서 성경이 하나님의 말씀이라는 사실을 철두철미하게 논할 여유는 없다. 하지만 이 책을 읽는 사람 대부분은 이미 그렇게 믿고 있고, 이미 그 점에 있어서는 학자들이 아주 유능하고 효과적으로 잘 입증해놓은 상태이다. 지금은 성경이 성경 자체에 대해서 그렇게 말하고 있으며, 예수님이 직접 구약 성경에 대해 그렇게 말씀하셨고, 사도들이 신약 저술들에 대해 그렇게 말했다고 말하는 것으로 충분하다. 성경은 기록된 하나님의 말씀이기 때문에 하나님의 말씀을 참으로 알리는 설교라면 처음부터 끝까지 그 메시지를 성경에서 취해야만 한다.

우리는 이 사실을 고려할 때 교회의 건강과 신자의 성숙을 가장 잘 돌보는 형태의 설교가 **강해 설교**라고 믿는다. 이제 이 용어는 요즘 교회에서 핫한 용어가 되었다. 그리고 다른 핫한 용어들이 그렇듯이 실제로 우리에게 도움이 되는 것을 넘어 굉장히 다양한 방식으로 정의가 내려지고 있다. 하지만 가장 본질적으로 이 용어는 하나님의 말씀을 하나님의 백성에게 **노출시키는** 설교, 즉 그들에게 하나님의 말씀을 열어주고 그들의 마음에 적용시켜 그들이 말씀을 이해하고 순종하게 하는 것을 의미한다. 조금 더 자세하게 말하자면 강해 설교에 대한 정의(working definition)는 다음과 같다. **강해 설교란 성경 본문의 주된 요점을 설교의 주된 요점으로 채택하는 설교다.** 만약 바울이 에베소서 3장에서 몇 가지 논점을 전하고자 했다면 에베소서 3장 강해 설교는 그 요점을 그대로 취한다. 에베소서 3장이 함의하는 바도 아니고, 에베소서 3장의 이차적 또는 삼차적인 요점도 아니고, 에베소서 3장의 몇몇 지류에 대한 묵상도 아니라, 바울이 에베소서 3장에서 전하고자 한 핵심 요점을 정확히 포착하는 것이다. 즉 에베소서 3장을 회중에게 **노출시키는** 것으로서, 그 의미, 그 요점, 그 핵심, 그 취지, 그 열정을 회중에게 노출시킨다. 그리고 당연히 그 과정에서(어쩌면 더 중요한 것일 수도 있다) 회중을 에베소서 3장에 노출시킨다.

이제 혼동을 피하기 위해 우리가 먼저 말해야 할 몇 가지가 있다. 특별히 우리는 강해 설교가 **아닌** 것을 먼저 이야기하려고 한다.

1. 우리는 강해 설교가 반드시 성경 한 권을 절에서 절로 넘어가면서 쭉 설교해야 한다고 주장하지 않는다. 아마도 당신은 그렇게 하는 것이 옳다고 생각할지 모르겠다. 또 우리는 이 책을 진행하면서 그러한 접근법과 유사한 방식에 따르는 유익도 논할 것이다. 하지만 우리는 기도에 대해서 연속 설교를 하는 것도 완전히 가능하다고 생각한다. 물론 각 설교는 기도를 가르치는 서로 다른 성경 구절

을 강해하는 강해 설교여야만 한다. 중요한 점은 본문이 반드시 성경 순서를 따라야 하는 것은 아니라는 점이다. 다만 각 본문이 그 자체의 문맥에 맞는 그 자체의 핵심 메시지를 말하게 해야 한다.[3]

2. 우리는 강해 설교가 주제 설교의 합법성을 배제한다고 주장하지 않는다. 때로 주제 설교는 성경이 한 특정 주제에 대해 무엇을 말하는지 교회에 포괄적으로 보여줄 수 있는 훌륭한 방법이다. 물론, 이 말은 때로 당신이 특정 구절의 이차적, 삼차적 요점을 주된 요점으로 삼기도 한다는 뜻이다. 물론 그렇게 하는 것도 완벽하게 괜찮다. 그리고 당신이 그렇게 하고 있는 것을 회중에게 알린다면, 그런 설교도 회중이 성경을 연구하고 이해하는 법을 배우는 데 도움이 될 것이다. 당신은 당신의 회중이 누가복음 2장 10절-14절의 요점을 **천사가 실제로 노래한다**는 점으로 이해하기는 원치 않을 것이다(물론 회중이 그 사실을 알아야 할 필요가 있더라도). 우리는 이 책에서 한 교회에 있어 최고의 설교 방법은 성경의 각 책들을 처음부터 끝까지 설교하는 설교 사역이라는 점을 논할 것이다. 하나님은 성경을 주제별로 영감하지 않으셨고 거기에는 이유가 있다. 이 점에 대해서는 차후에 더 다루겠다. 하지만 우리는 주제 설교가 적합하지 않다거나 잘못이라거나 교회에 유익하지 않다는 말을 하는 것이 아니다.

3. 우리는 강해 설교가 그저 일련의 강의로서 그 주요 목적은 정보 전달에 있다고 주장하지 않는다. 우리는 강해 설교를 비판하는 사람

들로부터 강해 설교는 성경 본문에 대한 지루하고, 의미 없고, 적용이 없는 강의라는 말을 종종 듣는다. 1세기 유대 배경에 대해 듣고, 그리스어 전치사와 히브리어 구문론에 대해 듣고, "그러므로가 왜 거기에 있는지"에 대한 장황한 강연을 듣는다. 그래서 머리는 가득 찼는데 마음은 아무런 감흥 없이 그 자리를 떠난다는 것이다. 하지만 그런 것은 단연코 우리가 장려하는 강해 설교가 **아니다.** 강해 설교를 통해 성경의 어떤 본문을 회중에게 노출시킨다는 것은 그것을 그들의 마음에 노출시키고 그들의 마음을 그 본문에 노출시키는 것을 의미한다. 당신은 회중에게 본문의 요지를 설명하고(그런데 이를 위해 모든 부정 시제까지 설명해야 하는 경우는 거의 없다) 그 다음에는 적용을 하면서 그 본문의 요지를 줄곧 따라가 마음에까지 도달하는 적용 작업을 하는 것이다.

4. 우리는 강해 설교가 어떤 특정한 스타일을 특징으로 한다고 주장하지 않는다. 강해 설교가 반드시 전문적이거나 카리스마적이거나, 현대식이거나 구식이거나, 또는 따분하거나 흥미롭거나, 데버(저재)식이거나 길버트(저재)식일 필요는 없다. 강해 설교는 방법이지 스타일이 아니다. 어떤 설교자는 본문을 전개하면서 전문적이고 학술적인 방식을 취할 수도 있고, 어떤 설교자는 아주 재미있을 수도 있다. 마크가 설교하는 사람들 중에는 많은 수의 의회 근무자들이 포함되어 있고 길버트가 설교하는 사람들 중에는 많은 수의 대학교 학생들이 포함되어 있다. 우리도 스타일에 서로 차이가 있고, 우리

와 다른 강해 설교자들의 스타일은 더 차이가 크다. 스타일은 핵심이 아니다. 방법이 핵심이다.

5. 우리는 강해 설교가 복음전도적 설교가 아니라고 주장하지 않는다. 강해 설교는 복음전도적 설교이고, 또 그래야만 한다! 예수님은 제자들에게 성경의 모든 본문이 궁극적으로 자신을 가리킨다고 가르치셨다. 따라서 우리 설교도 그래야만 한다. 우리가 본문의 의미를 제대로 분별하면서 성경을 설교한다면 모든 설교는 어떤 식으로든 예수님께 나아가게 되어 있고 예수님을 주님이자 구세주로 밝히게 되어 있다. 예수님을 향하지 않는 강해 설교는 그 본문의 의미를 제대로 파악하지 못한 것이다.[4]

이상은 우리가 일컫는 강해 설교와 상관없는 것들이다. 다시 말하지만 우리가 말하는 강해 설교란 **성경 본문의 주된 요점을 설교의 주된 요점으로 채택하는 설교다.**

하지만 그게 성경 어디에 있나요

물론 우리가 우선 고려해야 할 문제는 이런 종류의 설교가 성경에 등장하느냐는 것이다. 그리고 우리는 먼저 성경 어디에서도 우리 설교 노트와 비슷해 보이는 것을 찾을 수 없다는 점을 솔직하게 인정한다. 하지만 이 책을 덮지 말라! 그렇게 단순하지만은 않다.

사실은 성경에는 정말로 다양한 설교가 있다. 예레미야의 한탄도 있고, 예수님의 비유도 있으며, 모세의 율법 강해도 있고, 바울의 논리적 추론도 있다. 에스겔... 에스겔도 있다. 어쨌든 이 모든 종류의 설교에서 우리가 봐야 할 것은 모든 설교자들이 하나님의 말씀을 청자들에게 선포하는 일을 한다는 것이다. 그들은 자신들의 직무를 그렇게 이해했다. 사실 선지자나 설교자가 이 일을 하지 않으면 자신의 의무를 이행하지 않는 것이라서 자신에게 저주를 불러온다. 따라서 예레미야는 하나님이 말씀하신 것을 예언(또는 설교)한다고 스스로 생각하던 자들에게 이렇게 말한다.

"여호와께서 내게 이르시되 선지자들이 내 이름으로 거짓 예언을 하도다 나는 그들을 보내지 아니하였고 그들에게 명령하거나 이르지 아니하였거늘 그들이 거짓 계시와 점술과 헛된 것과 자기 마음의 거짓으로 너희에게 예언하는도다 그러므로 내가 보내지 아니하였어도 내 이름으로 예언하여 이르기를 칼과 기근이 이 땅에 이르지 아니하리라 하는 선지자들에 대하여 여호와께서 이와 같이 말씀하셨노라 그 선지자들은 칼과 기근에 멸망할 것이요"(렘 14:14-15).

하나님을 대신해서 말한다고 생각하는 자들은 하나님이 말씀하신 것을 말하고 있는지 분명히 하는 편이 좋을 것이다. 하나님의 말씀을 강해한다는 것은 성경에 나오는 모든 하나님의 선지자와 설교자들의 목표이다.

한편 우리는 구약의 선지자나 신약의 사도와 우리의 차이점도 인식해야 한다. 그러면 그들이 왜 어느 정도는 우리가 여기에서 옹호하는 방식, 즉 성경의 특정 본문을 읽고 설명하고 적용하는 방식과 정확히 동일한 방식으로 설교하지 않는지 설명하는 데 도움이 될 것이다. 그 차이점은 간단하지만 심오하다. 즉 선지자들과 사도들에게는 하나님의 말씀이 직접 임했다는 점이다. 반면에 우리에게는 하나님의 말씀이 직접 임하지 않았고, 우리는 성경을 통해 하나님의 말씀을 안다. 그들은 성경을 기록했지만, 우리는 성경을 읽는다.

이는 더욱 심오한 방식으로 예수님에게도 참이다. 예수님은 하나님**이셨다.** 따라서 그분은 하나님의 말씀을 완전히 고유한 방식으로 선포하셨다. 때로 우리는 자신도 예수님처럼 설교하기 원하므로 강해 설교를 하지 않겠다고 말하는 사람들을 본다. 그런 사람들이 말하는 바를 살펴보면, 그들은 자신들도 영적 진리를 하나 붙잡고, 이를 분명하게 조명해주는 이야기를 떠올린 후 그 이야기를 하겠다는 것이다. 의도는 좋아 보인다. 하지만 그렇게 말하는 설교자들이 충분히 깊이 생각해보지는 않은 것 같다. 그들은 예수님의 특별하심을 충분히 인정하지 않고 있다. 기독교 설교자(어쨌든 성경이 하나님 말씀이라고 믿는 사람)는 예수님이 설교하신 것처럼 설교할 **꿈도** 꾸지 못한다는 것이 사실이다. **정말로** 그렇게 할 수 없다. 그들이 회중 앞에 서서 "너희는 성경에서 이렇게 읽었다…하지만 나는 이렇게 **말한다**…!"라고 말할 수는 없는 일이다. 이러한 권위는 예수님의 것, 예수님만의 것이다. 그분은 율법과 선지자의 완성이시다. 우리는 그렇지 않다. 그분은 하나님의 아들이시다. 우리는 그렇지 않다. 그분의 입에서 떨어지는 모든 말씀은 하나님의 말씀이었다. 우리는 성경이 말하는 바를 전하는 한에서만 하나님의 말씀을 말한다.

실제로 성경 내내 선지자가 아닌 자, 사도가 아닌 자, 하나님의 아들이 아닌 자인 설교자들이 했던 일이 정확히 그러했다. 그들은 성경을 설교하고, 성경을 설명하며, 청중들에게 적용했다. 레위 지파 제사장의 예를 생각해 보자. 성전 예식에서 희생 제물을 드리는 것 말고도, 그들은 이스라엘 백성에게 율법을 가르치고 순종하도록 권고할 책임을 졌다. 신명기 33장 10절은 그들이 해야 할 기본적인 직무 설명서이다. "주의 법도를 야곱에게, 주의 율법을 이스라엘에게 가르치며 주 앞에 분향하고 온전한 번제를 주의 제단 위에 드리리로다." 학사 에스라 역시 자신의 책무를 동일하게 이해하고 있었다. 이스라엘 백성들이 바벨론 유수에서 예루살렘으로 돌아왔을 때 다음과 같은 일이 벌어졌다.

"모든 백성이 일제히 수문 앞 광장에 모여 학사 에스라에게 여호와께서 이스라엘에게 명령하신 모세의 율법책을 가져오기를 청하매 일곱째 달 초하루에 제사장 에스라가 율법책을 가지고 회중 앞 곧 남자나 여자나 알아들을 만한 모든 사람 앞에 이르러 수문 앞 광장에서 새벽부터 정오까지 남자나 여자나 알아들을 만한 모든 사람 앞에서 읽으매 뭇 백성이 그 율법책에 귀를 기울였는데 그 때에 학사 에스라가 특별히 지은 나무 강단에 서고… 에스라가 모든 백성 위에 서서 그들 목전에 책을 펴니 책을 펼 때에 모든 백성이 일어서니라 에스라가 위대하신 하나님 여호와를 송축하매 모든 백성이 손을 들고 아멘 아멘 하고 응답하고 몸을 굽혀 얼굴을 땅에 대고 여호와께 경배하니라 예수아와 바니와 세레뱌와 야민과 악굽과 사브대와 호디야와 마아세야와 그리다와 아사랴와 요사밧과 하난과 블라야와 레위 사람들은 백성이 제자리에 서 있는 동안 그들에게 율법을 깨닫게 하였는데 하나님의 율법책을 낭독하고 그 뜻을 해석하여 백성에게 그 낭독하는 것을 다 깨닫게 하니"(느 8:1-8).

이 구절은 사건을 생생하게 그려내고 있다. 마치 농구 경기 하이라이트 장면에서 슬램덩크로 공을 농구 골대에 꽂아 넣는 모습을 계속해서 보여주는 것과 같다. "에스라가 모세의 율법책을 가져오니⋯에스라가 율법책을 가지고⋯모든 사람 앞에서 읽으매⋯특별히 지은 나무 강단에 서고⋯책을 펴니⋯책을 펼 때에⋯율법책을 낭독하고⋯백성에게 그 낭독하는 것을 다 깨닫게 하니!" 이런! 에스라는 여기서 선지자처럼 행동하지 않는다. 하나님의 말씀이 그에게 직접 임한 것도 아니었다. 그렇지만 에스라는 사람들에게 다른 그 무엇보다도 절박한 필요가 무엇인지를 알았다. 그것은 하나님의 말씀을 듣는 것이었다. 그래서 그는 어떻게 했는가? 그는 성경을 읽고 설명했다.

이것으로 충분하지 않은 듯, 성경에서는 우리 생각보다 훨씬 자주 하나님의 말씀을 강해하며 선포하는 장면이 나타난다. 심지어 사도들도 그랬고 예수님 자신도 그러셨다! 누가복음 24장은 구약 성경 전체에 대한 장대한 강해 설교라고 설명할 수밖에 없는 내용을 기록하고 있다.

"이르시되 미련하고 선지자들이 말한 모든 것을 마음에 더디 믿는 자들이여 그리스도가 이런 고난을 받고 자기의 영광에 들어가야 할 것이 아니냐 하시고 이에 모세와 모든 선지자의 글로 시작하여 모든 성경에 쓴 바 자기에 관한 것을 자세히 설명하시니라"(25-27절).

당연히 이것은 두 사람에게 전한 설교이다. 그런데 예수님은 그 두 사람에게 성경을 설명하고 계신다. "모세와 모든 선지자의 글로 시작하여 **모든 성경에 쓴 바** 자기에 관한 것을 자세히 설명하시니라."

아마도 예수님은 그 두 제자가 다른 이에게 전할 수 있도록 설명하셨을 것이다. 그리고 우리는 하나님의 말씀이 전진해 나갈 때 이런 모습을 보게 된다. 사도행전 2장에서 베드로는 오순절 날 일어나 설교하면서 요엘 2장, 시편 16편 시편 110편을 자세히 설명했다. 그렇게 하여 사람들에게 방금 일어난 일을 설명하고, 그 근거가 예수님의 죽음과 부활에 있다고 전한 것이다. 물론, 내 설교와는 다르게 보이기는 하지만 그것도 강해 설교이다! 성경 본문의 의미를 강해하고 그에 따라서 행하도록 청중들에게 권면하기 때문이다. 또 사도행전 7장에서 스데반이 산헤드린에게 한 설교도 구약의 이야기를 길게 강해한 것이었다. 스데반은 그 이야기를 펼쳐나가면서 어떻게 구약이 예수님 안에서 성취되는지를 설명한다. 다시 말하지만 스데반의 설교 역시 정확히 내 설교와 같아 보이지는 않지만 강해 설교이다. 히브리서 역시 그 자체가 강해 설교인 것처럼 보인다. 그 책의 몇 가지 특징으로 볼 때 구두로 전해지도록 의도된 책은 아닌 것으로 보인다. 그리고 이 책 전체가 특정 구약 본문들의 해석과 적용이 연속되는 구조를 띤다. 예를 들어 1장은 시편 110편을 주해한다. 2장은 시편 8편을 주해한다. 3장과 4장은 시편 95편을 주해한다. 5장은 시편 2편과 시편 110편을 주해한다. 7편은 창세기 14장과 시편 110편을 주해한다. 8장은 예레미야 31장을 주해한다. 계속해서 그런 식이다. 다시 말하지만 내 설교와는 좀 다르지만 히브리서도 강해 설교이다. 누가 설교했든지 간에 성경을 읽고 설명한 것이다.

이것뿐만이 아니다. 강해 설교는 사도의 설교에 나타나는 일반적인 형식처럼 보인다. 바울이 유대인에게 예수님을 선포하는 방식을 설명하는 다음 구절들을 생각해보자.

에베소에서,
"바울이 회당에 들어가 석 달 동안 담대히 하나님 나라에 관하여 강론하며 권면하되"(행 19:8).

다메섹에서,

"사울은 힘을 더 얻어 예수를 그리스도라 증언하여 다메섹에 사는 유대인들을 당혹하게 하나라"(행 9:22).

아덴에서,
"회당에서는 유대인과 경건한 사람들과 또 장터에서는 날마다 만나는 사람들과 변론하니"(행 17:17).

고린도에서,
"안식일마다 바울이 회당에서 강론하고 유대인과 헬라인을 권면하니라"(행 18:4).

바울은 추론하고 설득하고 그들의 주장이 틀렸음을 입증했다. 그는 예수님이 그리스도이심을 입증하기 위해 일했다. 그런데 어떻게 했나? 당신은 어떻게 다른 사람에게 예수님이 메시아임을 설득하겠는가? 어떻게 그 사실을 입증하겠는가? 위 구절들은 그 내용을 다루고 있지 않지만 다른 구절들이 있다. 그러한 구절들을 살펴보자.

데살로니가에서,
"그들이 암비볼리와 아볼로니아로 다녀가 데살로니가에 이르니 거기 유대인의 회당이 있는지라 바울이 자기의 관례대로 그들에게로 들어가서 세 안식일에 **성경을 가지고** 강론하며 뜻을 풀어 그리스도가 해를 받고 죽은 자 가운데서 다시 살아나야 할 것을 증언하고 이르되 내가 너희에게 전하는 이 예수가 곧 그리스도라 하니"(행 17:1-3).

로마에서,

"바울이 아침부터 저녁까지 강론하여 하나님의 나라를 증언하고 **모세의 율법과 선지자의 말을 가지고** 예수에 대하여 권하더라"(행 28:23).

비슷한 단어들, 강론하다, 뜻을 풀다, 증언하다가 나온다. 바울은 그런 일을 하였다. 그런데 바울은 그런 일을 어떻게 하는가? 바울은 "성경을 가지고" 그렇게 했다. 그리고 "모세의 율법과 선지자의 말을 가지고" 그렇게 했다. 이 이야기는 너무나 분명하다. 그는 성경을 펴고, 설명하고, 사람들에게 성경이 말하는 바에 반응하라고 요청했다.

이것이 바로 하나님이 우리를 설교자로 부르셔서 행하도록 하시는 일이다. 우리는 듣는 자들에게 하나님의 말씀, 즉 성경을 강해하도록 부르심을 받은 것이다. 이는 분파를 나누는 일도 아니고 꼬리표를 다는 일도 아니다. 이는 설교에 관해 성경에서 우리가 확인하는 지침들을 따르는 것이며, 성경에서 확인되는 다른 설교자들의 예를 따르는 것이다. 반복해서 등장하는 패턴은 분명하다. 그들은 하나님의 말씀을 읽고 설명하고 그 말씀에 반응하도록 사람에게 권한다. 당신이 이를 무엇이라고 지칭하든지, 우리는 이를 **강해 설교**

라 부른다.

하나님의 말씀을 중심에 두고

하나님의 말씀과 설교된 하나님의 말씀에 관해 우리가 지금까지 이야기한 내용이 모두 참이라면, 역사 내내 그리스도인들이 성경을 설교하는 일을 교회의 생명에 가장 중심되는 요소로 삼은 것도 놀랍지 않다. 우리도 똑같이 해야 한다. 설교는 언제나 그리스도인의 특징이었다. 설교는 언제나 믿음과 교회의 중심에 있었다. 사실, 교회의 초창기에는 하나님 말씀에 대한 강조가 가히 충격적이었다. 그리스도인들은 신앙의 초점을 그들이 섬기는 신의 조각상이나 형상이 아닌 설교된 말씀에 두었기 때문에 "무신론자"라는 비방을 당하기도 했다.

솔직하게 밝히자면 설교된 말씀의 중심성은 오늘날도 여전히 사람들의 입방아를 자아낸다. 오늘날은 그것 때문에 우리를 "무신론자"로 부르는 사람은 없지만, 시각자료가 득세하고 대화가 왕인 시대에 그리스도인이 여전히 앉아서 한 사람이 오랜 시간 이야기하는 것을 듣기를 바란다는 점을 불쾌하게 여기는 사람들이 있다. 거기에 더하여, 마지막 순간에 설문조사하는 시간도 없어서 그 문제에 대한 자신의 의견을 개진할 수도 없다! 하지만 사람들이 무엇을 원하든 그리고 자신들에게 무엇이 필요하다고 **생각하든**, 이와 관계없이 그들은 하나님의 말씀을 열어, 설명하고, 사람들의 마음과 의지에 적용하는 말씀 선포를 들을 필요가 있다. 그리고 강해 설교를 통해 그러한 일이 일어난다.

그렇기에 말씀 설교는 교회의 공예배와 교회 생활 전반의 중심에 있어야 한다는 점이 자명해 보인다.

생각해보라. 당신 교회에서 드리는 공예배의 초점은 무엇인가? 사람들은 무엇을 기억하며 돌아가는가? 예배의 모든 구성이 무엇을 향하고, 무엇에서 흘러나오는가? 몇몇 교회에서는 음악, 스킷 또는 공연이 그 대상이다. 어떤 교회에서는 성찬 또는 세례(또는 침례)가 그 자리를 차지한다. 하지만 우리는 교회가 드리는 공예배의 중심은, 그리고 예배에서 가장 많은 관심을 받아야 하는 요소는 설교이어야만 한다고 주장한다. 사실 설교는 예배에서 다른 모든 요소의 형태를 빚어내는 단 한 가지가 되어야 한다. 사실 찬송에서 성경 봉독 및 기도에 이르기까지 모든 예배 형식은 설교를 통해 상세히 주해될 성경 본문에서 흘러나와야 하며 또 그에 따라 빚어져야 한다. 물론 몇몇 요소는 설교 본문과 상관없이 집회에 정기적으로 포함되어야만 한다. 세례(또는 침례), 성찬, 성경 봉독, 기도, 찬양, 죄 고백, 믿음 안에서 서로를 격려하기 등이 그렇다. 하지만 예배 시간에 어떤 구체적인 격려가 나오든, 어떤 특정한 죄를 고백하든, 우리 기도와 찬양 가운데 하나님의 어떠한 성품에 집중하든, 그 모든 요소는 회중에게 설교될 성경 본문에 의해 영향을 받아야 한다. 그렇게 되면 예배 전체가 레이저 빔처럼 합쳐지고 성경의 진리가 예배드리는 모든 순간마다 강력하게 적용할 것이다.

때로는 설교를 우리 예배의 중심요소로 두는 것이 참석한 사람들에게 너무 많은 것을 요구한다는 반론도 있다. 사람들은 한 사람의 목소리를 들으며 그렇게 오래 앉아 있는 일에 익숙하지 않다는 것이다. 우리는 그러한 주장을 분명히 인정한다. 설교를 듣는다는 것은 세례식(또는 침례식)을 지켜보거나 성찬식에 참여하는 것보다 더 많은 에너지가 소요될지 모른다. 하지만 그리스도인들에게 주의력 결핍은 미덕이 아니다. 또 그것은 우리가 감안해야 할 "인간이면 당연한" 것도 아니다. 사실 설교되는 하나님의 말씀에 몰입하는 능력은 우리 목회자들이 우리 회중에게 반드시 가르쳐야만 할 사항이며, 또한 그들에게 기대해야만 할 사항이다. 웨스트민스터 회의의 구성원이자 노령의 청교도 목회자가 설교하는 도중에 누군가가 끼어든 사건에 대한 이야기가 있다.

죽기 며칠 전, [그레고리 교회]에서 설교하는데 한 무례한 사람이 소리를 지르는 것이었다. "목소리 좀 올려 주세요(lift up your voice, 좀 크게 말해 달라는 뜻—편집주). 안 들려요." 그에게 바인즈 목사님은 "당신의 귀를 좀 올리시오(lift up your ears, 귀를 더 기울여달라는 뜻—편집주). 더 크게 말할 수가 없소."라고 대답하셨다.[5]

어쩌면 우리 설교자들은 청중들에게 집중할 것을 **더 요구해야**만 할지도 모른다. 인터넷에 정신을 빼앗기고, 텔레비전에 취하고, 140자만 사용하는(이 책이 쓰여진 당시의 트위터 글자수 제한을 말함—편집주) 형편없는 주의지속시간을 지닌 사람들을 "있는 그대로 만족"시키려고 하는 대신에 말이다. 이는 우리가 나쁜 설교를 하면서 청중에게 들으라고 강요해야 한다는 의미가 아니다. 다만 하나님이 우리의 돌봄 아래 두신 사람들을 위해 설교를 준비하고 전하는 우리의 노력만큼 그들도 설교를 들을 때 **노력**해야 함을 가르쳐야 한다는 것이다. 또 다른 청교도인 토마스 왓슨(Thomas Watson)은 이렇게 말했다. "말씀으로 나아갈 때 우리는 속으로 이렇게 생각해야만 한다. '우리는 이 설교자가 하는 말 안에서 하나님의 말씀을 들어야 한다.'"[6]

영국 캠브리지에 위치한 성 안드레 교회의 마크 애쉬톤(Mark Ashton)은 이렇게 잘 정리했다.

설교자가 알리는 본문에 따라 회중이 성경책을 넘기는 소리보다 설교자에게 더 기운을 주는 소리는 없다. 설교자는 설교할 때 회중이 자신이 말한 내용에 동의하는 소리보다 페이지 넘기는 소리에 더 위안을 얻어야 한다. 신실한 회중이라면 자기 목회자로부터 신실한 설교를 끌어낼 것이다. 반대로 하나님 말씀의 신실한 교사가 가장 참기 힘든 것은 가르침을 받기 싫어하는 회중이다. 회중은 어느 정도 자신들의 수준에 맞는 설교자를 두게 되어 있다. 설교는 쌍방향 과정이기 때문이다. 설교자와 회중의 태도는 반드시 하나님 말씀에 대한 겸손한 갈급함 안에서 연합되어야만 한다.[7]

교회 예배에서 설교의 중심성은 전체로서의 회중의 삶에서도 똑같이 느껴져야 한다. 주일 아침 설교를 들으러 갈 때와 마찬가지로 그 주 내내 이어지는 교회의 행사를 통해서도, 주일 아침에 하나님의 말씀을 주해하여 나온 진리가 분명하게 드러나고 의제를 설정해야 한다. 예를 들어 우리 둘은 모두 설교하기 훨씬 전부터 설교 일정을 잡는다. 그리고 몇 주 또는 몇 달치 설교 본문과 제목이 담긴 카드를 인쇄한다. 그런 식으로 우리 교회 멤버들은 다음 주 주일 아침에 어떤 내용이 나올지를 확인하고 그 전주에 미리 성경 본문을 읽고 묵상할 수 있다. 그러면 흥미가 돋우어지고, 질문이 생겨나며, 말씀 선포를 듣고 싶어 기대하는 마음으로 준비할 수 있다. 그렉이 목회하는 서드 에비뉴 침례교회에서는 지난주의 주일 설교로 구역 모임을 갖는다. 구역에서는, 설교된 본문을 개인적으로 적용한 이야기를 솔직하게 나눌 준비가 되어 있다.

하나님의 말씀 설교가 전체로서의 교회의 삶을 이끌게 되면 당연히 회중은 목회자의 일정을 보호하는 일이 중요함을 깨닫게 될 것이다. 그렇게 되면 설교자는 설교를 준비할 시간을 충분히 확보할 수 있다. 모든 교회는 성경이 지도자에 대해 무엇이라고 가르치는지 배워야 한다. 특별히 하나님이 설교자 또는 교사로 말씀 사역을 하는 자들에게 맡기신 중심 역할에 대해서는 더욱 그렇다. 너무나 많은 목회자들이 접대로 바빠서(행 6:2) 말씀 사역에 전념하지 못한다. 교회 안의 다른 지도자들과 전체로서의 회중은 설교자의 시간과 관심을 요구하는 기대 수준에 일정한 한계를 설정해야 한다. 그들은 설교가 목회자가 할 일의 중심이라는 사실을 알아야 한다. 또 우리는 실질적으로 다른 모든 일은 교회 안에서 자격을 갖춘 다른 지도자들이 감당할 수 있다는 사실을 정직하게 인정해야 한다. 하지만 교회의 중심 가르침은 설교자가 맡은 특별한 임무이며, 그뿐 아니라 교회의 핵심 필요이기도 하다. 이것이 교회의 필요이자 설교자의 임무라는 이중적 중심성을 회중 전체가 분명히 이해하고 받아들여야 한다. 이를 통해 혼란과 낙심을 방지할 수 있을 뿐 아니라 교회의 영적 성장이 촉진된다.

결국 우리가 목표하는 것은 바로 교회의 영적 성장이다. 우리는 교회 멤버들이 성장하여 성숙하는 모습을 보기 원한다. 우리는 그들이 하나님을 더 사랑하고, 그분의 아들 예수님을 더 사랑하며, 그리스도 안에서 서로를 더 사랑하는 모습이 나타나기를 원한다. 우리는 그들이 영적으로 **살아 있기를** 원한다. 이것이 선포된 하나님의 말씀이 하는 일이다. 그 말씀은 생명을 준다. 죄를 깨닫게 하고, 격려하며, 도전하며, 믿음을 일으킨다.[8] 우리가 성경을 강해하며 하나님 말씀을 교회 생활의 중심에 둘 때 우리는 이런 모습을 보길 기대한다. 우리가 특별히 효율적인 연설가이기 때문이 아니라 하나님의 말씀에 특별한 능력이 있기 때문이다.

4장
설교가 하는 일

    지난 주일에 전 세계에서 설교되었을 말씀들을 잠시 생각해보자. 그 말씀들은 무엇에 관한 것이었을까? 어떤 주제가 다뤄졌을까? 어떤 질문이 제기되었을까? 어떠한 권면이 이루어졌을까? 전 세계 강단에서 선포된 설교 중 주위를 둘러싼 문화의 결에 맞서는 설교는 얼마나 될까? 그저 교회를 포위한 문화를 **강화하는** 역할밖에 하지 못한 설교는 얼마나 될까?

    몇 년 전 감리교 신자인 빌 맥키븐스(Bill McKibbens)는 『하퍼스(Harper's)』라는 잡지에 "기독교 패러독스: 신실한 국가가 어떻게 예수님을 오해하는가"라는 글을 기고했다. 이 글에서 맥키븐스는 자신이 어느 복음주의 대형교회에서 들은 설교에 관해 이렇게 쓴다. "그 설교는 우리 문화와 너무나 닮아 있었다." 그는 말한다. "사실 이러한 대궐 같은 곳에서 선포되는 설교 대부분은 주변의 소리와 전혀 다르게 들리지 않았다. 오히려 불편할 정도로 주변의 소리와 닮아 있었다." 그는 더 나아가 이렇게 말한다.

목회자들은 끊임없이 당신과 당신의 개인적 필요에 집중한다. 그들의 목표는 소비자에게 서비스를 베푸는 것이다. 공동체가 아닌 개개인에게 말이다. "구도자(seekers)"란 자신(또는 자녀)의 삶에서 무언가 영적인 것에 대한 필요를 느꼈지만 특정 교단이나 신조에 단단하게 결합되지는 않은 사람을 의미하는 전문 용어이다. 그 결과는 종종 연초점(soft-focus) 믿음, 편안한 믿음, 도시 근교지 믿음으로 나타난다. 피닉스 외곽에 급격하게 성장하는 한 대형교회를 방문한 뉴욕타임즈 기자는 그 전형적인 모습을 발견한다: 차를 탄 채로 이용할 수 있는 커피 가판대, 예배 시간마다 제공되는 크리스피 크림 도넛, 그리고 "자녀를 양육하는 방법, 직업적 목표에 도달하는 방법, 돈을 투자하는 방법, 빚을 줄이는 방법"에 관한 설교들. 일요일에 아이들은 교회에서 나눠주는 엑스박스를 가지고 놀았다. 또 많은 교인들은 견고한 신자라는 이름이 붙은 주 2회 에어로빅 수업에 등록했다.[9]

이것은 경건하게 주도권을 잡는 리더십이 아니라 지도력을 포기하는 리더십이다. 당신이 보트 조종에 실패한다면 그 배는 그저 조류를 따라 떠내려갈 뿐이다. 모든 소용돌이에 속수무책으로 휩쓸리기 십상이며 바위에 부딪히거나 모래톱에 걸리게 된다. 오늘날 너무나 많은 교회 목사들이 메시지를 가장 효율적으로 전달하는 방법을 찾기 위해 주위 문화를 살펴보는 것이 아니라, 가장 효율적인 메시지를 찾기 위해 주위 문화를 살펴본다. 많은 "복음주의" 교회를 포함하여 적지 않은 교회들이 너무 오래 그리고 너무 가까이 주변 문화를 좇았다. 그래서 이제는 문화와 구분되지 않을 지경이 되었다.

효과를 위한 설교

하지만 기독교의 설교는 그 중심에 변화를 만들어내려는 갈망, 세상이 어디에서도 듣지 못한 것, 심지어 듣기 **원하지** 않는 것을 말하려는 갈망이 있다. 그 이유는 기독교 설교자들이 반골이 되기를 고의적으로 **추구하는** 사람들이기 때문이 아니다. 다만 우리가 설교하도록 받은 메시지가 문화에 맞서는 것이고, 현 상태에 도전하는 것이며, 인류가 우리 왕께 반역을 저질렀다는 불편한 내용을 선언하는 것이며, 우리의 선택은 반역으로 심판을 받든지 그분의 손에서 사랑과 용서를 받아들이든지 둘 중 하나라고 외치는 것이기 때문이다. 예수님은 자신이 사도들에게 전하도록 주신 메시지가 박수를 받을 내용이 아니라는 사실을 아셨다. 그래서 예수님은 "내가 세상에 화평을 주러 온 줄로 생각하지 말라 화평이 아니요 검을 주러 왔노라"(마 10:34)라고 말씀하셨다. 사도들이 전한 내용은 정확히 세상의 것과 반대되었기 때문에 세상이 발끈하도록 만들었다. 그것은 그저 사람들을 초대하여 몇 가지를 생각해보게 하고, 이런저런 아이디어에 대해 곰곰히 생각해보게 하고, 생각할 거리를 제공하는 것에 만족하는 메시지가 아니었다. 그것은 변화를 목표로 하는 메시지였다.

기독교의 설교는 변화를 추구한다. 주위 문화에 맞서며, 선입견에 도전하며, 죄를 고발하며, 사람들에게 예수 그리스도께 신뢰를 두도록 요구한다. 그들이 방향을 바꾸도록 요구한다. 우리가 설교에서 사용하는 모든 논리적 논변과 주의 깊게 선택한 예화들은 그저 장식품에 불과한 것이 아니다. 우리는 듣는 자들에게 영향을 끼치기 위해 그렇게 한다. 결국 우리가 그리스도인으로서 누리는 구원 전체는 회개하고 믿으라는, 삶의 방식을 바꾸라는 하나님의 음성을 들었다는 사실에 달려 있다. 우리에게는 변화가 일어날 필요가 있었고, 그 변화는 우리가 메시지를 들음으로 초래된 것이다. 우리는 설교할 때 다른 이들 안에서도 동일한 효과가 있기 위해 설교해야 한다.

"효과를 위한 설교"의 한 예를 살펴보겠다. 『웨스트민스터 예배 모범(Westminster Directory of Public Worship)』에는 설교자를 위한 지침들이 기록되어 있다. 그 목회자들이 어떻게 조언했는지 보자.

설교자가 합당한 이유가 있어 간언, 견책, 공적 경고를 한다면(이러한 일에는 특별한 지혜가 요구된다), 죄의 본질과 위중함, 그리고 그에 수반되는 비참함뿐만 아니라, 청중들이 죄에 사로잡히거나 습격당했을 때 처하게 되는 위험과 치유책, 그리고 죄를 피할 최선의 길 또한 보여

주도록 하라.[10]

무슨 말을 하고 있는지 알겠는가? 먼저 가서 사람들에게 특정한 죄의 본질과 위중함을 설명하고, 죄에 수반하는 비참함을 보여주고, 그 죄에 사로잡혔을 때 직면하게 될 위험을 보여주라. 하지만 거기서 멈추지 말라! 그들에게 또한 그 죄를 어떻게 해결할지, 어떻게 싸울지, 어떻게 피할지를 보여주라! 물론 이것이 복음 선포를 배제한 것이라면 이 인용문을 한낱 도덕주의로 치부하고 무시할 수 있을 것이다. 하지만 사람의 삶에 영향을 미치는 설교는 절대로 복음에 선포된 하나님의 위대한 은혜를 손상하지 않는다. 사실 우리 삶에 복음이 일하면 죄를 신중하게 따져보고 대응하도록 **요구한다.**

하나님 말씀을 설교하는 일은 수동적인 활동이 아니다. 설교는 그저 마음을 고양하고 그 이상은 나아가지 못하는 단순한 묵상이 아니다. 그렇지 않다. 우리는 설교할 때 변화를 위해 설교한다. 우리는 효과를 위해 설교한다. 모든 것이 그렇다. 설교의 서론부터, 요점을 예화로 설명하는 방식, 그리고 모든 것을 결론으로 이끌어 가는 방식까지 우리는 믿는 자들을 고양하여 그리스도의 장성한 분량까지 성숙하게 하며, 믿지 않는 자들을 일깨워 구세주의 필요를 깨닫게 하려는 목적으로 설교한다. 한 마디로 우리는 두 가지 주요한 목표를 놓고 설교한다는 말이다. 즉 **덕을 세우는** 것과 **전도하는** 것이다.

우리는 덕을 세우기 위해 설교한다

신약에서 그리스도인의 모임이 어떠해야 하는지를 가장 길게 다룬 본문은 고린도전서 11-14장에 나온다. 바울은 자신의 주된 관심사가 모든 것을 "덕을 세우기 위하여 하라"는 것임을 밝힌다. 고린도전서 내내 바울이 회중에게 무엇을 해야 하는지 그리고 무엇을 하지 말아야 하는지를 결정해주는 가장 주된 기준이 바로 이것이다. 만약 이것이 참이라면 '덕을 세우는 데 얼마나 유용한가'라는 기준은, 교회의 삶에 가장 중심이 되는 설교에 특히 적용되어야만 할 것이다. 설교할 때 우리는 덕을 세우기 위해 설교한다.

이게 무엇을 의미하는가? 우리가 설교한 결과로서 교회에 정확히 어떤 모습이 나타나기를 바라야 할 것인가? 디모데후서 4장에서 바울은 자신이 생각하기에 마지막 임무부여가 될 내용을 젊은 디모데에게 전한다. 바울은 디모데를 그레데에 남겨 그 교회를 이끌고 덕을 세우도록 했다. 이는 특별히 엄숙한 임무부여이며, 바울은 그가 아는 가장 엄중하고도 영광스러운 진리로 이를 뒷받침한다. 그는 말한다. "하나님 앞과 살아 있는 자와 죽은 자를 심판하실 그리스도 예수 앞에서 그가 나타나실 것과 그의 나라를 두고 엄히 명하노니 너는 말씀을 전파하라"(1-2절). 이 권면은 뜬금없이 나온 것이 아니다. 이미 앞에서 몇 절에 걸쳐 바울은 디모데에게 "말씀"의 능력을 일깨웠다. 바울이 "말씀"이라 할 때, 이는 "신령한 책" 즉 성경을 뜻한다. 디모데 자신도 성경의 능력을 체험으로 알았다. 그는 어린 시절부터 말씀과 그 능력에 친숙했다. 그리고 성경이 "그리스도 예수 안에 있는 믿음으로 말미암아 구원에 이르는 지혜"(3:15)가 있게 하는 것도 알았다. 따라서 이제 바울은 디모데에게 그 능력을 기억하고 회중 안에서 그 능력이 펼쳐지게 하라고 명하는 것이다.

디모데에게 말씀을 전하라고 격려하는 와중에 바울은 성경이 교회에 "유익한" 네 가지 측면을 열거한다. 디모데후서 3장 16절을 보라. "모든 성경은 하나님의 감동으로 된 것으로 교훈과 책망과 바르게 함과 의로 교육하기에 유익하니." 바울의 이 선언은 설교가 회중의 덕을 세우게 해달라고 기도할 때 참고할 유익하고 세부적인 내용을 제공한다. 당신이 성경을 설교할 때, 성경은 교훈하고, 책망하고, 바르게 하고, 의로 교육할 것이다. 성경이 교회에 미치는 이 효과를 각각 생각해보자.

바울이 디모데후서 3장 16절에서 사용한 단어들은 무작위로 선정한 것이 아니다. 사실 이 단어들은 두 부류로 나뉜다. 성경은 긍정적이든 부정적이든, 교리 교육에 유용하다. 또 긍정적이든 부정적이든, 윤리 교육에도 유용하다. 이를 하나로 합치면 교회에 덕을 세우고 그리스도 안에서 그리스도인들을 세워가는 데 필요한 것이 무엇인지에 대한 전반적인 그림이 그려진다. 우리는 모두 교리와 그리스도인의 삶에 관해 교훈을 받을 필요가 있다. 또 우리는 앞으로 나아갈 길을 보여주면서 이렇게 행하라는 식의 긍정적인 교훈뿐 아니라 때로는 우리가 잘못 가고 있다는 사실을 보여주는 부정적인 교훈도 필요하다.

바울이 사용하는 첫 두 단어인 **교훈**과 **책망**은 분명히 교리 교육과 관계된 것이다. "교훈"한다는 것은 성경을 설명하는 것으로서, 성경이 말하고 의미하는 바를 회중에게 가르친다는 뜻이다. 바울은 로마서 15장 4절에서 동일한 단어를 사용한다. "무엇이든지 전에 기록된 바는 우리의 교훈을 위하여 기록된 것이니 우리로 하여금 인내로 또는 성경의 위로로 소망을 가지게 함이니라." 성경을 설교하여 교회에 덕을 세우는 우리의 임무는 하나님과 하나님의 길에 관한 진리를 가르치는 것이다. 사람들이 우리 설교를 들으며 한 주 한 주 지나가면 하나님에 대한 이해가 반드시 축적되고 개선되어서 성경이 하나님에 대해 무엇을 말하는지 더 잘 알 수 있어야 한다.

물론 그 필연적인 결과는 성경—그리고 성경을 전하는 우리의 설교—이 "책망"에 유익하게 되는 것이다. 이 단어는 신약에서 여기 단 한 번 등장한다. 하지만 다른 그리스어 문헌에서 나올 때는 "강한 실망의 표현"과 같은 의미를 지닌다. 다른 말로 하자면 하나님과 하나님의 길에 대한 잘못된 생각을 들이대어 보여주는 것을 의미한다. 목회자가 경험하는 놀라운 사실 중 하나는 교회의 멤버들이 잘못된 교리적 관념을 물리치지 않고 수용하는 경우가 굉장히 많다는 것이다. 그들은 책, 텔레비전, 심지어 그저 자신의 생각에 의해서도 하나님에 대한 잘못된 생각들을 흡수한다. 따라서 그들은 부드럽지만 분명하게 성경을 열어 잘못된 교리를 구체적으로 지적해줄 목회자가 필요하다.

바울이 여기서 사용하는 두 번째 단어조합은 바로 **바르게 함**과

의로 교육하기로서, 이것들은 주로 윤리적 관심사에 관한 것이다. 어떤 회중의 덕을 세우는 일은 복음에 합당하게 살아가는 것이 무엇을 의미하는지를 가르치는 것과 연관된다. **바르게 함**이라는 단어는 고대 그리스어에서 다양하게 사용된다. 이 단어의 우선적 의미는 "회복" 또는 "개선"이다. 이는 아마도 폐허가 되어버린 도시나 건물에 대해 사용할 만한 단어이다. 하지만 그러한 의미에서 한 사람의 윤리적 성품과 행위를 "회복함" 또는 "개선함"이라는 개념이 생겨났다. 분명히 바울은 여기서 그러한 의미로 사용하고 있다. 성경은 황폐해진 그리스도인의 윤리적 성품을 회복하는 데 유용하다. "책망"이 교리적 오류에 맞서 반박하는 것과 관련이 있다면 "바르게 함"은 윤리적 오류에 맞서 반박하는 것과 관련이 있다.

"의로 교육함"은 "바르게 함"에 상응하는 긍정적인 작용이다. 이 단어는 가장 흔하게는 아이를 "양육"하거나 "기르는 것"과 관련이 있다. 이것은 부모가 한 아이를 열매 맺는 어른으로 키우기 위해 사용하는 인격형성훈육이나 성품개발이 합쳐진 개념이다. "성숙"을 위한 이러한 종류의 "훈련"은 바울의 저작에서 흔하게 등장하는 주제이다. 예를 들어 고린도전서 14장 20절에서는 그리스도인들에게 "지혜에는 아이"가 되지 말고 "장성"하라고 말한다. 에베소서 4장 13절에서는 교회에 주신 그리스도의 은사를 나열하면서(설교자와 교사도 포함!), "온전한 사람을 이루어 그리스도의 장성한 분량이 충만한 데까지 이르리니"라고 말한다. 따라서 그가 디모데에게 말하는 내용도 비슷한 것이다. 그의 설교는 반드시 그리스도인들을 세우는 목적을 위한 것이어야만 하고, 그리스도 안에서 성숙에 공헌하는 것이어야만 한다는 것이다. 마치 부모가 아이를 "훈련"시켜 장성하도록 만드는 것과 같다.

여기서 성경의 효능과 능력에 대해 바울이 디모데에게 내리는 임무부여는 포괄적이다. 성경을 열어서 설교할 때 삶은 모든 수준에서 영향을 받고 세워진다. 그 효과는 광범위하고 심오하다. 사람들은 바른 교리로 가르침을 받고, 오류로부터 보호받고, 그리스도 안에서 장성함의 의미를 배우고, 그들의 삶이 성숙의 기준에서 탈선했을 때는 수정을 받아야 한다. 설교는 그저 정보를 전달하는 것이 아니다. 또한 믿지 않는 자들만을 위한 것도 아니다. 우리는 성도의 덕을 세우기 위해 설교하는 것이다.

하지만 이것이 전부는 아니다.

우리는 전도하기 위해 설교한다

우리가 "설교하다(preach)"로 번역하는 단어인(한글 성경에서는 전파하다, 전도하다, 전하다 등으로 번역됨—편집주) 그리스어 *케루소(κηρύσσω)*는 무언가를 "공식적으로, 공공연하게 발표하다"라는 기본적 의미를 갖는다. 이는 왕 또는 황제의 전령이 했을 법한 일이다. 즉 왕의 도착을 알린다든지, 왕의 판결을 알린다든지, 사람들에게 무언가 소식을 전하는 것이다. 예수님과 사도들의 설교를 두고 가장 자주 사용한 단어는 바로 이 단어이다. 마태는 예수님의 사역 기록을 "이 때부터 예수께서 비로소 전파하여(preach) 이르시되"(마 4:17)라는 말로 시작한다. 예수님 자신도 마가복음 1장 38-39절에서 제자들에게 자신의 목적이 전도하는 것이라고 분명히 밝히신다. 예수님께 치유의 능력이 있다는 사실을 안 군중들이 예수님과 그 무리를 밀어대자 예수님은 베드로에게 말씀하신다. "우리가 다른 가까운 마을들로 가자 거기서도 전도하리니(preach) 내가 이를 위하여 왔노라 하시고 이에 온 갈릴리에 다니시며 그들의 여러 회당에서 전도하시고(preach) 또 귀신들을 내쫓으시더라."

성경은 거듭해서 사도들이 어떤 소식을 알렸다는 의미에서 설교했다고 이야기한다. 그리고 바로 이것이 예수님이 마태복음 10장 7절에서 제자들에게 주신 과업이다. "가면서 전파하여 말하되 천국이 가까이 왔다 하고." 사도행전 8장 5절에서 빌립은 사마리아로 내려가 그들에게 그리스도를 "선포(proclaim)" 또는 "전파(preach)"했다. 바울이 시력을 되찾은 직후에 했던 일도 바로 이 일이다. "즉시로 각 회당에서 예수가 하나님의 아들이심을 전파하니(proclaim)"(행 9:20). 후에 바울은 자신의 설교 사역을 옹호하면서 정확히 전도라는 행위가 하나님이 죄에서 사람을 구원하기 위해 쓰시는 방법이라고 주장한다.

"하나님의 지혜에 있어서는 이 세상이 자기 지혜로 하나님을 알지 못하므로 하나님께서 전도의 미련한 것으로 믿는 자들을 구원하시기를 기뻐하셨도다 유대인은 표적을 구하고 헬라인은 지혜를 찾으나 우리는 십자가에 못 박힌 그리스도를 전하니 유대인에게는 거리끼는 것이요 이방인에게는 미련한 것이로되 오직 부르심을 받은 자들에게는 유대인이나 헬라인이나 그리스도는 하나님의 능력이요 하나님의 지혜니라 하나님의 어리석음이 사람보다 지혜롭고 하나님의 약하심이 사람보다 강하니라"(고전 1:21-25).

바울은 말한다. "우리는 십자가에 못 박힌 그리스도를 **전하니**." 우리는 그리스도를 아직 알지 못하는 세상에 그리스도를 알린다.

하지만 **설교하다**(preach)로 번역된 단어에 **케루소**만 있는 것은 아니다. **설교하다**(preach)는 종종 **유안겔리조**(euangelizo) 즉 "좋은 소식을 선포하다"라는 단어를 번역한 것이라는 사실이 어쩌면 더 여기서의 요점에 맞는지도 모른다. 예를 들자면 예수님이 누가복음 4장 43절에서 자신의 사역을 정리하며 이 단어를 사용하셨다. "내가 다른 동네들에서도 하나님의 나라 복음을 전하여야(preach) 하리니 나는 이 일을 위해 보내심을 받았노라." 여기에서 "복음을 전하여야(preach the good news)"라는 두 단어로 된 구절은 원어에서는 사실 **유안겔리조**(euangelizo)라는 한 단어에 해당한다. "복음을 전하다"라는 말은 사도행전에서도 두드러지는 구절이다. 믿는 자들이 박해로 흩어진 이후에 했던 일이 바로 이 일이다(행 8:4). 또 바울과 바나바가 도시에서 도시를 다니며 했던 일이 바로 이 일이다(행 14:7, 그 외).

모든 것을 고려할 때 우리가 설교할 때 행하는 가장 중요한 것은 **예수 그리스도의 좋은 소식을 알리는 것**이다. 우리는 그리스도를 알리고, 구원이 그리스도 안에 있다는 좋은 소식을 알린다. 기독교 설교는 그리스도 안에서 신자들의 덕을 세우는 것과 마찬가지로 아직 믿지 않는 자들을 믿도록 요청해야만 한다. 우리는 복음전도하기 위해 설교해야한다.

물론, 그렇다고 해서 모든 설교가 전적으로 믿지 않는 자들을 겨냥한 전도 설교여야만 한다는 말은 아니다. 우리는 이미 설교의 주된 목적 중 하나가 믿는 자들의 덕을 세우는 것임을 확인했다. 하지만 예수님은 성경의 모든 본문이 궁극적으로 자신을 가리킨다고 우리에게 가르치셨다(눅 24:27). 따라서 복음은 자연스럽게 우리가 전하는 모든 설교의 중심에 놓여야 한다. 이 점을 차치하고서라도, 우리가 비그리스도인의 관점에서 본문과 설교의 대지와 예화 등을 검토해보면 설교의 개선에 큰 도움이 될 수 있을 것이다.

그렇게 비그리스도인의 시각에서 검토해보는 것이 우리와 교회에 유익한 이유 몇 가지가 있다. 우선 믿지 않는 사람들이 들을 수도 있다고 생각하고 설교하면 실제로 거기에 참석한 그리스도인들의 덕을 더 세우게 된다. 왜냐하면 당신이 어떤 항목을 왜 이야기하고 있는지 한 번 더 주의를 환기하게 되기 때문이다. 예를 들어 당신이 삼위일체를 설교한다고 할 때 그리스도인이 아닌 사람들이 듣고 있다는 사실을 명심하고 있다고 하자. 그러면 그저 한 번 언급하고 넘어가는 것으로 만족하는 정도가 아니라, 왜 삼위일체가 중요한지 그리고 기독교 사상을 완전히 처음 접하는 누군가에게 삼위일체의 중요성을 가장 잘 설명하는 방법이 무엇일지 생각하게 될 것이다. 그리고 당신이 그렇게 하면 실제로는 **그리스도인** 역시 그러한 교리의 핵심을 잘 이해하게 될 것이다. 또 이를 통해 그리스도인에게 하나님 말씀의 중요성과 적용 가능함을 상기시켜 하나님을 찬양하는 새로운 근거를 제공하기도 한다. 게다가 그들이 주위에 있는 비그리스도인들에게 다가가 그들의 삶에 관여하고 그들과 어울리는 법을 익히도록 돕는 효과도 있다.

나(마크)는 젊은 시절 일부를 불가지론자로 지냈다. 그러한 경험이 바탕이 되어서 나는 유물론적, 자연주의론적 관점에 대항하여 성경의 진리를 기술하고 방어하려고 노력하는 일이 가치 있다는 사실을 점차 깨닫게 되었다. 나는 믿지 않는 사람으로 보낸 세월을 통해 믿지 못하겠다는 고정관념으로 가득한 마음이 어떤지 안다. 그래서 그런 사람에게 생각해볼 만한 진리를 어떻게 제시해야 하는지, 그것을 어떻게 배치하고 어떻게 사용해야 하는지, 잘못된 선입관을 가장 날카롭게 도전하려면 진리를 어떻게 제시해야 하는지도 안다. 이러한 일들은 대부분 교회에 출석한 비그리스도인들과 관련하여 해야 할 일이 될 것이다. 우리가 선포해야 하는 진리에 그들이 자연적으로 관심을 가질 것이라고 가정하는 대신에, 설교 안에서 그들의 관심을 끌 방법을 찾아야만 할 것이다. 그렇기에 나는 종종 비그리스도인들에게 직접 해당하는 대지를 하나 작성한다. 예를 들어 내가(마크) 고린도전서 8장에 대해 설교하며, 우리의 지식조차 사랑으로 인도받아야 한다는 바울의 가르침을 논하기 시작했다고 하자. 그러면 나는 회중 가운데 앉아 있는 비그리스도인들에게 이렇게 말한다.

나의 친구여, 만약 당신이 이 아침 그리스도인이 아닌데도 여기 앉아 있다면 이 말이 어떻게 들릴지 모르겠습니다. 그렇지만, 당신은 당신 자신만 돌보도록 창조된 것이 아니라는 사실을 인식하십니까? 당신은 당신 자신을 주로 돌보도록, 또는 최고로 돌보도록 창조되지 않았습니다. 우리가 태어난 후 살기 위해서 부모님에게 의지하고, 성적으로는 다른 성을 지닌 배우자에 의지하는 것이 당연하듯이, 우리는 영적으로 다른 누군가 즉 하나님을 의지하도록 만들어졌습니다. 하지만 성경에 따르면 우리는 죄를 지어 하나님에게서 분리되었습니다. 우리는 자신이 스스로의 주인이 되는 편을 선택함으로써 하나님을 거부했고, 이러한 자기중심성 때문에 우리는 언젠가 하나님의 확실하고도 공의로운 심판에 처하게 될 것입니다. 우리는 그분의 형상으로 만들어졌습니다. 그분은 우리를 심판하시는 것 안에서 자신의 성품을 변호하심으로써 자신의 영광을 보이실 것입니다.

물론, 이것이 그리스도인이 아닌 사람들에게 한 이야기의 전부는 아니다. 설교 후반에 가서는 더 자세하게 복음을 제시했다. 하지만 나는 그 자리에 있던 누구라도 이 문장에서 생각할 거리를 찾아내었기를 기도한다. 예전에는 아마 생각해보려 하지 않았겠지만, 이제는 새로운 방식으로 영적인 진리를 생각해보도록 이끄는 그 무언가를 발견했기를 바란다. 나는 그들의 불신앙이 흔들리고, 성령님께서 그들이 들은 내용을 사용하사 그들의 자아의존성과 죄를 깨닫게 하시길 바란다.

형제들이여, 설교 도중에 그리스도인들이 아닌 사람들에게 직접 이야기하는 것을 절대 두려워하지 말라. 그들은 보통 자신이 어떠한 존재인지 알고 있기 때문에 우리가 그렇게 해도 상처를 받지 않는다! 우리 둘 다 설교를 마치고 그리스도인이 아닌 사람들이 찾아와서 공식적으로 자신에게 이야기해서 감사하다고 말하는 것을 여러 번 들었다. 그것은 그들에게 당황스러운 일이 아니다. 오히려 반대이다. 그들은 우리 모임에 환대받았다는 느낌을 받았고, 우리가 그들에게 특별히 할 말이 있으며 우리가 그들에게 직접 이야기할 시간을 마련할 정도로 그들에게 충분히 관심을 갖고 있음을 알게 되었다.

말씀은 그 뜻을 성취한다

이사야 55장 11절에서 주님은 믿기 힘들 정도로 희망적인 약속을 하신다. "내 입에서 나가는 말도 이와 같이 헛되이 내게로 되돌아오지 아니하고 나의 기뻐하는 뜻을 이루며 내가 보낸 일에 형통함이니라." 하나님이 말씀하실 때, 하나님의 말씀은 하나님이 이루기로 작정하신 바를 이룬다. 이것이 전능하다는 의미이다! 또 그렇기에 우리는 선포된 하나님의 말씀이 덕을 세우고 복음을 전하는 그 목적에 성공할 것이라고 확신한다. 성령님은 설교된 말씀을 사용하셔서 영적으로 죽은 자들에게 영적인 생명을 주신다. 그리고 선포된 말씀을 사용하셔서 하나님의 백성이 예수님의 형상을 더욱 닮아가게 하신다. 말씀을 설교하는 자로서 우리는 하나님 자신만큼이나 하나님 말씀의 능력을 확신해야 한다. 우리는 설교할 때 하나님이 자신의 말씀을 통해 자신의 목적을 이루신다는 완전한 확신을 품고 설교해야 한다. 말씀은 하나님께 헛되이 돌아가지 않는다.

—— 2부 ——

실천

5장
무엇을 설교할 것인가

당신은 무엇을 설교할지 어떻게 결정하는가? 이는 설교자들에게 끝이 없는 질문이다. 당신이 성경을 설교하는 일에 헌신하기로 작정한 후에도 어떤 주일에 성경 어떤 본문을 회중에게 설교해야 할지가 언제나 명확한 것은 아니기 때문이다. 성경을 건너뛰어 가면서 설교해야 하는가? 아니면 성경 순서대로 따라야 하는가? 한 번에 한 단락, 한 장, 한 문장, 아니면 한 권을 설교해야 하는가?

사람마다 답도 천차만별이었다. 스펄전은 『목회자 후보생들에게』라는 책에서 자신은 성경을 읽으면서 성령님이 마음에 한 본문에 감동을 주시기를 기다린다고 썼다. 그의 말에 따르면 불행하게도 때로는 성령님이 토요일 늦은 밤까지 아무런 감동을 주시지 않아서 주일 아침에 다 바꾼 적도 있다고 한다.[11] 오늘날 많은 설교자가 이러한 모범을 따라 매주 한두 구절을 골라 설교한다. 또 어떤 이들은 창세기부터 요한계시록까지 성경 전체를 설교하기도 한다.

또 어떤 이들은 자신의 설교 사역 전체를 한 책에 기초하기도 한다. 조셉 카릴(Joseph Caryl)이라는 17세기 회중 교회 목사는 욥기만 424회 설교했다. 그래서 1643년에 욥기 설교를 시작하여 이십사 년이 지난 1666년에야 욥기 설교를 마쳤다![12]

마찬가지로 설교하는 본문의 분량도 사람마다 다르다. 어떤 설교자는 한 번에 한두 문장 또는 한 절씩만 설교한다. 영국의 18세기 침례교도인 새뮤엘 메들리(Samuel Medley)는 종종 성경 한 구절만 두고 설교했다. 마틴 로이드 존스 역시 에베소서 2장 4절의 "하지만 하나님이!(But God!)"만 가지고 명설교를 남겼다. 어떤 설교자들은 한 단락, 하나의 이야기, 한 장, 또는 하나의 독립적인 분량을 가지고 설교하는 편을 좋아한다. 어떤 설교자들은 더 나아가 여러 장, 성경 한 권, 또는 신약 또는 구약 전체, 심지어 성경 전체를 두고 한 편의 설교를 전하기도 한다!

이 장에서 우리는 무엇을 설교해야 하는지 묻는 질문에 답해보려고 할 것이다. 그리고 당신의 교회에 가장 유익한 설교 방식은 성경의 전체 책들을, 즉 신구약 모두, 성경의 모든 장르를 설교하는 것임을 주장하려고 한다. 다시 말하지만 우리는 이렇게 하는 것이 장기 설교 계획을 구상하는 **유일한** 방법이라고 주장하지 않는다. 하지만 우리 경험상 이렇게 하는 것이 그리스도인들에게 성경을 읽고, 스스로 연구하고, 성경이 서로 어떻게 맞아떨어지는지 더 잘 이해하도록 만드는 계획이라는 점을 밝힌다.

전체 책들을 관통하여 설교하라

우리 둘 다 성경의 다양한 책들을 관통하여 설교하는 것을 설교 사역의 기초로 삼는다. 하지만 성경의 **모든** 책을 그렇게 하지는 않는다. 단순하다. 어떤 성경은 다른 성경과 달리 그러한 방식을 요구하지 않기 때문이다. 시편을 예로 들어보자. 물론 시편도 분명히 그렇게 다룰 수 있다. 시편에도 명확한 구조가 있기 때문이다. 따라서 사람들은 시편의 차례를 따라가는 설교에서도 배울 수 있다. 하지만 시편은 서로 구분되는 단위로 볼 수 있는 백오십 편으로 이루어져 있고, 시편 기자가 전하려고 하는 전체적인 의도를 거의 놓치지 않고도 각 편을 설교할 수 있다.

하지만 성경 대부분은 그렇지 않다. 성경의 각 권은 대부분 한 장이 이전 장을 기초로 하고 다음 장에 올 내용의 초석을 놓는 식으로 구성된다. 서사로 이루어진 책들, 즉 창세기, 출애굽기, 역사서, 복음서 등은 한 사건이 다음 사건과 이어지면서 전체를 이루어가는 **이야기**이다. 마찬가지로 율법서와 신약의 서신서도 내용이 긴밀하게 구성되어 논리적으로 진행되는 담화이다. 이들은 "왜냐하면"과 "그러므로"로 가득하기 때문에 주변의 맥락과 연결해서 이해해야만 그 전체 의미가 온전히 전해진다. 선지서들 역시 메시지를 한 번에 하나씩 확장해 나가기 때문에 통째로 이해할 때 가장 강력하다.

많은 그리스도인이, 그리고 그들에게 설교하는 자들조차 성경을 마치 격언 모음집처럼 여긴다. 그리고 그 순서는 별로 중요하지 않은 것처럼 생각한다. 마치 성경 전체를 격언집 또는 공자의 명언집처럼 보는 것이다. 하지만 성경은 대부분 전혀 그렇지 않다. 하나님은 성경 각 권에 특정한 내적 논리와 질서를 영감하셨다. 하나님은 서사와 논증과 자기 백성을 꾸짖는 예언도 영감하셨다. 그 책들은 차츰차츰 절정을 향하여 나아가며 여기저기서 사건은 우아하게 전환된다. 따라서 우리가 설교자로서 해야 할 일은 사람들이 성경의 아름다움을 보게 하는 것이다. 우리가 하는 일은 쓸모없는 철광석 안에 묻혀있는 "지혜 덩어리"를 찾는 것이 아니다. 오히려 우리는 사람들이 전체의 장엄함을 보도록 해야 한다. 그리고 전체 책들을 처음부터 끝까지 관통하여 설교하는 작업은 사람들의 눈을 열어주어 성경의 아름다움을 볼 수 있게 해준다.

물론 율법서, 선지서, 복음서, 서신서 등 그 무엇이 되었든, 성경 한 권을 잠시 방문해서 그 본문의 맥락에 충실하게 설교하는 일도 가능하다. 하지만 당신이 회중을 그 책의 시작부터 인도해서 정점까지 데려간다면 강력한 힘이 나타난다. 나(그렉)는 최근에 사사기 연속 설교를 했다. 사사기를 통과하는 데는 11개월이 걸렸다. 한 장의 재난 지역을 방문했다가 또 다른 장의 재난 지역으로 여행해 갔다! 그런데 예를 들어 사사기를 잠시 들러 삼손의 이야기를 한 번만 설교했다고 하자. 물론 내 생각에는 맥락에 따라 그 이야기를 신실하게 잘 설교할 수도 있을 것 같다. 하지만 우리 회중이 연속 설교를 통해서 삼손의 이야기에 도달했을 때와는 다르다. 삼손까지 다다를 정도가 되었으면 우리는 지나온 모든 이야기의 무게를 가지고 있다. 그 어두움과 무거움, 솔직히 말하자면 역겨움까지도 말이다. 따라서 하나님이 삼손을 이스라엘의 사사로 들어 사용하실 때 실제로 무슨 일이 벌어지고 있었는지 더 잘 이해할 수 있다.

다른 예를 들어보자. 당신은 마태복음을 잠깐 방문하여 광야에서 예수님이 당하신 시험 이야기를 전할 수 있다. 당신은 그 이야기에서 무슨 일이 벌어지고 있는지 회중에게 굉장히 잘 설명해낼 수도 있을 것이다. 하지만 마태복음 1장부터 3장을 지나서 그 모든 무게감을 사람들의 마음에 얹은 채로 4장으로 왔다고 생각해보자. 마태는 그 세 장 동안 족보, 서사, 예언 등을 통해 예수님이야말로 사람들이 오래 기다리던 이스라엘의 왕이라는 사실을 보여주기 위해 애썼다. 그리고 마침내 4장에서 예수님은 세례(또는 침례)를 받으신 직후 이스라엘의 왕의 **사역**을 취하신다. 예수님은 이스라엘의 챔피언으로서 사탄과 맞서며 이스라엘이 지금까지 겪었던 전형적인 실패들을 다시 개괄하시는 것이다. 이스라엘과 달리 예수님은 하나님께 육신의 안락함을 요구하라는 사탄의 유혹을("명하여 이 돌들로 떡덩이가 되게 하라", 3절) 묵살하신다. 그리고 하나님의 손이 자신을 돌보시는지 시험해보라는 사탄의 요구를("뛰어내리라", 6절) 물리치신다. 또 예수님은 하나님의 원수와 합력하여 하나님 나라를 얻으라는 제안을("내게 엎드려 경배하면", 9절) 거부하신다. 보이는가? 마태의 서사는 예수님이 왕으로서 왕의 갑옷을 입으시고 이스라엘의 챔피언이 되어 사탄과 전쟁을 치르러 가시는 순간까지 차근차근 진행되는 것이다!

성경의 각 권을 처음부터 끝까지 통째로 설교해야 하는 또 다른 훌륭한 이유가 있다. 그렇게 해야 강제로라도 성경의 불편한 부분을 설교하기 때문이다. 우리 중에 이혼을 다루는 성경 본문을 설교할 생각에 마음이 들뜨는 사람은 없다. 이 본문은 그 가르침 안에도 여러 곡절이 있어서 회의적인 청중들을 따르도록 만들기 쉽지 않은 민감한 주제이다. 그래서 솔직히 마태복음 19장을 몇 주간 붙잡고 있기보다는 요한복음 3장 16절을 다시 설교하는 편이 쉽다! 하지만 그 내용이 성경에 있다. 그리고 우리는 사람들에게 하나님의 모든 뜻을 전하도록 부름받았다. 이 점에서 전체 성경을 설교하는 것이 도움이 된다. 마태복음 18장 다음에 마태복음 19장이 온다. 고린도전서 5장 다음에 고린도전서 6장이 온다. 당신이 각 권을 처음부터 끝까지 관통하여 설교하는 방식을 정했다면 그 말씀들을 피할 수 없다.

이는 우리 설교, 그리고 더 나아가 전반적인 우리의 영적 생활에도 긍정적 효과를 발휘한다. 우선 우리 마음에 도사리고 있는, 사람에 대한 두려움을 물리치는 데 큰 힘을 발휘한다. 하나님의 말씀을 전하는 설교자에게 가장 치명적인 병폐는 강단에서 하기 꺼림칙한 이야기는 아예 꺼내기조차 두려워하는 것이다. 누군가의 기분을 나쁘게 할지 모르는 내용을 설교한다는 생각만 해도 얼굴이 창백해지는 바람에 결국 성경의 곤란한 메시지는 멀리하는 경향이 생긴다. 성경을 처음부터 끝까지 설교하면 이러한 두려움을 물리치는 데 효과가 있다. 그렇게 하면 어려운 말씀이 나타나도 설교할 수밖에 없기 때문이다. 사실, 이는 사람을 두려워하는 죄악된 두려움을 뒤집어버리는 데 도움이 된다. 왜냐하면 우리는 마태복음 18장에서 20장으로 건너뜀으로써 용기 부족 아니냐는 의문이 제기되길 원하지 않기 때문이다.

다른 한편, 한 책을 처음부터 끝까지 설교하면 특정한 때 하필이면 해당 본문을 설교한다는 "비난"을 받지 않을 수 있다. 당신 생각에 회중이 들을 필요가 있는 본문만 설교하면서 성경을 건너뛰면 이혼에 대한 예수님의 가르침을 정확히 언제 설교할 수 있겠는가? 어느 부부의 결혼생활에 문제가 있다는 이야기를 들은 그 주에 하겠는가? 교회 멤버 또는 그 딸이 이혼 서류를 제출한 다음주에 하겠는가? 보자. 그렇게 민감한 본문이 나오면 회중 가운데 누군가는 **자기** 때문에 **이번** 주일에 그 설교를 했다고 생각한다. 그것이 문제다. 하지만 당신이 전체 책을 처음부터 끝까지 설교하는 편을 택했다면 그러한 위험부담을 상당히 줄일 수 있다. "수잔 자매, 그렇지 않습니다. 저는 당신 딸이 지난주에 이혼 서류를 제출했기 때문에 이 설교를 한 것이 아닙니다. 저는 이미 세 달에 걸쳐 마태복음을 연속해서 설교하고 있어요. 그리고 마침 오늘 마태복음 19장을 설교하게 된 것입니다. 이번 설교를 따님에게 보내보면 어떨까요? 오히려 도움이 될 겁니다."

그뿐 아니라 성경 한 권을 처음부터 끝까지 설교하면 설교자인 당신, 그리고 그에 따라 당신의 교회 역시 어쩔 수 없이 친숙하지 않은 성경 본문과 씨름하게 된다. 그리고 그 결과 당신은 새로운 것을 배우고, 하나님과 하나님의 말씀을 아는 지식에 자라며, 그리스도인이자 목회자로서 성숙한다. 성경 여기저기를 쏘다니며 설교할 때는 아마도 이미 오랫동안 열심히 생각해 온 본문, 당신이 이미 많이 알고 있는 본문에 끌리게 될 것이다. 예를 들어 당신은 열왕기하 14장 7절로 가서 아마샤 왕이 소금 골짜기에서 에돔 사람 만 명을 학살하고 셀라를 취하여 욕드엘로 바꾼 내용을 설교하지 않을 것이다. 누가 그러겠는가? 그 대신 당장 **요한복음** 14장 7절을 설교하려고 할 것이다. 하지만 하나님이 열왕기하 14장 7절도 영감하신 이유가 있다. 아마샤가 하나님께 불순종한 이야기도, 교인들에게 설교해야 하는 하나님의 모든 뜻 중 일부이다. 우리가 선호하는 본문 또는 친숙한 본문만을 설교하면, 설교자로서 또는 심지어 그리스도인으로서 우리의 성장이 정체된다. 책 전체를 처음부터 끝까지 설교하면서 만나게 될 다양한 본문 안에는 미처 알지 못한 보배들이 가득하다.

성경 전체에서 설교하라

지난 단락에서 암시했지만, 우리 설교자는 사람들에게 성경 전체를 설교하도록 부름받았다. 사람들이 상당 기간 동안 우리 설교를 들었다면 그 결과 우리에게서 성경 전체의 훌륭한 단면도를 설교한 내용을 들었어야 한다. 그렇다고 우리가 반드시 창세기부터 시작해서 요한계시록으로 끝내야 한다는 뜻은 아니다. 많은 사람이 그렇게 했으며 그것이 때로는 좋은 생각일 수도 있지만 말이다. 사실 우리는 사역을 하면서 성경의 다양한 장르를 조직적으로 설교한다. 또 그렇게 하면서 구약과 신약을 왔다갔다한다.

성경 각 권은 전혀 같지 않다. 성경에는 시, 서사, 정확한 논리로 구성된 논증, 묵시, 목록, 숫자, 율법, 전기문, 편지, 지혜, 예언, 그리고 그밖에도 여러 장르가 있다. 그리고 물론 성경은 구약과 신약으로 이루어져 있다. 이 모든 성경이 나름대로 유용하다. **성도는 일정 기간에 이 모든 내용을 들어야 한다.** 따라서 우리 둘은 짧은 기간 안에 성경의 모든 부분을 설교할 수 있는 한 가지 방법론을 채택했다. 이제 우리가 어떻게 하는지 보여주려고 한다.

구약은 다섯 개의 장르, 내지 범주로 구분할 수 있다. 즉 율법, 역사서, 지혜서, 대선지서, 소신지서다. 이와 유사하게 신약은 복음서, 사도행전, 바울 서신, 일반 서신, 요한계시록으로 나눌 수 있다. 우리는 이렇게 구분한 범주를 마음에 두고 신약과 구약을 오가고 서로 다른 장르를 오가려고 노력한다.

율법   복음서와 사도행전
역사서   바울 서신
지혜서   일반 서신과 요한계시록
대선지서
소신지서

그러면 일 년의 설교 계획은 대략 이렇게 될 것이다. 먼저 율법서

한 권을 선택하고, 그 후 복음서를 택하고, 그 후 구약의 역사서, 그 후 바울 서신, 그 후 지혜서, 그 후 일반 서신, 그 후 대선지서, 그 후 다시 복음서(또는 사도행전), 그 후 소선지서, 그 후 또 다른 바울 서신을 택한 후에 다른 율법서를 설교하는 식으로 진행하는 것이다. 만약 당신이 연속 설교를 하는 기간이 10주 내지 13주라고 치면 방금 제시한 순서를 따르는 데만 약 3년이 소요될 것이다. 연속 설교 기간이 더 긴 편이라면 5년 이상이 소요될 것이다. 예를 들어, 내가(마크) 목회 사역 첫 4년 동안 캐피톨힐 침례교회에서 전한 설교 목록은 이렇다.

- 마가복음 설교 13회
- 에스라 설교 4회
- 데살로니가전서 설교 7회
- 에스겔 설교 4회
- 일반 서신 개괄 설교(책 마다 1회씩 설교) 총 9회
- 잠언 설교 5회
- 마가복음 1:1-3:6 설교 9회
- 신명기 설교 5회
- 디모데전후서 설교 6회
- 역대상하 설교 4회
- 요한일서 설교 5회
- 요엘 설교 4회

- 마가복음 3:7-6:6 설교 6회

- 아가 설교 2회

- 구약 신약 개괄 설교(각각 1회) 총 2회

- 디모데전서 설교 3회

- 야고보서 설교 5회

- 요한복음 설교 11회

- 대선지서 개괄 설교(책마다 1회) 총 4회

- 디도서 설교 6회

- 지혜서 개괄 설교(책마다 1회) 총 5회

- 베드로전서 설교 13회

여기서 핵심은 연속 설교의 기간이 아니다. 우리 회중이 적당한 기간에 걸쳐 하나님 말씀에 대한 전체적인 조감도를 접하게 하는 것이 중요하다. 욥기만 수백 번 설교한 것이 아니라는 말이다! 물론 회중이 성경의 모든 말씀을 접한 것은 아니지만 서사, 예언, 율법서, 복음서, 묵시, 서신, 논증과 족보에 대한 설교를 들었다. 그들은 신약 및 구약 설교를 들었다. 우리의 소망은 회중으로 하여금 성경이 어떻게 서로 맞아떨어지는지를 보게 하며 이 모든 장르를 더 잘 깨닫고 이해하는 방법을 배우게 하는 것이다.

그러면 연속 설교를 하는 기간은 얼마나 되어야 하는가? 확실하게 말하기는 어렵지만, 신명기를 5년 동안 설교한다면 우리가 방금 설명한 방식이 가져다주는 유익은 사라지고 말 것이다. 그렇기에 우리는 연속 설교가 3개월에서 6개월 정도 되는 편을 선호한다. 때로 우리는 그 기간에 전체 책을(심지어 긴 책도) 처음부터 끝까지 설교한다. 또 어떤 때는 같은 기간에 성경 일부만 보기도 한다. 내가(그렉) 처음으로 서드 에비뉴 침례교회에 부임했을 때, 첫 13주 동안 마태복음을 설교했다. 그러면서도 고작 첫 일곱 장만 설교했을 뿐이다. 그리고 다음 해 가을에 다시 마태복음으로 돌아가서 마태복음 8장에서 13장까지 추가로 열네 번 설교했다. 동시에 나는 다양한 길이로 다른 책들의 연속 설교를 꽤 많이 했다. 다음은 내가 서드 에비뉴 침례교회에 부임한 후 여러 달에 걸쳐 설교한 일정이다.

- 마태복음 1-7장 13주
- 창세기 전체 5주
- 디도서 전체 3주
- 사사기 전체 9주
- 히브리서 전체 11주
- 다섯 개의 시편 5주
- 마태복음 8-13장 11주
- 야고보서 전체 7주(나는 여기서 구약/신약 순서를 어겼다!)

이런 식이면 마태복음 전체를 설교하는 데 1년 내지 2년 정도가 소요될 것 같다. 나는 마태복음을 더 짧은 시리즈로 나누어 설교하면서 그 중간에 다른 성경을 설교하는 편이 좋다고 생각한다. 그렇게 하면 회중의 마음이 냉랭해지거나 지루해하지 않고 새로운 책으로 넘어갈 때 다시 집중할 수 있다.

고고도와 저고도에서 설교하기

당신은 〈Powers of Ten〉(10의 거듭제곱)이라는 영상을 본 적이 있는가? 오래된 영화인데 남녀 한 쌍이 풀밭에 앉아 있는 장면으로 시작한다. 당신이 땅에서 1.5미터 높이에서 그들을 보고 있는 것임을 알려준다. 그 다음 카메라가 줌 아웃을 해서 15미터, 150미터, 1.5킬로미터, 15킬로미터, 150킬로미터, 1500킬로미터, 15000킬로미터 식으로 올라간다. 마침내 지구도 사라지고, 태양계가 보이다가 은하계, 그리고 수천 개의 은하계까지 보인다. 그때 카메라는 다시 열 배씩 **줌인**을 시작한다. 그러다가 풀밭에 앉은 한 쌍이 다시 시야에 들어오게 된다. 하지만 카메라는 멈추지 않고 계속 확대해나가서 결국 그 남자 손에 있는 세포까지 비춘다. 그리고는 분자, 원자, 전자 등으로 진행된다. 정말 매혹적인 영상이다. 당신의 고도에 따라 다른 것을 보고 다르게 이해한다는 것을 보여주기 때문이다.

성경도 마찬가지다. 많은 설교자가 설교에 적합한 고도 내지 기준 좌표는 한 번에 한 구절, 아니면 기껏해야 한 단락 정도라고 생각한다. 그 정도 레벨에서 설교하는 것도 괜찮고 훌륭하다. 사실 한 설교에서 짧은 단락 또는 자체적으로 독립되어 있는 하나의 이야기를 다루는 것은 필시 가장 자연스러울 것이다.

반면에 설교자가 변화를 시도하여 성도가 익숙한 수준을 넘어서 더 넓은 또는 더 좁은 기준 좌표계를 제공할 때의 유익도 많다. 사실 우리는 당신이 설교 사역을 하면서 설교 고도를 다양하게 하는 것이 **좋은** 아이디어라고 생각한다. 즉 연속 설교를 하면서도 어떤 때는 한 단락을 본문으로 삼고, 어떤 때는 한 구절을, 때로는 몇 장 내지 책 전체도 설교하는 것이다. 나는(마크) 사역 첫 몇 해 동안 성경 66권 전체에 대해서 스스로 "개괄 설교"라고 칭한 설교를 하기로 작정했다. 그리고 신약 전체, 구약 전체 및 성경 전체를 개괄하는 설교도 하였다. 나는 그렇게 했다는 사실이 기쁘다. 그러한 개괄 설교는 내가 회중에게 전한 설교 중 가장 유용한 설교였다는 점이 밝혀졌기 때문이다. 그 설교로 회중은 전체 책들에 관한 짧지만 핵심적인 묘사와 더불어 각 권이 전달하려고 하는 메시지를 제공받았다.

물론 더 짧은 본문으로 설교하는 이점이 있고, 우리 둘 다 정기적으로 그렇게 한다. 당신이 설교하며 몇 절만 다룬다면 매우 세밀한 수준에서 그 뉘앙스와 의미를 도출해낼 수 있다. 모든 단어를 따져 보고 살펴보기에, 전치사, 형용사, 연결어도 의미의 샘이 된다. 하지만 이런 접근법의 단점은, 개별 구절을 너무 자세히 살펴본 나머지, 시간이 흐를수록 회중은 어디서 와서 어디로 가고 있는지를 놓치게 된다는 점이다.

마찬가지로 많은 분량의 본문을 설교하거나 성경 각 권 전체를 설교하는 것도 장점과 단점이 있다. 이사야 전체를 설교해야 하는데 45분이나 한 시간 정도밖에 시간이 없다면 필연적으로 무언가를 생략해야 한다. 어떤 부분은 몇 마디 말로 둘러대야 하는 것이다. 하지만 우리는 이러한 접근법의 유익을 알기에 때로는 이렇게 하는 것도 가치가 있다고 생각한다. 당신이 성경 한 권 전체를 한 편 또는 몇 편 정도의 설교로 설교한다면 그 세부사항에서는 한 걸음 물러나 책 전체의 요지를 생각해봐야 할 것이다. 예를 들어 이사야를 다시 생각해보자. 사람들은 대부분 이사야를 심판이라는 스파게티가 도저히 구분할 수 없게 가득 차 있는 거대한 그릇으로 생각한다. 물론 여기저기에 메시아를 다루는 미트볼이 간간이 들어있지만 말이다(사 9장, 11장, 53장). 하지만 이 책을 전체적으로 본다면 한 그릇의 스파게티보다는 하나의 검과 가깝다는 사실을 깨닫는다. 형태가 있고, 무게가 있으며, 칼끝이 있고, 감촉이 느껴진다. 교회는 당신이 이사야를 몇 년에 걸쳐서 구절별로 설교할 때보다는 그보다 더 높은 고도에서 설교할 때 이러한 점을 더 잘 이해할 것이다. 예를 들면 나는(그렉) 이사야 전체를 세 번의 설교로 끝냈다. 한 설교는 서른여덟 장을 다루기도 했다! 그 경험으로 내가 가장 큰 도전을 받았고 앞으로는 이렇게 하지 말아야겠다는 생각도 했다. 반면에 사람들은 아직도 이 설교 때문에 이사야의 형태와 무게와 감촉을 기억하게 되었다고 말한다. 그들은 높은 고도에서 전체 내용을 받아들일 수 있었기 때문에 그 검을 "휘두르는" 법을 배운 것이다.

게다가 한 번에 성경의 각 권을 반드시 한 방에 다 설교해야 하는 것도 아니다. 나의(마크) 계획은 내가 사역하는 동안 일반적으로 높은 고도 설교에서 낮은 고도 설교로 이동하는 것이다. 그래서 전체 성경을 설교하고, 신약을 설교하고, 누가복음 전체를 설교하고, 누가복음을 한 장씩 설교했다. 아마도 몇 년 안에 주님이 허락하시면, 다시 누가복음으로 돌아가 한 번에 한두 단락씩 설교할 것이다. 그렇게 한다면 나는 누가복음을 처음부터 끝까지 **네 차례** 설교하는 것이 된다(성경 전체 개괄 설교와 신약 전체 개괄 설교도 누가복음을 "처음부터 끝까지" 설교한 것이라고 계산한다면 말이다). 나는 지금도 다양한 고도에서 설교하고 있고 그렇게 할 때마다 매번 새로운 것들을 배운다.

반면에 나는(그렉) 그렇게 체계적인 계획을 갖추고 있진 않다. 사역 시작 후 몇 해가 지난 지금도 성경 몇 권은 높은 고도에서 설교하고, 몇 권은 낮은 고도에서 설교한다. 나는 그렇게 하는 편이 우리 회중이 어느 한 접근 방식 때문에 너무 좌절하지 않도록 하는 데 도움이 된다고 생각한다. 모든 절을 주해하는 편을 선호하는 사람들은 내가 창세기를 다섯 번 만에 설교해도 기꺼이 즐겁게 배우려고 한다. 내가 다음 설교에서는 마태복음을 자세하게 살펴볼 것을 알기 때문이다. 나는 우리 성도들이 시간이 흐르면서 성경의 질감을 온전히 느끼고, 성경 전체를 입체적으로 바라보기를 소망한다. 즉 성경을 한 권의 전체적인 책으로, 또 각각의 책들도 하나의 온전한 책이고, 각각의 문장도 온전한 의미를 담고 있고, 그 문장 안의 **모든 단어**도 중요한 의미를 갖고 있는 그런 책으로 바라보는 법을 배우기를 바란다.

설교 일정을 미리 계획하라

3세기의 유명한 설교자 요한 크리소스톰은 나사로와 부자에 대한 세 번째 설교에서 회중에게 이렇게 말했다. "나는 종종 여러분에게 내가 전하려는 주제를 여러 날 전에 미리 말해줍니다. 그렇게 해서 여러분이 그 사이에 성경을 집어들고, 전체 본문을 훑어보고, 어떤 내용이 이야기되고 있고 어떤 내용이 생략되었는지 배우게 해서 더욱 준비된 상태로 내가 말하는 내용을 들을 수 있게 하려는 것입니다."

우리는 이것이 훌륭한 아이디어라고 생각해서 둘 다 교회에서 설교 일정을 미리 알려주는 설교 카드를 인쇄해서 나누어준다. 다음 몇 달치 본문과 제목을 미리 알리는 것이다. 이렇게 할 때 많은 유익이 있다. 첫째, 크리소스톰이 말한 것처럼 사람들에게 미리 본문을 읽을 수 있는 기회를 제공하여 성령님이 그 본문으로 사람들의 마음에 일하시도록 한다. 그리고 주일에 선포될 하나님의 말씀을 들을 마음의 준비를 하도록 한다. 그렇게 하면 교회 안에 독특한 관심을 만들어낼 수 있다. 즉 사람들은 각기 그 본문에 대해 자신만의 생각과 질문과 통찰력을 가지고 나오는 것이다. 그러면 설교 가운데 당신이 하는 말과 그들이 이미 품고 있는 생각이 상호 작용을 일으킨다. 또 설교 일정을 발표하면 사람들에게 그리스도인이 아닌 친구와 가족들과 함께 영적인 것을 이야기할 수 있는 도구를 제공하게 된다. 사람들은 카드를 가져다가 그리스도인이 아닌 친구가 관심을 가질 것 같은 설교에 동그라미나 강조 표시를 해서 그 설교를 들으러 교회에 오라고 건네주며 초대할 수 있다.

때로 사람들은 그렇게 오래전에 설교 일정을 계획하면 성령님을 억누르는 것 아니냐고 묻는다. 교회에 이야기해야 할 무언가가 갑자기 떠오르면 어떻게 할 것인가? 만에 하나 당신이 아프면 어떻게 할 것인가? 당신이 계획했던 설교가 현실과 전혀 맞지 않는 그런 상황이 발생한다면 어떻게 할 것인가? 모두 좋은 질문이다. 하지만 우리는 설교 일정을 미리 잡는 것이 성령님을 억누른다고 생각하지 않는다.

첫째, 우리는 성령님이 단지 "그 순간"에만 역사하신다고 생각하지 않는다. 물론 때로 성령님은 그렇게 하신다. 하지만 성령님은 그렇게만 하시지 않는다. 성령님은 우리가 설교 일정을 계획하는 몇 달 전에도 이미 역사하고 지시하신다. 우리 둘 다 회중이 특정한 설교나 연속 설교를 통해, 아주 구체적으로 그리고 매우 시의적절한 영향을 받는다는 점에 놀란다. 물론 **우리가** 그 일이 일어나도록 계획했기 때문은 아니다. 오히려 우리는 성령님이 섭리 가운데 그 모든 일이 일어나도록 역사하셨다고 믿는다. 예를 들어 캐피톨힐 침례교회의 2001년 가을 설교 카드를 보라. 이 기간 중에 2001년 9월 11일 사건이 일어났었다.

2001년 9월 11일 설교 카드

2001년 9월-12월

나쁜 일이 일어날 때

하박국 연구 2회

9월 9일 **질문**
하박국 1-2장
설교자 : 제이미 던롭

9월 16일 **확신**
하박국 3장
설교자 : 버트 대니얼

그리스도인이 추구할 것들

시편 연구 8회

9월 23일 **평화를 추구함**
시편 4편

9월 30일 **정의를 추구함**
시편 5편
설교자 : 그렉 길버트

10월 7일 **안전을 추구함**
시편 46편
초청 설교자 : 티모시 조지

10월 21일 **구원을 추구함**
시편 2편
초청 설교자 : 브루스 웨어

10월 28일 **자비를 추구함**
시편 78편

11월 4일 **거룩을 추구함**
시편 93편

11월 11일 [아래 내용 참고]

11월 18일 **지혜를 추구함**
시편 111편

벌거벗었으나 부끄러워하지 아니하니라

성에 관한 복음주의 신학

앨버트 몰러 초청 특별 심포지엄

11월 11일 **결혼의 신비**
창세기 2장

4:30 PM **인공적 임신술과 피임**

6:30 PM **가족과 문화 전쟁**

11월 12일

7:30 PM **동성애: 젠더는 중요한가?**

장차 발생할 일

요한계시록 연구 5회

11월 25일 **미래를 본 사람**
요한계시록 1:1-20, 22:6-24

12월 2일 **보좌**
요한계시록 4-5장

12월 9일 **어린양**
요한계시록 7장, 14:1-5

12월 16일 **폭풍우**
요한계시록 8:1-5, 11:15-19

12월 23일 **하늘의 도성(城)**
요한계시록 21:1-22:6

누가 미래를 결정하는가

이사야의 예언 연구 2회

12월 30일 **주권자 하나님**
이사야 6장
초청 설교자 : 존 폴마

1월 6일 **심판과 자비의 하나님**
이사야 7장
설교자 : 앤디 존슨
*오전 성찬식

이 설교 일정은 뉴욕과 워싱턴에 대한 테러 공격이 있기 몇 달 전에 작성한 것이고 내용을 조금도 조정하지 않았다. 그 사건 후에도 전혀 바꾸지 않았다. 하지만 공격당한 도시 한 가운데 거하던 이 회중을 향한 하나님의 섭리를 보라. "정의를 추구함," "안전을 추구함," "나쁜 일이 생길 때: 질문과 확신" 등의 제목을 보라. 성령님은 심지어 몇 달 전에도 자기 백성을 말씀의 진리로 먹이시려고 계획하고 계셨다. 그것은 세계를 뒤흔든 사건 후에, 그리고 심지어 **그전에** 직접적이고 구체적으로 그들의 삶과 필요에 영향을 끼칠 진리였다.

또 설교 일정을 지키는 것이 꼭 맹종한다는 뜻도 아니다. 마크는 나(그렉)보다 설교 계획을 철저히 지키는 편이다. 마크가 아프거나 다른 일이 생겨도 교회 카드는 교회 카드다. 연속 설교에서 한 번 건너뛰는 것을 의미한다고 할지라도 말이다. 반면에 나는 기존 설교 카드를 폐기한 후 새로 설교카드를 인쇄하기도 한다.

절기에 대해서는 우리 둘 다 거의 동일한 접근법을 취한다. 우리 모두 성탄절이나 부활절 언저리에 완전히 생뚱맞은 설교는 하지 않도록 계획을 짜려고 **노력한다.** 하지만 마크는 언젠가 성탄절에 죽음에 관해 설교했다! 하지만 성탄절에는 누가복음 2장, 부활절에는 마태복음 28장만 설교해야 한다고 고집하지 않는다. 2011년 성탄절에 나는 야고보서 5장 13-20절을 설교하기로 되어 있다. 병든 자를 위한 의인의 기도 말이다. 하지만 2011년 부활절에는 일정을 조금 바꿔서 히브리서 6장이 아닌 히브리서 8장을 설교했다. 그날에는 어쩌다 교회에 방문하는 사람들이 많을 것이라고 예상할 수 있었기 때문에 복음을 핵심으로 삼는 본문을 다루고 싶었기 때문이다.

이렇게 한들, 또는 만들어진 계획을 고수한들, 핵심은 일찌감치 설교 일정을 계획하는 것이 사람들이 영적으로 성장하고 복음을 전하는 데 유리하다는 것이다.

당신은 무엇을 설교할지 어떻게 결정하는가? 글쎄, 이미 우리가 말한 것처럼 모든 일은 교회의 덕을 세우도록 해야 한다. 우리는 전체 책들을 처음부터 끝까지 관통하여 설교하는 작업, 신구약을 모두 설교하는 작업, 성경의 모든 장르를 설교하는 작업, 다양한 고도에서 설교하는 작업, 설교할 내용을 미리 알리는 작업이 장기적으로 그러한 목표를 이루는 데 유익하다고 본다.

6장
설교 준비

내 친한 친구 중 하나는 정말 전형적인 커피 애호가이다. 한 번은 스타벅스에 가더니 "트리플 그란데, 시럽 두 펌프, 거품 조금, 매우 뜨겁게, 저지방 우유, 일반 시럽으로, 바닐라 라떼요"라고 하는 것이었다. 농담이 아니다. 이게 그가 마시는 식이다. 그를 아는 사람이라면 놀랄 일도 아니다! 내가 마시는 것도 별반 낫지 않다. "그란데 타조 차이 티, 설탕 빼고, 약간의 스팀 우유 올려주세요." 그러면 마크가 마시는 것은… "우유요." "무슨 우유 말씀이세요?" "그냥 우유요."

하나님이 마크에게 복 주시길.

설교자에게 설교 준비법에 관해 조언한다는 것은 스타벅스에서 "그가 마실 음료"는 이래야만 한다고 말해주는 것과 조금 비슷하다. 사람마다 개인적인 취향이 있다! 설교 준비도 여러 면에서 그러하다. 그리고 모든 설교자는 조금씩 다르게 설교를 준비한다. 예를 들어 내가 설교에 대해 아는 대부분은 마크에게서 배운 것이다. 하지만 이 장을 보면 우리도 완전히 동일한 방식으로 설교를 준비하지 않는다는 사실을 알게 될 것이다. 우리는 심지어 설교 준비와 관련된 어떤 부분에 대해서는 생각이 일치하지도 않는다. 이는 실제로 필연적이고 어쩌면 좋은 일이기도 하다. 하나님은 각양각색의 사람들을 불러 설교자가 되게 하셨고, 그로 인해 전 세계에 있는 자신의 교회에 장엄한 다양성을 만들어내셨다.

우리는 또한 설교 준비 기술을 다룬 책이 시중에 정말 많이 존재하며, 관련 강좌도 수없이 열린다는 사실을 당신이 인식하기 바란다. 그러한 책들과 강좌 중에는 대단히 훌륭한 것들도 많다. 그리고 우리가 책 한 장(chapter) 정도의 분량에 그 모든 것에 필적하는 내용을 담을 수 있을지 의심스럽기도 하다. 그래서 우리는 그런 시도조차 하지 않을 것이다. 따라서 이번 장을 설교 준비에 대한 포괄적인 지침으로 이해하면 안 된다. 또 성경 주해나 해석학 또는 성경 신학에 대한 포괄적 지침도 아니다.

오히려 우리는 설교 준비가 어렵고 시간을 많이 잡아먹는 과정임을 분명히 안다. 하지만 많은 설교자가 그 작업에 마땅한 충분한 헌신을 다하지 않는다고 확신한다. 그렇기에 이번 장에서는 우리가 설교 준비를 하면서 어떤 일을 하는지 약간 보여주려고 한다. 그리고 당신이 설교를 준비하는 시간을 더욱 생산적으로 만들어줄 몇 가지 제안을 할 것이다. 당신은 우리가 모든 것을 완전히 똑같이 하지는 않지만, 우리 둘 다 가장 근본적인 목표는 본문을 이해하고, 설명하고, 사람들의 삶에 적용하는 것이라고 믿는다는 점을 발견하게 될 것이다.

본문을 이해하라

이것이 첫 번째 단계이다. 하나님의 말씀을 사람들에게 강해해서 그 의미를 드러내려면 당연히 당신은 본문이 무엇을 말하고 무엇을 의미하는지를 이해하는 데서 시작해야 한다. 당신이 이 일을 망쳐 버리면, 즉 본문의 의미가 당신 마음속에서도 뒤죽박죽이 되어 있거나 본문을 **잘못** 이해한다면 그 설교는 끔찍하게 실패하고 말 것이다. 따라서 설교 준비에서 가장 중요한 일은 성경 본문을 최대한 깊고, 견고하고, 포괄적으로 이해하는 것이다.

읽으라

본문을 읽는 데서 시작하라. 우리 둘 다 설교할 본문을 그 전 주에 여러 번 읽는다. 마크는 심지어 그 본문을 개인 경건 시간에도 활용한다. 자신이 읽을 원래 부분에 더하여 설교 본문을 읽고 묵상하는 것이다. 그렇다고 정말로 설교 준비를 시작할 때와 같은 강도로 본문을 읽어야 한다는 말은 아니다. 그리고 아마도 사실은 그러한 강도로 읽어서는 **안 될 것이다.** 그저 묵상하는 자세로 읽으라. 그리고 그 말씀이 당신의 심령에 영향을 미치게 하라. 주님께서 그 말씀으로 당신 삶에 무슨 일을 행하시는지 보라. 이렇게 하면 회중에게 그 본문을 제시할 준비를 하는 당신에게 놀라울 정도로 도움이 될 수 있다.

우리 둘 다 본문을 이해하는 데 도움이 된다고 공감하는 실천사항이 하나 있다. 본문을 여러 번역본으로 읽는 것이다. 도와줄 사람을 앉혀서 눈으로는 한 번역본을 보는 동안 다른 번역본을 읽게 한다든지(마크), 그냥 혼자 그렇게 하는 것이다(그렉). 어떤 방식이든 서로 다른 그리스도인들이 그리스어와 히브리어를 어떻게 번역했는지 보는 것만으로도 도움이 된다. 물론 때로는 잘못 옮길 때가 있다. 따라서 당신은 특별히 튀는 번역본을 당신이 가르치려는 요점으로 삼고자 할 때는 특별히 주의를 기울여야 한다! 하지만 어쨌든 대체로 이렇게 하면 도움이 된다. 그리고 때로는 다른 번역본들보다 한 가지 번역이 개념을 더 명료하게 표현한다. 그리고 같은 아이디어를 다양한 용어로 표현하는 것을 접하기만 해도 마음이 자극되어 새로운 생각과 통찰력이 생겨나기도 한다. 하지만 중요한 것은 그 본문 두루마리를 당신 마음속에서 굴리면서 많은 시간을 보내는 일이다. 그리고 다양한 번역본으로 읽는 것은 그 두루마리를 계속 굴리기 위한 좋은 방법이다!

도표를 그리라

열심히 준비하기 시작했다면 본문의 모든 세부사항을 이해하는 데 온 정성을 기울이라. 그저 각 단어와 전치사의 의미, 그리고 모든 도시 이름의 고고학적 배경을 밝혀내라는 것이 아니다. 아마도 더 중요한 일은 본문의 흐름을 파악하는 작업일 것이다. 왜 이 문장이

저 문장에서 나왔는가? 도대체 왜 예수님은 **이것을** 이야기하신 직후에 **저것을** 이야기하시는 걸까? 이 단락은 어떻게 저 단락을 나오게 하는 걸까? 과연 바울은 이 모든 생각의 흐름을 따라서 결국 어디로 가고 있는가?

본문의 흐름을 이해하는 과정에서 우리가 유용하다고 생각한 방법이 바로 도표를 그리는 것이다. 도표를 그리는 방식은 다양하다. 심지어 우리 둘도 약간은 다르다. 어떤 이는 원어로 도표를 그리고, 어떤 이는 영어로 한다. 어떤 이는 각 단어의 품사를 표시하고, 어떤 이는 그렇게 하지 않는다. 나(마크)는 보통 성경 본문을 타자로 쳐서 문서로 작성한다. 복사해서 붙이기는 하지 않는다. 타자를 치는 행위 자체가 그저 읽기만 할 때 눈으로 놓칠 수 있는, 구절과 구절의 관계를 확인하는 데 도움이 되기 때문이다. 타자를 다 치면 출력한다. 그리고 색깔 펜을 사용해서 다양한 주제를 표시한다. 예를 들어 베드로가 인내에 관해 이야기하는 것을 볼 때마다 초록색으로 표시한다. 또는 속죄에 대해서 언급하는 부분은 빨간색으로 표시한다. 이렇게 색을 입히는 체계는 본문마다 달라지는데, 그 본문의 대의를 확인하는 데 도움이 된다. 이렇게 하면 본문이 어떤 생각에서 어떤 생각으로 어떻게 흘러가는지를 한눈에 볼 수 있고 개요를 잡는 데도 도움이 된다.

나의(그렉) 도표 작업은 조금 다르다. 나는 성경 본문을 타자로 쳐서 문서로 만들지 않는다. 오히려 펜으로 공책에 적는다. 그 과정에서 나는 본문을 어구별로 나누고, 선을 사용해서 다양한 어구들이 서로 어떻게 연결되는지를 본다. 도표로 보면 본문의 "형태"를 생생하게 포착할 수 있다. 예를 들어 바울의 글은 많은 경우 종속절이 계속 이어진다. 이때 도표를 그리면 주절을 확인하는 데 유용하고, 거기에 연관된 모든 종속절도 분명하게 볼 수 있다. 또 단락 형식으로 되어 있는 본문만 볼 때는 명확하지 않던 것들이 보이게 된다. 예를 들어 두 개의 어구가 서로 평행관계를 이루거나 전체 단락이 이전 단락의 한 가지 생각에서 나온 것이 보이게 된다. 나는 도표를 그린 직후에 본문의 형태가 즉각적으로 보이는 것을 이미 여러 차례 경험했다. 심지어 처음 읽을 때는 대단히 어려워 보였던 경우에도 그러하다.

원어를 사용하라

원어는 어떠한가? 다양한 설교자들이 다양한 수준으로 원어를 활용한다. 어떤 사람은 원어를 강단에 가져와 **이를 바탕으로** 설교한다! 우리 둘은 그렇게 하지는 않는다. 우리는 원어를 확실히 사용하기는 하지만 사용하는 정도는 설교마다 다르다. 예를 들어 우리 둘 다 히브리어보다는 그리스어를 더 많이 사용한다. 왜 그러한가? 정확히 확신하지는 못하지만, 아마도 신약보다는 구약에서 더 긴 본문을 설교하기 때문일 수도 있다. 따라서 히브리어의 긴 본문에 그리스어의 짧은 본문만큼 시간을 쏟기가 어려운 것이다. 하지만 신약에서조차도 본문마다 원어를 가지고 작업하는 양은 다르다. 어떤 주에 나는(그렉) 그리스어 본문을 여러 번 읽는다. 어떤 주에는 어떤 문제에 막혀 더 자세히 살펴볼 때만 그리스어를 찾아본다. 때로는 그렇게 해서 문제를 완전히 해결하기도 한다. 하지만 어떤 때는 솔직히 그냥 같은 문제를 그리스어로 옮겨놓은 것 같기도 하다!

결과적으로 우리가 설교를 준비하면서 원어를 전혀 살펴보지 않는 주는 거의 없다. 사실 보통은 영어 번역본들도 매우 좋다. 그래서 영어 성경들이 다 잘못되었고, 내가 스스로 원어 성경을 읽어서 그 잘못을 파악해내는 일은 거의 드물다. 하지만 익숙한 본문을 완전히 낯선 방식으로 바라볼 때, 놀라울 정도로 본문을 분명히 파악하게 하고 통찰력을 제공하는 무언가가 있다. 설교자의 가장 큰 적은 익숙함이다. 그는 자신이 평생 그 본문의 의미를 알았기 때문에 특정한 본문을 이해하고 있다고 생각한다. 그리고 그 이유 때문에 설교하면서 본문의 핵심을 완전히 놓쳐버리기도 한다. 원어로 본문을 보면 그런 실수를 최소화하도록 돕는다.

예를 들어 그리스어와 히브리어 모두 가장 중요한 개념을 전면에 배치하는 경향이 있다. 따라서 영어 문장에서는 가장 나중에 오는 어구가 그리스어나 히브리어 문장에는 가장 먼저 나올 때가 종종 있다. 당신이 한 본문을 영어로 암송한다면 어떤 면에서는 도움이 된다. 하지만 그 본문을 원어로 읽을 때, 그 본문은 다른 각도에서 당신의 마음을 때려 유익을 끼친다. 그뿐 아니라 시끌벅적한 논쟁의 주제가 되는 몇 가지 본문이 있는데, 많은 경우에 그러한 논쟁은 그리스어 또는 히브리어의 구문론 또는 정의에 달려 있다. 물론 원전 연구를 전혀 알지 못하거나 그 방면에 종사하지 않아도 그 논변을 따라갈 수는 있다. 하지만 그 주장의 핵심에 도달해서 당신만의 의견을 작성하고 당신이 내린 결론을 회중에게 전달하기 위한 유일한 길은 그리스어와 히브리어를 어느 정도 할 수 있는 능력을 갖추는 것이다. 당신은 원어를 유창하게 알지 못해도 된다. 나는(그렉) 스스로 "바이블워크하는(Bible-working)"이라고 칭하는 정도의 지식만 있다. 즉, 바이블웍스(Bibleworks) 프로그램을 사용할 수 있는 정도를 말한다! 하지만 내가 아는 것과 모르는 것에 대해 겸손함을 유지하는 한, 그리스어를 충분히 안다고 해도 바보 같은 짓을 할 때가 있다는 사실을 기억하는 한, 원어 지식은 설교자인 나에게 유용하다. 이 지식은 본문을 이해하게 해주고, 따라서 (내가 바라기는) 그 지식이 없으면 지닐 수 없는 깊이와 질감을 만들어 낸다.

주석을 사용하라... 결국에는

우리는 많은 설교자가 너무 빨리 주석으로 퇴각해 버린다고 본다. 때로는 본문을 펴서 스스로 읽어보기도 전에 주석을 참고하기 때문에, 본문 검토의 막바지 즈음이면 본문 안에서 스스로 발견해야 하는 것을 오히려 주석에서 미리 발견한다. 우리 생각에 이는 거꾸로 가는 것이다. 당신의 회중이 당신을 불러 설교하게 한 이유는 당신에게 **성경을** 읽고 이해하는 능력이 있음을 인정해서이지, 성경에 대한 다른 사람의 의견을 들으려는 것이 아니다.

따라서 우리는 설교자들에게 스스로 본문을 살펴보는 데 엄청난 시간을 들이라고 권한다. 그 구조와 주된 아이디어를 스스로 파악하려고 노력하라. 반복해서 읽고, 도표를 그리고, 색을 입히고, 묵상하다 보면 그 주된 윤곽을 이해하게 된다. 그리고 그 말씀을 교회에 어떻게 가르치고 적용해야 할지 좋은 생각이 떠오른다.

그러면 언제 주석을 펴야만 하는가? 근본적으로 우리는 주석을 사용해야 하는 매우 좋은 때가 두 번 있다고 본다. 첫 번째는 타개할 수 없을 것 같은 난관에 부딪혔을 때다. 당신은 성경 다른 곳에서도 그 구절을 찾아보려고 노력했다, 마음속에서 그 구절을 뒤집어도 보면서 어떤 새로운 생각이 떠오르는지도 확인했다. 심지어 다른 식으로 생각해볼 수는 없을까 싶어 본문 도표도 다시 그려 봤다. 하지만 여전히 아무런 효과가 없다. 이때가 도움을 찾기 위해 주석으로 갈 적절한 때다. 그리고 그렇게 하면 그 문제를 해결할 통찰력을 얻는 경우가 많다. 또 이 문제가 다른 사람도 당혹하게 만들었다는 사실을 확인하기도 한다. 이 역시 나름대로 도움이 된다! 주석이 도움이 되는 두 번째 때는 당신이 본문의 의미를 잘 파악했고 이제 설교 개요를 작성하러 나아가려고 하는 순간이다. 우리 둘 다 그지점이 한두 개의 주석을 참고할 좋은 때라는 점을 깨달았다. 즉 무언가를 놓치고 있는 것은 아닌지 확인해야 하는 순간이다. 예를 들어 당신이 눈치채지 못한 구약의 암시가 있는 것은 아닌지, 또는 문장을 연결하는 논리적 연결고리를 놓친 것은 없는지, 미처 인식하지 못한 중요한 배경 정보가 있지는 않은지, 아니면 무언가를 잘못 이해하고 있는 것은 아닌지, 본문에 관한 좋은 주석은 설교 개요로 나아가기 전에 이 모든 것들을 분별할 수 있도록 돕는다.

개요로 나아가라

아마도 당신은 적용할 점들을 열심히 생각하기 전에 설교 개요로 나아가려고 할 것이다. 그렇게 하면 무언가 적용할 거리가 생기고, 적용할 점들도 본문의 핵심에 초점을 맞추어 작성할 수 있기 때문이다.

개요는 설교에서 엄청나게 중요한 부분이다. 이는 당신이 설교하는 동안 회중이 붙잡을 수 있는 "손잡이"를 제공하는 것이며, 당신이 말할 때 회중이 당신 말을 놓치지 않고 따라오도록 만든다. 견고하고 분명한 개요가 없으면 그저 매끄럽기는 하지만 명확히 구분되지 않은 말 덩어리에 지나지 않는다. 그리고 듣는 사람도 무언가 붙잡을 손잡이가 없어 불편함을 느끼기 때문에 설교를 마칠 때까지 집중해서 듣지 못할 것이다. 그뿐 아니라 좋은 개요는 설교를 레이저 빔처럼 집중시키는 데 도움이 된다. 모든 요점은 직전 요점 위에 구축되고, 직전 요점을 강화하여, 결국 전체 설교를 한두 가지 간단한 요점으로 파악할 수 있도록 만든다. 당신이 개요를 잘 작성한다면 회중은 당신이 전한 주요 요점만을 받아적고도 당신의 설교가 무엇에 관한 것이었는지 잘 파악한 채로 돌아갈 수 있다.

주해 개요(The Exegetical Outline)

우리 둘 다 주해 개요를 **통해** 설교 개요로 나아간다. 다른 말로 하자면 개요를 잡는 과정의 첫 단계는 종이에 가장 평이한 단어로 본문의 순서에 따라 본문의 주요 개념을 적어 내려가는 것이다. 복잡할 필요가 전혀 없다. 때로는 그저 본문에서 어떤 일이 일어나고 있는지 짧게 묘사하는 몇 문장이면 된다. 예를 들어 내가(그렉) 최근에 마태복음 12장 1절-21절을 준비하며 작성한 주해 개요를 보자.

❖ **안식일의 주인 예수님**

- 바리새인들의 도전 — 자기 의. 그것은 그들의 율법이지 하나님의 율법이 아니었다.
- 예수님의 답변 — 너희는 율법을 제대로 이해하지 못했다. 인간의 필요가 의식법을 능가한다. 예수님이 처한 상황과 완벽하게 유비 관계는 아님. '의식이 궁극적인 것이다'라는 식의 율법에 대한 그들의 접근 방식은 말이 되지 않는다는 경고사격일 뿐.
- 예수님의 답변 — 더 높은 권위가 의식법을 능가한다. 성전은 안식일보다 크다. 성전보다 큰 이가 여기 있다.

❖ **손 마른 사람**

- 예수님이 안식일의 주인이라는 증거, 마태복음 9장이 예수님이 죄를 용서하실 수 있다는 증거인 것과 마찬가지
- 바리새인들의 도전 — 무정함. 사실상 예수님의 동정심을 이용하여 예수님께 도전함. 겉만 번지르르함. 타락한 마음. 이 사람에 대한 동정심이 없음. 그들에게 이 사람은 그저 도구에 불과.
- 예수님의 답변 — 다시 말하지만 이것이 율법의 핵심이 아님. 양

에게 선한 일을 할진대 사람에게는 얼마나 더 선한 일을 해야만 하는가!

- 예수님의 답변 — 그를 고치심. 마태복음 9장과 마찬가지. 핵심은 예수님의 정체성과 권위

❖ **이사야 말씀의 성취**

- 두 가지 요점 – 예수님에 대한 또 다른 주장인 동시에 예수님과 바리새인들을 대조함
- 겸손하심
- 온유하심
- 승리하심

지금까지 한 장황한 말에 비해서는 그다지 대단한 건 없다는 점을 확인했을 것이다. 어쩌면 당황스러울 정도로 없을지도 모르겠다! 이 몇 문장 뒤에는 엄청나게 많은 연구가 존재하지만 개요에 한 시간 분량의 설교에서 말할 내용 전부를 담고 있지 않다. 이렇게 하는 것의 핵심은 모든 세부사항을 공책에 적는 것이 아니다. 그저 본문의 주된 주해적 흐름을 요약하여 보여주는 것이다. 당신이 작성한 주해 개요는 이보다 더 자세할 수도 있고 어쩌면 더 간략할 수도 있다. 다만 주해 개요를 잡는 목적이 모든 내용을 집어넣는 것은 아니라는 점을 기억하라. 다만 당신이 설교하려는 본문의 형태와 핵심과 흐름을 파악하여 설교 개요로 나아갈 수 있도록 하는 것이다.

설교 개요

당신이 주해 개요를 완성했다면 설교 개요 단계로 나아가야 한다. 즉 당신이 설교할 때 실제로 전할 요점들을 분명한 표현으로 잡는 것이다. 때로 당신은 주해 개요의 진행을 거의 그대로 따르게 될 것이다. 어쩌면 몇몇 이유로 그 진행에서 벗어나게 될지도 모른다. 어찌 되었든 당신은 이제 본문이 말하고 의미하는 내용을 그저 진술하는 것을 넘어서, 그 본문을 회중의 마음과 생각에 조준하여 "발사"하기 위한 수단으로 나아가는 것이다.

나(그렉)와 우리 회중이 특별히 도움이 된다고 여기는 한 가지 실천사항이 있다. 바로 설교의 **핵심 개념**을 한두 문장으로 작성하는 것이다. 물론 나는 강해 설교를 하려는 것이기 때문에, 설교의 핵심 개념은 그 본문의 핵심 개념과 같아야 한다. 때로는 서술문이기도 하고 때로는 의문문이기도 하다. 이렇게 하는 목적은 실제로 두 가지다. 첫째, 내 생각에 집중하고 설교와 관련 없는 외부적 사항들은 절대로 설교에 담지 않으려는 것이다. 둘째, 회중은 그 한 문장을 통해 중요한 내용을 다시 기억할 수 있다. 마크는 비슷한 효과를 노리며 목회 기도를 한다. 즉 설교 직전에 하는 목회 기도의 결론부에서 설교의 요점을 가지고 기도하는 것이다(회중에게 자신이 그렇게 하고 있다고 말하지 않지만). 이 역시 사람들의 마음을 설교될 내용으로 향하게 만든다.

이상적으로 보면, **핵심 개념 문장**은 그 자체로 수사학적 호소력이 있어야 하며, 평범하거나 지루해서는 안 된다. 예를 들어, "예수님은 영적인 생명이 유대의 의식법이 아닌 자신에게서 나온다고 말씀하셨습니다."라고 제시하는 대신에 "종교는 당신의 영적 생명을 죽일 것입니다. 당신은 영적 생명을 종교가 아닌 예수님에게서 얻습니다. 그 두 가지 일은 절대로 같지 않습니다!"라고 말한다. 더 낫지 않은 가? 내가 마태복음 연속 설교를 하면서 가장 최근에 제시한 핵심 개념 문장들을 예로 들면 다음과 같다.

- 마태복음 8:1-22 — 이 사람 예수는 당신이 신뢰할 만한 분입니다. 그분은 우리가 믿고, 헌신하고, 우리 생명까지도 걸 만한 권위를 지니신 분입니다.
- 마태복음 8:23-9:8 — 당신은 이 사람의 편에 서야 할 것입니다. 그분은 모든 순간, 모든 적에게 승리하십니다.
- 마태복음 9:9-38 — 당신 종교가 무엇이든지 희망은 없습니다. 하나님을 알기 원한다면, 하나님과 가까워지기 원한다면, 하나님께 사랑받기 원한다면, 하나님과 화목하길 원한다면, 당신의 유일한 희망은 메시아 예수님뿐입니다.
- 마태복음 10:1-15 — 전도는 자신의 왕을 만난 사람의 마음에서 자연스럽게 나오는 반응입니다.
- 마태복음 10:16-33 – 세상은 예수님을 증오합니다. 당신이 예수님의 소유라면 세상은 당신도 증오할 것입니다.
- 마태복음 10:34-42 – 그리스도인이 된다는 것은 다른 그 무엇보다 예수 그리스도를 더 소중하게 여기는 것입니다. 심지어 모든 것을 잃는 것도 불사하는 것입니다.

- 마태복음 11장 – 당신은 예수님을 누구라 생각하십니까?

물론 조금 부족한 것도 있다. 하지만 모두 본문을 도발적으로 제시하여, 회중의 관심을 사로잡고 설교의 요점을 그리고(내가 만약 설교를 잘했다면) 본문의 요점을 기억할 거리를 제공한다는 목적을 이루었다.

당신이 핵심 개념 문장을 사용하든 그렇지 않든, 다음 단계는 설교에서 사용할 **요점들**을 결정하는 것이다. 그 요점들은 당신의 주해 개요와 완벽하게 일치할 때도 있지만 그렇지 않을 때도 있다. 예를 들어, 때로는 본문의 논리 진행을 그대로 따르는 것이 가장 효과적이다. 때로는 저자가 수많은 주제와 핵심들을 엮어놓고, 반복해서 꺼내고 또 꺼내기 때문에 그러한 본문을 전할 때는 설교 개요를 주제 중심으로 형성하는 것이 가장 효과적이다. 어떤 식이 되었든 회중의 관심을 끌어모으고 기억하기 쉽게 개요를 작성하기 위한 몇 가지 방침이 있다.

내가(그렉) 신학대학원에서 설교학 수업을 들을 때 한 교수님은 설교의 요점들을 반드시 "적용할 만하게" 만들어야 한다고 말씀하셨다. 그분의 의도는 설교 요점은 반드시 명령문 형식으로 작성해야 한다는 것이었다. 그렇게 해야, 듣는 사람들의 마음을 더 끌어당길 수 있고 우리가 전하는 내용이 삶에 의미가 있다는 점을 깨닫게 한다는 것이었다. 때로는 이러한 지침이 좋은 조언이 될 수 있다. 하지만 나는 실질적으로 명령문이 본문을 전달하는 가장 좋은 방식은 아니며, 오히려 강한 직설법을 사용하는 편이 나을 때가 많다는 결론을 내리게 되었다. 그렇지만 그 교수님이 말씀하신 내용의 배후에 있는 원칙은 분명히 옳다. 당신이 매번 명령문을 사용하지는 않더라도 당신 설교의 요점들이 그 자체로 관심을 사로잡도록 노력해야 한다. 예를 들어 마태복음 3:1-4:11을 설교한다고 해보자. 당신은 다음과 같이 설교의 요점을 잡을 수 있다.

1. 세례 요한(또는 침례 요한)
2. 예수님이 세례(또는 침례)를 받으심
3. 예수님이 시험받으심

이 요점은 정확하다. 하지만 한 걸음 더 나아가 다음과 같이 표제를 붙일 수 있다.

1. 하나님이 요구하신 것
2. 예수님은 누구신가
3. 예수님은 무엇을 이기시는가

물론 본문은 같지만 이러한 방식이 더 흥미롭고 시선을 끈다. 또 듣는 사람들에게 그저 내용을 확인해주는 수준을 넘어 핵심 개념을 향하도록 만든다. 그리고 듣는 사람이 더 생각하게 만든다. "뭐라고? 하나님이 무엇을 요구하신다고? 그래, 예수님은 정말 누구신가? 또 예수님이 무엇을 이기신다고? 나에게 말해주시오!!" 당신의 목적은 그 요점들을 말하자마자 관심을 끄는 것이어야 한다. 관심을 만들어내고, 의문을 제기하고, 긴장도를 올리라. 사람들이 앞자리로 나와 앉도록 만들라. 그 모든 것을 어떻게 풀어낼지 기대하도록 만들라.

물론 당신은 개요를 작성할 때 주의를 기울여야 한다. 시선을 끌어당겨야 하지만 그렇게 하는 과정에서 본문의 의미를 놓쳐버리면 안 된다. 때로는 두운을 능숙하게 사용하겠다는 고지식한 결의로 인해 오히려 그 의미를 적절하게 선언하는 데 실패하고 성경 본문에서 벗어나 딴 데로 주의를 돌리기도 한다. 연속(Series) 설교(Sermon) 주제(Subjects)에 세련미(Sophistication), 형식미(Style), 균형미(Symmetry)는 멋지다(Swell)(좋다, 좋아 - 충분해!). 하지만 문제는 때로 P로 시작하는 단어를 찾으려는 열망이 본문의 의미를 전달하는 단어를 찾으려는 열망을 무색하게 만든다는 점이다. 설교 요점을 대구법(parallelism)의 형태로 제시하는 것도 마찬가지다. 물론 때로는 효과가 있다. 또 나는 "무엇을, 누가, 무엇을" 진행법이 위에서 말한 예시에는 꽤 좋다고 생각한다. 하지만 때로는 이것도 전혀 효과가 없다. 그냥 그렇게 되도록 만들 수가 없는 것이다. 그렇다면 듣기에는 괜찮아도 실제 의미에서 15도 정도 빗나간 개요를 밀어붙이는 편보다는, 본문이 말하고 의미하는 바를 그대로 따르는 편이 훨씬 낫다.

설교 개요를 완성하는 순간에 이르면 언제나 행복하다. 주해 작업을 끝내고, 본문을 이해했고, 문제를 해결했으며, 설교할 수 있는 개요까지 만들어냈다. 그렇다면 이제 설교 준비의 큰 부분을 해낸 것이다. 이제는 다음 큰 부분, 즉 적용으로 나아가보자.

적용을 깊이 생각하라

우리가 적용에 대해 가장 먼저 말해야 할 사항은 본문을 정확히 이해할 때까지는 적용을 할 수 없다는 점이다. 만약 본문을 정확히 이해하지 못한 채로 적용하면 주제에서 벗어난 적용 때문에 사람들은 의아해할 것이다.

나(그렉)는 얼마 전에 시카고로 운전하는 길에 라디오 설교자의 설교를 듣게 되었다. 그는 창세기에서 이삭이 야곱과 에서에게 복 주는 내용을 설교하고 있었다. 그런데 그가 본문에서 매우 열정적으로 끌어낸 핵심 적용은, 부모는 자녀에게 애정을 보여줘야 하고 칭찬할 때는 과할 정도로 칭찬해야 한다는 것이었다. 또 한 가지 요점은 이삭이 자기 아들들에게 했듯이 부모들은 자녀에게 친절하게 말해야 한다는 것이었다. 또 한 가지는 부모가 아이들과 신체 접촉을 자주 하는 것이 중요하다는 것이었다. 그것도 아이들에게 상냥한 말을 할 때 특별히 그렇게 하라는 것이었다.

그 모든 내용이 사실일지 모른다. 나도 아이들에게 이 두 가지를 실천하려고 애쓴다. 하지만 솔직하게 말해보자. 그건 창세기가 전달하려는 요점이 **아니다.** 이삭의 축복은 양육 원칙이라기보다는 하나님이 이스라엘에게 하신 약속, 그리고 메시아가 오실 선택받은 계보와 훨씬 관련이 있다. 그리고 아니나다를까 본문에는 이 설교자가 더 나아가지 못하도록 막는 것이 있었다. 즉 그러한 본문 이해와는 도저히 들어맞을 수 없는 한 가지 사실이 있었던 것이다. 그건 바로 이삭이 그 이야기를 아들들에게 하기 위해 **그렇게 오래** 기다렸다는 사실이다. 그래서 이 설교자는 이삭은 아이들이 어렸을 때 그렇게 했어야만 했다고 말했다. 글쎄, 좋다. 그런데 아마도 무언가 이상하다는 생각이 들었으면 그는 어쩌면 여기에서 양육 원칙은 정말로 중요한 이슈가 아닐 수도 있다는 가능성을 의식했어야 한다.

내가 말하려는 핵심을 알아차렸기 바란다. 이해하지 못한 본문을 적용하려고 아무리 노력해봐야 비스듬히 박힌 못을 때리는 격이다. 힘을 다해 못을 칠 수 있을지는 모르겠다. 하지만 그 못은 절대로 깨끗이 박히지 않을 것이다. 오히려 사람들은 그런 적용이 어디서 유도된 것인지 의아해할 것이다.

당신이 본문의 의미를 확정했다면 이제는 적용으로 옮겨갈 시간이다. 이 본문이 왜 당신의 회중에게 의미가 있는지, 이 본문이 어떻게 그들의 생각과 행동에 도전하는지, 그들이 고수하는 거짓 신을 어떻게 무력하게 만들 것인지, 이 본문이 어떻게 그들의 눈을 예수님께 고정시키고 삶의 불편한 문제들 가운데서 예수님을 의지하게 만들지, 어떻게 그들의 삶에 있는 죄와 불신앙을 드러내고 기소할지를 묵상할 시간이 된 것이다. 우리가 앞에서 살펴본 것처럼 당신이 정말로 효과를 위해 설교한다면, 적용은 우리 설교의 핵심 요소이다. 하나님 말씀을 선포하는 자로서 우리가 해야 하는 일은 그저 진리가 무엇인지를 말해주는 것만이 아니다. 더 나아가 그 진리가 왜 그들에게 중요한지, 진리가 그들에게 무엇을 요구하는지를 선포하는 것이다. 당신은 설교자로서 단지 정보만 전달하는 것이 아니다. 당신은 "경책하며 경계하며 권"(딤후 4:2)해야 한다. 간단히 말해서, 당신은 적용해야 한다.

우리가 본문이 교회에 어떻게 적용되는지를 생각하는 방식은 서로 다르다. 나(마크)는 스스로 "적용 격자"라고 부르는 한 가지 도구를 사용한다. 설교 개요를 마무리했으면 그 요점들을 좌측에 위에서부터 아래로 차례대로 적는다. 그리고 위쪽에는 여러 범주들을 좌우로 기록한다. 그러한 범주들은 다음과 같은 다양한 질문을 던진다.

- 이 요점에 관한 가르침은 성경의 줄거리가 말하는 구원 역사의 진행과 맞아떨어지는가?
- 이 본문은 비그리스도인들에 대해 무어라고 말하는가?
- 이 본문은 더 광범위한 사회와 정책결정자들에게 무어라고 말하는가?
- 이 본문은 예수님에 대해 무어라고 말하는가?
- 이 본문은 개별 그리스도인들에게 어떻게 적용되는가?
- 이 본문이 일이나 가족 문제에 대해 특별히 말하는 것이 있는가?
- 이 본문은 내가 섬기는 교회인 캐피톨힐 침례교회에 대해 무어라고 말하는가?

그러고 나서 나는 생각하고, 기도하며, 이 격자를 채우는 데 꽤 많은 시간을 들인다. 내가 생각해 낸 모든 적용 내용이 설교에 다 포함되는 것은 아니지만, 많은 것들이 그렇게 된다. 그리고 이 격자는 개별적 그리스도인만 바라보며 설교하는 틀에 박힌 방식에 빠지지 않도록 돕는다. 내가 설교를 들은 경험에 비추어 볼 때 설교자 대부분이 그렇게 하는 경향이 있다. 하지만 이러한 방법은 내가 결정한 본문이 우리 교회라는 특정한 집단이 아닌 다른 집단의 사람들에게는 어떻게 적용될지를 생각하도록 강제한다.

또 적용할 점을 교회 멤버에게 미리 직접 설명하는 방법도 생각을 활성화하는 데 도움이 된다는 사실을 깨달았다. 나는 15년이 넘도록 성도 몇몇 분을 토요일 점심 식사에 초대하여 이 적용 격자에 대한 생각을 나눈다. 그 시간은 달콤한 교제의 순간일 뿐 아니라 굉장히 생산적이다. 함께 식사를 나눈 분들은 내가 생각해보지 않았던 질문을 셀 수 없을 만큼 많이 던졌고, 내가 간과했던 요점을 짚어냈으며, 나에게 없었던 목회적 통찰력을 제공하였다. 그리고 나는 설교를 작성한 후 토요일 밤 서재에서 몇몇 친구들에게 설교를 읽는 시간을 갖는다. 그러면 종종 거기에 있는 여성분들이 최고의 논평을 제공한다.

적용에 대한 내(그렉) 방식은 조금 다르다. 나는 적용 격자를 사용하지 않는다. 적어도 종이에 그렇게 적지는 않는다. 적용에 대해서 생각하는 오래된 나만의 방식이 있다. 바로 "설교 산책"을 나가는 것이다. 토요일 오후 날씨가 좋을 때면 거의 두 시간, 또는 심지어 세 시간에 걸쳐 인근 지역을 걷는다. 날씨가 궂을 때는 쇼핑몰에 가기도 한다. 나는 성경이 들어있는 아이폰, 개요가 적힌 공책과 펜을 챙긴다. 나는 걸으며, 생각하고, 기도한다. 나는 언제나 누군가가 나를 불러 세워 상냥하게 "여보시오, 젊은이. 당신 무엇을 하고 있소? 오! 설교를 준비하고 있다고? 이야기 좀 해주시오."라고 말을 걸어주기를 바란다. 하지만 그런 일은 전혀 없었다. 한 번은 한 남자가 나에게 고함을 지르며 집에서 뛰쳐나와 왜 자기 차 번호를 적는지 알아야겠다고 다그친 적은 있다. 나는 열심히 설명했지만, 그는 관심을 보이기보다는 오히려 안도하면서도 약간 당황하는 것 같았다.

그렇게 나는 설교 산책을 하면서 설교할 본문을 생각하며 앞에서 언급한 적용 격자와 비슷한 질문들을 던진다. 이 본문이 담고 있는 함의는 무엇인가? 왜 이 본문이 우리 교회에 중요한가? 사람들이 이런 식으로 생각하지 못하도록 막는 것은 무엇인가? 왜 이 본문 또는 교리 또는 진리가 **로버트에게** 의미가 있는가? 중요한 점이 하나 있다. 나는 거의 언제나 우리 회중 개개인을 생각한다는 사실이다. 그리고 왜 이 본문이 특별히 그 사람에게 중요할지를 생각한다. 이러한 습관은 내가 인터넷이 아닌 특정한 회중에게 설교하고 있다는 사실을 기억하도록 돕는다. 그리고 내 생각에는 적용을 더욱 개인적이면서도 정곡을 찌르도록 만들게 돕는다. 그렇게 걷는 두세 시간 동안 나는 아마도 자신에게 백 가지 다른 식으로 설교한다. 나는 머릿속에서 토끼를 쫓는다. 그리고 내 생각과 마음을 부지런히 돌아다닌다. 그리고 이 본문이 도전하는 나의 동기와 두려움과 죄를 들추기 위해 노력한다. 그리고 그렇게 하는 내내 공책에 기록을 남긴다. 산책을 마무리할 때면 설교를 통해 어디로 가야 할지 좋은 생각이 떠오르는데, 그러면 종이에 기록할 준비가 된 것이다.

이제 우리가 적용에 대해 마지막으로 권하는 핵심은 설교에서 다양한 "수준"의 적용을 갖도록 작업하라는 것이다. 어떤 적용은 길고 복잡하다. 그러한 적용은 본문의 주된 흐름에서 나온 것으로서, 당신이 설교하면서 전달하려는 한 가지 또는 두세 가지 요점 중 하나와 관련되어 있기 때문이다. 또 어떤 때는 적용이 듣는 자들의 마음에 발사하는, 더 짧은 한두 문장 정도의 경고일 수도 있다. 아마 그러한 적용은 본문에서 상대적으로 주변적인 요점에서 도출된 것이거나 아니면 또 다른 적용을 제시해야 하기 때문일 것이다. 어떤 식이 되었든 걱정하지 말라. 때때로 우리도 그런 한 문장 정도 길이의 단발성 적용을 많이 언급한다.

복음을 설교하라

본문 이해부터 개요 잡기, 적용에 관한 묵상에 이르기까지 모든 설교 준비 과정에서 명심해야 할 한 가지 중요한 사실은 당신이 설교자로 맡은 과업은 궁극적으로, 그리고 근본적으로 하나님의 말씀을 설교하는 것이라는 사실이다. 당신은 말할 것이다. "네, 네. 당연하죠! 이 책에서 계속 얘기해 왔던 게 그거잖아요!" 사실이다. 하지만 우리는 여기서 더 구체적인 한 가지 사실을 짚으려고 한다. 우리가 그리스도인으로서 확신하는 바는, 모든 성경 본문은 결국 궁극적으로 예수 그리스도와 그분의 복음을 가리킨다. 예수님도 몇 번이나 말씀하셨듯이 모든 구약 성경 본문은 장차 오실 예수님을 가리키고, 모든 신약 본문은 오신 예수님 또는 오실 예수님을 가리킨다. 예수님은 성경 모든 본문의 시작이며, 중심이며, 끝이시다.

그렇기에 당신의 설교는 절대로 45분 짜리 도덕 수업이나 더 나은 삶을 위한 최고의 방법들에 관한 내용이 되어서는 안 된다. 설교는 반드시 왕이신 예수님이 사시고, 죽으시고, 무덤에서 부활하셔서, 죄인들을 구원하신다는 좋은 소식으로 나아가야만 한다. 사실 당신이 전하는 모든 설교의 어떤 순간에는 반드시 복음이 분명하고 간명하게 제시되어야만 한다. 사람들에게 어떻게 구원받을 수 있는지를 말하라! 나는 누군가 우리 교회에 와서 상당 기간 예배를 드린 것이 아니라 단 한 번의 예배만 드렸다고 해도 예수 그리스도의 복음을 듣지 못했다고 말할 수 없기를 바란다. 형제들이여, 당신은 유대교의 랍비가 아니다. 당신은 사람들에게 그저 어떻게 해야 바르게 또는 더 낫게 살아가는지를 전하도록 부름받은 것이 아니다. 사람들에게 바르게 살라고 가르치는 것이 하나님의 모든 뜻을 전하는 일의 일부가 될 수 있는가? 그렇다. 본문에 따라서 물론 그럴 수도 있다! 그러면 그렇게 하는 것으로 족한가? 절대 그렇지 않다! 어떻게든 성경의 모든 본문은 예수님을 가리키기 때문에 당신은 본문이 가리키는 곳으로 따라가야만 한다.

그렇다고 설교 마지막 부분에 어떻게 되든 복음을 아무렇게나 가져다 붙이라는 말은 아니다. 우리는 모두 예수님에 대해서는 한마디도 하지 않은 채로 결혼에 대해 설교하다가 끝나기 2분 전에야 테이프로 덕지덕지 붙이듯 복음을 덧붙이는 설교를 들어봤다. 그렇게 하라는 말이 아니다. 그 대신에 당신이 설교하는 본문을 구성하는 주제와 이야기에서 복음이 자연스럽고 강력하게 흘러나와야 한다는 것이다. 당신이 정한 본문이 스스로 그렇게 말하도록 만드는 일이 매우 중요하다. 당신이 구약을 설교한다면 그 본문이 자신의 소리를 내도록 제시하라. 그리고 본문이 당신 회중에게 그 본연의 힘으로 말하도록 하라. 당신은 그 본문들이 **제** 목소리를 내게 해야 한다. 그러려면 본문이 예수님에 대해 말하려는 바를 말하게 해야 한다! 다른 말로 하자면 그 본문을 인접 맥락에서만 설교해선 안 되고, 성경 전체를 고려하여 전체적인 맥락에서 설교해야만 한다는 것이다.

하지만 어떻게 부자연스럽거나 억지스럽지 않게 그렇게 할 것인가? 모든 성경 본문에는 복음으로 향하는 두 개의 길이 나 있다는 사실을 알면 도움이 된다. 그 두 길은 우리가 설교를 준비할 때마다 세심히 살펴야 할 길이다. 하나는 성경 신학이라는 길이고 하나는 조직 신학이라는 길이다. 가장 적합하지 않은 것 같은 본문에서 그 예를 들어보자. 나(그렉)는 최근에 사사기로 연속 설교를 했다. 아마도 사사기는 틀림없이 구약에서 가장 어둡고, 가장 희망이 없는 책일 것이다. 그리고 다른 어떤 책보다도 복음에서 구속사적으로 멀리 떨어져 있는 책일 것이다. 그러니까 내 말은 예를 들어 에훗에 대한 설교를 할 때 어떻게 예수님께 도달할 수 있겠느냐는 것이다. 당신이 설교하는 본문이 살진 왕을 찌르고 달아난 교활한 왼손잡이에 관한 내용이라면 당신은 어떻게 그 본문에서 예수님의 영광으로 넘어가겠는가? 아니면 레위인과 그의 첩, 또는 이스라엘의 내전에 관한 이야기에서는 어떻게 그렇게 하겠는가? 때로는 분명하지 않지만 그래도 그렇게 해야 하고, 또 할 수 있다. 성경 신학과 조직 신학의 길을 따라갈 때 그렇게 할 수 있다.

성경 신학은 성경의 장대한 전체 줄거리와 관련이 있다. 창세기에서 요한계시록까지 성경은 하나의 줄거리를 들려준다. 따라서 어떤 본문에서라도 당신은 그 서사의 강으로 걸어가기만 하면 매우 빠르게 십자가를 향해 휩쓸려 갈 수 있다. 심지어 사사기에서도 어떻게 사사기가 전체 이야기와 조합되는지를 본다면 쉽게 예수님께 도달할 수 있다. 결국 사사기의 요점은 반복되는 다음 어구이다. "그 때에는 이스라엘에 왕이 없었으므로 사람마다 자기 소견에 옳은 대로 행하였더라"(삿 17:6, 18:1, 19:1). 이 책은 경건한 왕권, 더 나아가 유다 지파에 뿌리를 둔 왕권에 대한 변증이다. 펼쳐지는 줄거리를 따라가다 보면 당신은 다윗 왕, 그리고 궁극적으로 "유대 지파의 사자 다윗의 뿌리"(계 5:5)이시며 왕 되신 예수님에게 다다르는 자신을 발견하게 된다.

물론 사사기 연속 설교를 하면서 매번 이 요점을 제시할 수는 없다. 사람들이 이 점을 확실히 이해하도록 만들기 위해 설교마다 이 줄거리를 언급한다고 할지라도, 때로는 복음에 이르는 다른 길을 제시할 필요가 있다. 바로 이 때 조직 신학이 개입한다. 성경 내내 찾기 쉬운 분명한 주제들이 있다. 죄, 은혜, 희생제물, 구원 등인데 이 주제들은 성경 모든 이야기의 기본 주제를 형성한다. 그리고 이러한 모든 주제들은 예수님의 죽음과 부활에서 가장 강렬하게 표출된다. 따라서 당신이 구약을 설교할 때면 이러한 주제 중 한 개 이상을 찾아서 십자가에 강력하게 집중하라. 예를 들어 사사기에서는 인간의 죄, 깨진 언약, 하나님의 은혜와 사랑, 하나님의 진노, 죄악된 자기 백성을 구원하심 등이 강력한 신학 주제가 될 수 있고, 그중 어느 것이라도 듣는 사람들의 마음을 예수님과 예수님의 구원 사역으로 돌리는 훌륭한 방법이다.

성경을 우리에게 그저 도덕적인 가르침이나 주는 일련의 이야기가 담긴 우화집으로 본다면 성경을 설교하는 일은 쉽다. 특히 구약은 그렇다. 하지만 예수님을 믿는 우리는 이 이야기들이 훨씬 위대한 것을 말하고 있다는 사실을 안다. 그 이야기들은 우리에게 예수님을 가리키기 때문이다. 따라서 성경 전체의 줄거리를 따르든지 아니면 주제를 가리키든지, 우리가 해야 할 일은 에훗의 이야기에서마저도 어떻게 예수님을 볼 수 있는지를 회중에게 보여주는 것이다.

기록하라

본문에 대해서 괜찮게 이해했고, 적용할 점을 거기에서 발견했고, 그 본문이 예수님의 복음을 가리키도록 만드는 방법을 찾았다면 이제 남은 일은 써 내려가는 것이다. 이는 언제나 우리 둘에게 힘든 부분이다. 하지만 언어가 그 형태를 잡아가는 중차대한 일이기도 하다. 마크 트웨인은 말했다. "거의 맞는 단어와 딱 맞는 단어의 차이는 정말 크다. 마치 번개(lightning)와 반딧불이(lightning bug)의 차이와 같다." 그는 옳다. 설교를 쓰는 일은 **딱 맞는 단어를 얻는** 힘든 작업을 완수하는 것이다.

영어는 의사소통에 탁월한 도구이다. 단어도 많고 단어마다 그 의미의 색조가 있어서 문장의 전체 어조를 바꾸기도 하고, 심지어 완전히 예상치 못한 방식으로 마음을 때리기도 한다. 예를 들어 회중에게 믿음에서 **떨어지는** 것에 대해 경고하는 것과 **흘러 떠내려갈** 위험에 대해 경고하는 것 사이에는 어떤 차이가 있는가? 아마도 그렇게 크지는 않을 것이다. 하지만 후자는 본인도 거의 인식하지 못하는 천천히 진행되는 상실의 이미지가 있다. 이는 갑작스러운 추락이 아니다. 주의하지 않으면 부지불식간에 멀리 흘러 떠내려갈 수 있다는 것이다.

당신이 사용하는 단어에 주의하라. 단어에 공을 들이라. 당신이 하고자 하는 말을 정확하게 파악하고 정확하게 말하라. 당신이 강단에서 설교하는 그 시간에 즉석에서 정확한 단어를 채택하는 것은 힘든 일이다. 미리 종이에 적어두는 편이 훨씬 낫다. 어떤 단어 내지 아이디어를 표현하는 한 가지 방법을 시도해보고, 그것을 내버리고, 다른 것을 시도하라. 이러한 훈련을 통해 당신의 설교는 많이 개선될 것이고, 당신의 회중은 많은 유익을 누릴 것이다.

7장
설교의 구조

로켓 모델을 조립해본 적이 있는가? 우리 둘은 그런 경험이 없다. 하지만 우리가 아는 바에 따르면 로켓 모델을 조립하려면 당연히 제대로 작동하는 다수의 부품들을 제자리에 맞추는 것이 중요하다. 로켓의 앞부분을 위가 아닌 옆에 조립한다면 그 로켓은 절대로 날아갈 수 없을 것이다. 엔진을 아래가 아니라 위에 장착한다면 괜찮은 불꽃 쇼는 볼 수 있을지 모르지만 높이 날지는 못할 것이다. 다른 모든 부품이 제자리에 있어도 부품 하나가 제대로 작동하지 않으면 그 로켓은 날지 못한다. 아니 적어도 똑바로 날아가지는 못한다. 로켓이 똑바로 날기를 바란다면 모든 다양한 부품들을 제자리에 조립해야 할 것이고 또 부품들이 제대로 작동해야 한다.

설교도 장난감 로켓과 유사한 구석이 있다. 당신의 설교가 제대로 날아가서 그 목적을 달성하기 원한다면 그 다양한 부품들을 이해하고, 그 부품들을 차례대로 조립해야 하며, 각 부품이 제대로 작동하는지 확인해야 한다. 이 장에서는 일반적인 설교의 다섯 가지 "부품"을 따져볼 것이다. 그렇게 하면서 조언을 제공하고, 한 편의 설교를 날게 하려면 어떻게 그 부품을 조립해야 하는지 언급하려 한다. 그 다섯 가지 부품들은 바로 서론, 주해, 예화, 적용, 결론이다.

서론

마틴 로이드 존스는 설교자가 되기 전에 의사였기 때문에 강단에 의학적 관점을 종종 차용했다. 그는 자신 앞에 모인 사람들을 자신의 환자라고 여겼고, 설교가로서 자신의 임무는 말씀으로 치료약을 제공하여 그들의 영적인 질병 치유를 돕는 것이라고 생각했다. 로이드 존스는 설교의 첫 몇 문단의 유용성을 매우 높게 평가했다. 그는 설교의 첫 몇 문단은 사람들의 관심을 얻을 수 있는 최초이자 최고의 기회라고 말한다. 그것이 없으면 설교에 관심을 기울이지 않을 사람들의 관심을 얻을 수 있다는 것이다. 그는 이렇게 기록한다.

나는 전형적인 웨일스 설교가가 아니며, 단 한 번도 그랬던 적이 없다. 나는 당신이 설교에서 가장 먼저 해야 할 일은, 당신이 하려고 하는 일이 청중에게 큰 의미가 있으며 매우 중요하다는 사실을 입증하는 것이라고 생각한다. 이에 비해 웨일스 설교 스타일은 한 절의 말씀으로 시작하고는 설교자가 그 문맥을 이야기하고 단어를 분석한다. 하지만 세상 사람은 그가 무슨 말을 하는지 알지도 못하고 관심도 없다. 그래서 나는 내 말을 들어주었으면 하는 사람, 즉 **환자**에게서 시작한다. 이는 참으로 의학적인 접근법이라고 할 수 있다. 여기 한 환자가 있다. 그 사람에게는 질병이 있고 또 그는 무지한 사람이어서 이미 돌팔이에게 다녀온 자다. 그렇기에 나는 그러한 점을 서론에서 다룬다. 나는 먼저 듣는 자들의 관심을 확보하기 원한다. **그 후에** 본문 강해로 나아간다. 그런데 웨일스 설교가들은 다짜고짜 본문 강해로 시작해서 약간의 적용으로 마무리한다.[13]

나(마크)는 로이드 존스가 절대적으로 옳다고 생각한다. 내가 듣는 여러 설교에서도 서론이 충분히 활용되지 못한 경우가 많다. 그렇지 않으면 정말 좋은 설교였을 텐데 말이다. 때로 서론은 본문으로 넘어가기 위한 초대에 불과하다. 하지만 그런 것은 전혀 서론이라고 할 수 없다. 또 때로는 서론이 그저 임시변통처럼 설교의 핵심 주제와 변변찮게 연결되는 하나의 이야기나 농담에 불과하기도 하다. 하지만 설교에서는 서론을 통해서도 위대한 일이 이루어질 수 있다. 물론 설교자마다 자신의 스타일을 개발시키기 마련이지만 서론은 중요하지 않다거나 영적으로 쓸모가 없다는 식으로 버려서는 안 된다. 오히려 서론은 회중의 관심을 끌어모으는 일종의 깔대기 역할을 해야 한다. 서론은 서로 다른 관심사를 지닌 회중들을 하나로 모아서 당신이 설교하려고 하는 주제로 관심을 끌어모아야 한다. 더 나아가 설교의 서론은 그리스도인들에게는 적용을 먼저 제시하고, 그 자리에 참석한 비그리스도인들에게는 그들도 환영받고 있고 그들의 소리에도 귀기울이고 있음을 알게 하는 좋은 방법이다.

그리스도인들에게 설교 앞부분에 적용을 먼저 제시한다는 것이 무엇을 말하는가? 문자 그대로 적용할 내용을 다 제시하고 설교를 시작한다는 뜻은 아니다. 내 말은 회중이 설교자가 말하는 내용이 자신에게 의미 있는 이유를 이해하고 나면 설교를 더 잘 들을 수 있다는 것이다. 그러한 적용은 어떠한 형식으로도 가능하다. 사고방식에 대한 도전일 수도 있고, 그리스도인으로서 살아가는 삶에 대한 권고일 수도 있으며, 어떤 교리를 명료화하는 것일 수도 있다. 설교가 하나님과 하나님의 길을 알기 위해 나온 그들을 격려하거나 위로한다는 면에서 의미가 있을 수도 있고, 그들이 무엇을 해야만 하는지를 가르쳐준다는 면에서 의미가 있을 수도 있다. 어떤 **종류의** 의미가 되었든, 서론의 핵심은 설교의 목적이 회중에게 단지 종교 지식을 쌓게 해서 다음번 성경 퀴즈대회에서 우승하게 하는 것이 아니라는 사실을 가르치는 일이다. 우리가 설교를 듣는 것은 가르침을 받고, 격려를 받고, 도전을 받고, 경책을 받고, 믿음에 자극을 받기 위함이다. 그리고 설교 서론은 그러한 기대감을 미리 조성하는 소중한 방법이 될 수 있다.

당신이 설교하는 어떤 성경 본문도 사람들의 이해, 감정 또는 행위에 의미를 가질 것이다. 따라서 당신이 그러한 의미에 대해서 미리 맛을 보여주면서 설교를 시작한다면, 즉 관련된 질문을 던지거나 회중의 고정관념에 도전하면서 설교를 시작하면 회중이 집중하는 데 도움이 될 것이다. 그렇게 하면 "지난주에는 7장을 마무리했으니 이제 8장 1절로 시작합시다"라고 무미건조하게 말하는 편보다 사람들의 관심을 훨씬 더 끌 수 있다. 무미건조한 접근법은 회중이 이미 본문에 대해 지대한 관심을 품고 있을 때 유효하다. 즉 거기 있는 모든 사람이 숨을 죽이고 당신이 8장에 대해 무슨 말을 할지 애타게 기다리고 있어야 그런 접근법이 타당하다. 당신 교회는 그럴지도 모르겠다. 그렇다면 절대로 그 교회를 떠나지 말라! 하지만 대부분의 교회는 그렇지 않다. 사람들은 마음에 수만 가지 생각을 품고 예배에 나온다. 아이, 친척, 저녁에 누가 올지, 공과금을 어떻게 내야 할지, 와 저 집사님 옷 좀 봐, 아 잠 좀 더 자고 싶다, 카우보이즈 경기가 12시 30분인가 4시인가 등등 말이다. 당신이 그러한 다양한 생각들을 초장부터 휘어잡지 못한다면 끝내 그 생각들을 하나로 모을 수 없을 것이다. 좋은 서론은 회중의 집중을 방해하는 것들에 잠시 제동을 걸고, 이 주의 깊게 만들어진 성경적 설교 곧 그들을 회중으로서 그리고 한 사람의 그리스도인으로서 성숙하도록 돕는 설교를 잘 듣는 힘든 일을 최선을 다해 해내려는 동기를 불러일으킨다.

내가 서론에서 달성하려고 하는 두 번째 목적이 있다. 즉 그리스도인이 아닌 참석자들도 적극적으로 관여하도록 만드는 것이다. 설교자가 그들의 이야기도 듣고 있으며 이제 듣게 될 설교는 그들의 관심사와 질문 및 반론까지도 고려하고 있다는 점을 알려주려는 것이다. 일반적으로 당신에게 동의하지 않는 사람들은 자신들에 관한 것, 곧 그들의 관심사나 관점들을 설교자가 이해하지 못한다고 생각하기 때문에 당신이 제시하는 논증과 요점들이 자신과 관계가 없다고 미리 단정할 것이다. 하지만 설교자이자 목회자로서 나는 그들의 관심사나 관점을 참으로 이해하며, 또한 나는 그들을 이해하기 원한다. 나는 앞에서 설교하는 사람이 그들을 이해하려고 적어도 **노력은 했다는** 사실을 **보여주고** 싶은 것이다.

내 말이 무슨 뜻인지 예를 하나 들어보겠다. 내가(마크) 마가복음 1장 35절-39절에 대해 최근 전한 설교의 짧은 서론이 여기 있다. 이 본문에서 시몬 베드로가 예수님이 한적한 곳에서 일찍부터 기도하시는 모습을 발견하며 예수님은 제자들에게 자신이 전도하러 왔다고 말씀하신다. 내 서론은 때로는 이것보다 더 길고, 때로는 더 복잡하며, 때로는 설교 결론과 더 긴밀하게 연결된다. 하지만 회중 가운데 앉아 있는 비그리스도인들을 끌어들인다는 말이 무엇을 의미하는지 이 서론이 잘 보여줄 것이라고 생각한다.

에니그마 라는 단어가 있습니다. 그리스어로 "우화"에 해당하며, 수수께끼로 말한다는 뜻을 갖는 단어인데, 무언가 모호하고 이해하기 어려운 것을 뜻합니다. 마치 풀 수 없는 문제나 미스테리한 사람과 같이 말입니다.

그런데 지금까지 살았던 사람 중 가장 많은 기록을 남긴 사람이 수많은 사람에게 에니그마로 남아 있다고 생각하면 놀라운 일입니다. 사람들은 그분이 존재한다는 사실을 부인하지는 않습니다. 한 힌

두교 소녀는 이렇게 말합니다. "나는 예수님께 순풍을 주시길 기도합니다." 그러면서 자신이 기도를 드리는 전체 신 목록을 나열합니다. 또 다른 사람이 말합니다. "나는 그분이 존재했다고 믿지 않아요." 예수님의 이름을 경외하는 사람 중에서도 예수님은 그저 머나먼 존재이며 우리의 감정 상태나 죄의식에 따라 위로를 주거나 무언가를 금지하는 일을 번갈아 하시는 분에 불과합니다. 우리는 '역사적으로 예수님이 누구셨는가'라는 질문에 대한 평이한 답을 잘 알고 있습니다. 즉 우리는 예수님이 유대인이시고 1세기 팔레스타인의 순회 교사이셨음을 압니다. 하지만 더 깊은 의미에서 '**왜** 예수님이 계셨는가'라는 문제는 *에니그마*입니다.

왜 예수님이 사셨습니까? 왜 예수님이 오셨습니까? 우리의 필요를 만족하기 위해서입니까? 영성이 어떠한지를 보여주는 빛나는 본이 되기 위해서입니까? 그 시대의 난해한 통찰력이나 도덕적인 삶의 방식을 가르치기 위해서입니까?

왜 예수님이 오셨습니까? 예수님이 사역하시던 당시에는 많은 사조가 일어났습니다. 많은 사람은 예수님이 그저 한 명의 랍비로 오셨다고 생각했습니다. 그리고 예수님도 "랍비"라 칭함을 받으셨습니다. 그분은 하나님의 법을 선포하셨고, 회당에서 가르치셨고, 제자들을 모으셨으며, 서기관들과 논쟁하셨고, 법적 분쟁을 해결해 달라는 부탁도 받으셨고, 심지어 앉아서 가르치기도 하셨는데, 이는 랍비가 가르치는 전통적인 방식이었습니다.

또 다른 이들은 그분의 기적을 보며 그가 치유나 귀신을 쫓거나 음식을 늘리는 기적을 행하러 왔다고 생각했습니다. 어떤 이들은 그를 구약의 선지자가 환생한 존재로 여겼으며, 어떤 이들은 그가 마귀의 능력으로 마귀를 쫓아낸다고 생각했습니다. 그분은 왕, 먹기를 탐하는 자, 주정뱅이, 선지자, 범죄자, 혁명가, 하나님, 신성모독자라는 말을 들었습니다. 예수님은 왜 오셨습니까?

오늘 아침 마가복음이 우리에게 들려주는 말씀이 바로 이러한 내용입니다. 오늘 본문은 마가복음 1장 35절에서 39절까지입니다.

이 서론을 통해서 나는 그리스도인들과 비그리스도인들이 설교의 나머지 부분을 잘 듣게 되기를 바랐다. 내 의도는 그리스도인들에게 본문 말씀이 성경 어디에 있는지 알려주는 데 그치는 것이 아니라 본문 말씀에서 제기하는 문제들이 중요하다는 인식을 심어주는 것이었다. 이 본문으로 종종 "예수님을 본받으라. 한적한 곳에 가서 큐티를 해라, 아침에 알람을 일찍 맞춰라."는 식으로 설교한다. 하지만 나는 여기에 훨씬 더 거대한 이슈가 달려 있다는 것을 회중에게 이해시키기를 원했다. 즉 모든 사람이 주님을 찾는다는 시몬 베드로의 말에 대한 예수님의 답변에는 예수님 자신의 정체성과 목적이 드러나 있다는 점이다.

그리고 듣고 있는 비그리스도인들에게는 이 설교자가 신비에 대해 무언가를 알고 있고, 힌두교를 믿는 친구가 있으며, 비그리스도인들과도 대화를 하고 있고, 사람들이 예수님을 다양하게 평가한다는 것을 이해하고 있음을 알아주기 바랐다. 하지만 그들이 나에 대해서 어떻게 생각하는지에 관심이 있어서 그들이 이런 것을 알아주기 바란 것이 **아니다.** 다만 이제부터 행해지는 설교를 통해 그들은 예수님이 누구신지, 그리고 예수님이 스스로를 누구라고 주장하셨는지에 대한 공정한 이야기를 듣게 될 거라고 설득하려고 한 것이다.

주해

우리는 이 점에 대해 이미 이야기를 나누었지만, 다시 한 번 이야기할 가치가 있다. 모든 좋은 설교의 근본은 강해하는 본문에 대한 바른 이해이다. 이는 설교를 준비하고 실제로 전하는 설교자에게 그러할 뿐만 아니라 듣는 회중에게도 그러하다. 당신의 설교가 본문이 담고 있는 내용을 분명하게 설명해야 한다. 이 점은 설교에 있어 지극히 중요하다.

설교자가 주해에 오류를 범하게 유혹되는 방식은 크게 두 가지다. 너무 많은 정보를 제공하려 하거나 또는 너무 적은 정보를 제공하려는 것이다. 그 둘 다 목적하는 바를 이루는 데 큰 해가 될 수 있다. 먼저, 어떤 설교자들은 설교에서 주해 부분을 생략하고 바로 예화나 적용으로 너무 빨리 넘어가고 싶은 유혹을 받는다. 이런 유혹은 흔한 유혹이다. 일반적으로 회중은 당신이 적용으로 넘어갈 때 생기를 띤다. 더 잘 반응하고 더 많이 반응한다. 고개를 끄덕인다. "아멘"이 나온다. 당신이 로마서 7장에서 그 사고의 흐름을 설명할 때는 잘 일어나지 않는 현상이다. 그렇지만 가르치는 일을 해내는 것이야말로 중요하다. 당신의 회중이 그 가르침을 재미있게 여겨서 라기보다, 그 본문의 가르침이야말로 적용의 토대를 제공하기 때문 이다. 당신의 회중이 본문을 이해하지도 못했는데 본문을 적용하려 고 한다면, 그 적용의 힘은 엄청나게 약할 것이다. 그 적용이 본문의 의미에서 직접 도출된 것임을 회중이 분명히 볼 수 있어야만 그 적 용이 듣는 이의 마음과 생각에 최대한의 충격을 가할 것이다.

몇몇 설교자들이 범하는 정반대의 오류가 있다. 즉 자신이 본문 을 연구하며 발견한 모든 정보를 회중에게 다 전달하는 것이다. 그 리스어 단어의 의미로부터, 어원, 한 단어가 성경 다른 곳에서 어떻 게 사용되었는지 그 목록을 몽땅 제시하며, 언급되는 모든 장소의 고고학적 배경까지 밝히는 것이다. 이 모든 내용이 다 들어 있다면 이는 설교가 아니라 본문에 대한 위키피디아 글에 가깝다.

그렇게 하지 않는 편이 가장 좋다. 오히려 당신의 설교에서 가르 침에 할애된 부분은 사람들이 그 본문의 무게와 균형을 이해하도 록 돕는 단 하나의 목적에 반드시 부합해야 한다. 당신은 그들에게 왜 예수님이 그렇게 대답하셨는지 설명해야만 하고, 왜 바울이 이 주제에 대한 논의에서 저 주제에 대한 논의를 덧붙이는지 설명해 야 한다. 하지만 보통 회중이 한 본문을 이해하기 위해 형용사의 그 리스어 어원까지 알 필요는 없다. 물론 그렇게 하면 좀 더 다른 색 채를 낼 수는 있다. 또 당신에게는 흥미로울 수도 있다. 하지만 그렇 게 하는 것은 본문의 주된 방향성과 취지가 지닌 힘을 분산시킬 위 험이 있다. 나는(그레) 좀 더 푸릇푸릇⑺했던 몇 년 전에 설교를 한 편

전했다. 그때 나는 어느 시편을 설명하다가 갑자기 히브리어 단어 *헤세드*를 발음할 때는 목 뒤쪽에서 구르는 듯한 소리를 잘 내도록 주의해야 한다는 이야기를 해버렸다! 왜 그랬는지는 지금도 모르겠다. 하지만 본문이 전하는 핵심과는 전혀 관계없는 이야기였고, 나중에 교회 스탭들이 설교를 평가할 때 큰 비판을 받았다. 또 이사야 1장에 대한 설교에서는 이스라엘과 관련해서 앗수르와 애굽이 지닌 정치적 지리학적 정황에 대한 **세부사항**을 자세히 설명해야겠다고 결심했다. 하지만 나에게는 정말 흥미로운 주제였지만 하나님이 본문에서 말씀하시려고 한 바와는 전혀 관계가 없었다. 나는 20분이 아니라 2분 정도면 필요한 내용을 다 전할 수 있었을 것이지만 그렇게 하지 않았다. 그 결과 설교는 75분이나 되고 말았다. 이 일을 생각하면 아직도 부끄럽다.

일반적인 경험으로 볼 때 그러한 세부사항은 본문의 의미를 조명하거나 요지를 끌고 나아갈 때만 필요하다. 세부사항이 그런 역할을 하지 못한다면 설교에 사용하지 말라.

예화

예화는 아마도 오늘날 설교에서 가장 남용되는 부분일 것이다. 어떤 설교자들은 예화를 혐오해서 전혀 사용하지 않는다. 또 어떤 설교자들은 설교란 오직 예화로만 구성되어야 한다고 생각하는 것처럼 보이기도 한다. 나(마크)는 몇 년 전 한 설교자가 삼십 분 설교에서 10분 내지 15분 정도 예화만 이야기하는 설교도 들었다. 솔직히 말해서 그 이야기는 정말로 훌륭했다. 설교자도 탁월하고 설득력 있게 잘 전했다. 나는 그 세부 내용을 지금도 기억한다. 사실 그 예화에 연관된 사람들의 이름까지도 기억하는데, 나한테는 참 특이한 일이다. 그렇지만 여기에 곤란한 점이 있다. 나는 그 형제가 전한 성경 본문이 뭔지도, 요점이 무엇이었는지도, 본문에서 받은 영적 감동이 무엇이었는지도 말할 수 없다는 것이다. 심지어 그 예화로 설명한 요점도 기억하지 못하겠다. 내가 기억하는 것은 단지 그 이야기다.

전문가들은 우리가 이야기의 시대에 살고 있다고 말한다. 사실일지 모른다. 하지만 인간이 어떻게 시간과 기억을 경험하는지를 안다면 이야기의 시대가 **아니었던** 때가 과연 있었는가 하는 의문이 든다. 사람이 이야기를 좋아하지 않았던 때가 있었던가? 이야기는 우리를 끌어들인다. 구약에도 이야기가 있다. 선지서는 결혼과 간음에 대해 광범위한 이미지를 사용하며, 바로의 꿈 이야기도 있고, 부자가 가난한 이웃이 기르는 한 마리 양을 뺏은 나단의 우화도 있다. 물론 이스라엘 역사도 이야기의 형태로 우리에게 전수된다. 여러 인물이 특정한 기간에 걸쳐 살아간다. 따라서 설교자들이 이 시대뿐 아니라 모든 시대에 예화를 사용하여 소통하는 것은 자연스러운 일이다. 그렇지만 우리는 예화를 사용할 때 많은 주의를 기울여야 한다. 예화가 설교를 압도하지 말아야 하며, 예화가 너무 길어지면 안 되며, 예화에 나오는 극적인 사건들이 설교 전체의 무게와 취지로부터 회중의 주의를 딴 데로 돌리게 해서는 안 된다. 예화의 목적은 예를 들어 보여주는 것이지 모호하게 하는 것이 아니다. 그렇기에 여기에서 예화에 대해 두 가지 조언을 하고자 한다.

예화가 반드시 이야기일 필요는 없다. 때로 한 장면을 매혹적으로 묘사하는 것만으로도 완벽한 예화가 된다. 그렇게 하면 성경 이야기에 생명력이 생겨나고 듣는 사람은 그 장면의 의미를 단번에 이해한다. 예를 들어 히브리서 13장에서 저자는 독자들에게 예수님과 함께 "영문 밖으로" 나가자고 권고한다. 이는 그리스도인이 충성할 때 당하게 될 이 세상의 거절을 형상화한 것이다. 그러면 당신은 대뜸 저자가 여기에서 의도한 바가 무엇인지를 보여주기 위해서 믿음 때문에 거부당했던 어떤 경험을 예화로 들려고 할 것이다. 하지만 이야기 대신에 그저 히브리서 저자가 "영문 밖으로"라는 절을 쓰면서 무슨 생각을 했을지 묘사하는 편이 더 좋다. 그리고 심지어 더 매력적이다. 내가(그렉) 이 본문을 설교하며 이 말씀을 어떻게 다루었는지 보여주려고 한다. 다음은 내 설교 노트에서 있는 그대로 옮겨 적은 것이다.

"영문 밖"에 있다는 것이 무슨 의미인지 이해해야만 합니다. 영문 안은 거룩한 땅이지만, 그 바깥에는 오물과 부정함이 있습니다. 실제로 영문 안으로 걸어 올라가 보았다면 분명히 알 수 있을 것입니다. 유다, 에브라임, 그들의 깃발들 말입니다. 하지만 그 밖은 어떻습니까? 거기는 사체가 묻혀 있는 곳입니다. 그곳은 사람들이 변을 보던 곳입니다. 그래서 진 밖으로 나갔다가 돌아오기 위해서는 반드시 그전에 의식적으로 정결하게 되어야 합니다. 그리고 진영 밖에는 곳곳에 무너질 듯한 오두막이 있습니다. 그리고 나병환자들이 소리칩니다. "부정하다! 부정하다!" 그리고 그들은 달아날 것입니다. 그들의 병이 바람을 타고 다른 이에게 전해지지 않도록 말입니다. 도시 밖도 마찬가지입니다. 거기가 바로 예수님이 죽으신 그곳입니다. 로마인들도 십자가형은 성안에서 집행하기에는 너무 추악하다고 여겼습니다. 바깥 거기 부정함이 있는 곳, 그곳에 대해서 생각해 보면 정말로 놀랍다는 생각이 듭니다. 죽음의 장소에서 생명이 발견됩니다. 가장 역겹고 부정한 곳에서 거룩함과 의로움이 얻어지는 것입니다.

그런데 다음 사실을 아십니까? 이게 좋은 일이기도 하다는 점입니다. 거기가 바로 저 자신이 있는 곳이기 때문입니다. 여러분이 자기 마음의 상태를 안다면 "부정하다, 부정하다."라고 외치게 될 것입니다. 당신 자신이 무덤과 오물에 **속해 있다**는 사실을 알기 때문입니다. 그러한 나와 여러분 같은 자들에게 예수님이 직접 찾아오신 것입니다. 부정한 자들에게 오셔서 그들을 정하게 하시고, 거룩하지 않은 자들에게 오셔서 그들을 거룩하게 하신 것입니다. 반대로의 전염이 일어난 것입니다. 그분은 고난받으시고 **진 밖에서** 죽으셨습니다. 제가 있고 당신이 있는 바로 거기에서 말입니다. 달아나지 마십시오, 그분**에게** 달려가십시오. 복음으로 달려가십시오. 당신이 진 밖에 있고 의로움을 얻을 수 없다는 사실을 알아야 합니다.

하나님을 찬양합니다. 우리는 영문 밖에서 생명을 발견합니다. 그곳이 우리가 있는 곳이기 때문입니다!

당신이 이미 그리스도인이시라고요? 죄가 우리를 때려눕히는 것 같을 때, 당신이 영적으로 죽은 것 같을 때, 예수님은 자신에게 나오는 자들에게 먼저 네 자신을 깨끗하게 하라고 말씀하시는 분이 아님을 기억하는 것이 좋습니다. 사람들은 항상 이렇게 말합니다. "예수님께 나가서 말씀드리고 그분을 섬기기 전에 내가 먼저 다 해결해야 해." 마치 왕의 보좌에 나가기 전에 자신을 닦고 또 닦아야 하는 것처럼 말입니다. 오 친구여, 당신이 그렇게 생각한다면 당신은 예수님을 알지 못하는 것입니다! 그분은 더러움을 거리끼시는 분이 아니십니다. 그분은 영문 밖에서 죽으셨고 손에 못자국이 나신 왕입니다. 그분은 본래 영문 밖이 자연스러운 그 더럽고 역겨운 자들, 이 사실을 알면서도 그분의 손에 자비를 구하며 나아오는 자들을 사랑하시는 왕입니다. 사랑하는 형제자매여, 삶에서 죄가 무겁고 더럽다면 그분에게 가십시오. 그분께 절하고 그분께 내어드리십시오. 그분께는 전혀 놀라운 일이 아닙니다. 그분은 고난당하셨고 영문 밖에서 죽으셨습니다. 죄가 없는 자를 구원하기 위해서가 아니라 죄로 인해 **망가지고** 그분께 구원을 부르짖는 자들을 구원하기 위해서입니다.

보라. 이야기는 전혀 없다. 하지만 "영문 밖으로"라는 의미가 무엇인지 흡인력 있게 묘사하여 자신이 아무 희망도 없이 더러운 존재임을 깨닫는 죄인들을 예수님이 사랑하신다는 진리를 보인다. 이야기가 아닌 묘사도 요점을 제시할 무대를 마련할 수 있는 것이다.

개인적인 예화를 할 때 주의하라. 특별히 문제를 초래하는 현대 설교자들의 습관이 있다. 바로 자신과 관련된 예화를 남용하는 것이다. 즉 자신이 무엇을 했는지, 또는 자기가 누구에게 무슨 말을 했는지에 대한 이야기 말이다. "제가 어제 어느 분과 얘기를 하고 있었습니다."라는 문장을 꺼낼 때 회중이 다시 귀를 기울이고 얼마나 집중하는지 보라! 이는 완전히 정상적이고 당연한 일이다. 전혀 이상할 것 없다. 그렇게 하는 것은 속도를 바꾸는 방법이 될 수 있다. 또 화자에 대해서 무언가를 알리고 약간의 흥미를 제공한다는 가치도 있다. 하지만 그 모든 효과에도 불구하고, 개인적 예화는 엄청나게 주의해서 사용해야만 한다. 당신이 신실한 목회자라면 이미 회중을 당신 자신 그리고 당신의 인격을 중심으로 형성해 나가고 싶은 유혹을 충분히 느꼈으리라. 부분적으로는 하나님은 바로 그것을 하라고 당신에게 그러한 인품을 주셨다. 즉 마음을 끄는 복음 설교자가 되어서, 사람들에게 그리스도를 믿는 믿음으로 나아오도록 간청하게 하는 일 말이다. 하지만 반대로 당신의 교회가 예수 그리스도의 교회가 아닌 마크의 교회 또는 그렉의 교회가 되는 일이 일어나지 않도록 주의해야만 한다. 당신 자신의 예화는 아껴서 사용하라. 그리고 절대로 교회의 존립이나 건강이 당신에게 달려 있다는 식의 인상을 남기지 말라. 절대로 당신이 영웅이라거나 도시에서 가장 똑똑하다거나 가장 재치 있는 사람이라는 식의 인상을 남기지 말라. 굳이 개인의 예화를 쓰려면 때때로 나쁜 예로 사용하라. 바른 이야기를 한 사람으로보다는 **그릇된** 이야기를 한 사람으로 예를 들고, 하나님의 은혜를 간절히 필요로 하는 사람으로 예를 들라. 예화가 그저 당신의 선함과 영민함을 드러낸다면 예수님의 복음을 드러내는 데는 실패한 것이다.

적용

강해 설교자로서 우리가 가장 많이 받는 질문이 있다. "강해 설교를 하면 본문을 어떻게 적용합니까?" 첫째, 우리는 이 질문 뒤에는 미심쩍은 가정들이 많이 있을 수 있다는 점을 유의해야 한다. 질문을 던진 사람은 어쩌면 자신이 들었던(혹은 자신이 직접 설교했던) 강해 설교를 기억하면서 강해 설교가 실상은 대학이나 대학원에서 들었던 성경 강의와 전혀 다를 것이 없었다는 기억을 떠올릴지 모른다. 그런 설교는 구조가 잘 짜여 있고 정확했을지는 모르지만, 경건한 절박함이나 목회적 지혜는 거의 없는 것처럼 보였다. 이러한 강해 설교는 적용이 거의 없고, 또 있다고 해도 매우 적었을 것이다. 반면에 어쩌면 오히려 이렇게 묻는 사람이 적용이 실제로 무엇인지 오해하고 있는 것일 수도 있다. 그가 의심하고 있는 설교 안에는 엄청나게 많은 적용이 있었는데도 그가 그것을 인식하지 못한 것일 수도 있다.

16세기 캠브리지의 위대한 청교도 신학자인 윌리엄 퍼킨스 (William Perkins)는 설교자들에게 설교를 듣고 있을 각양각색의 청자들을 상상하라고 가르쳤다. 그리고 선포되는 설교가 몇 가지 서로 다른 마음—마음이 강퍅한 죄인, 의심을 품고 질문하는 자, 지쳐 있는 성도, 젊은 열광주의자 등등 그 목록은 얼마든지 많다—에 어떻게 적용될지 깊이 생각해보라고 가르쳤다.[14] 그와는 조금 다르게 접근해보자. 하나님의 말씀을 전하도록 부름받은 우리는 **청자만 다양한 것이 아니라, 자체로 정당한 적용의 종류 역시 다양하다는 사실을** 다시 한 번 상기할 필요가 있다.

설교자는 성경을 해석하도록 부르심을 받은 것이며, 하나님의 말씀 중 한 구절을 취하여 이를 분명하게, 흥미 있게, 심지어 긴급하게 설명하도록 부르심을 받은 것이다. 이 과정에서 적어도 세 가지의 적용이, 우리가 그리스도인의 순례 여정에서 직면하는 세 가지 문제를 반영한다. 첫째, 우리는 **무지**라는 그림자 아래에서 분투한다. 둘째, 우리는 **의심**과 싸운다. 얼핏 생각하는 것보다 더 그러하다. 마지막으로, 직접 행위로 불순종하든 아니면 죄악된 태만이든, 우리는 **죄**를 범한다. 우리는 하나님의 말씀을 설교할 때마다 우리 안에서 그리고 청자들 안에서 이 세 가지 문제가 모두 해결되기를 갈망해야 한다. 그리고 이 세 가지 문제로 인해 세 가지 타당한 적용이 생겨난다.

무지는 타락한 세상에서 가장 근본적인 문제다. 우리는 하나님에게서 떨어져 나왔다. 우리 창조주와의 직접적인 교제에서 자신을 끊어내 버린 것이다. 따라서 사람들에게 하나님의 진리를 알리는 일 그 자체가 강력한 적용이고, 우리는 이를 절박하게 필요로 한다.

이는 냉담하거나 열정 없는 설교에 대한 변명이 아니다. 나는 명령법의 형식을 띤 명령만큼이나 직설법 문장에 똑같이(아니 더) 자극을 받는다. 회개하고 믿으라는 복음의 명령은 하나님과 우리 자신 그리고 그리스도에 대한 직설법 문장들을 떠나서는 아무런 의미가 없다. 정보는 매우 중요하다. 우리는 진리를 가르치고, 하나님에 관한 위대한 메시지를 선포하도록 부름받았다. 우리는 우리의 메시지를 듣는 사람들이 무지의 상태에서 진리를 아는 지식으로 나오길 원한다. 이렇게 마음에서 우러나는 정보 제공이 바로 적용이다.

의심은 단순한 무지와 다르다. 이것은 우리에게 친숙한 생각이나 진리에 대해 의문을 제기하는 것이다. 이러한 종류의 의심은 그리스도인들에게 드문 것이 아니다. 사실 의심은 아마 우리가 설교에서 사려 깊게 다루고 철저하게 도전해야 할 가장 중요한 문제 중 하나일 것이다. 때로 우리는 설교자가 의심을 직접적으로 다루는 일은 그저 회심 이전에 약간의 변증학을 제시할 때에 불과하다고 생각하지만 사실은 그렇지 않다. 지난주 자리에 앉아서 당신의 설교를 들은 누군가, 그리고 그리스도 또는 하나님 또는 오네시모에 관해 언급된 사실을 모두 알고 있는 그 사람이 그 말이 참인지를 고민하고 있을 수 있다. 때로 사람의 의심이란 말로 명료하게 표현되지 않는다. 우리는 심지어 스스로도 의심을 의식하지 못할 수 있다. 하지만 우리가 성경을 엄격하게 따져보기 시작할 때 우리는 의문과 불확실함 그리고 망설임의 그늘 아래 머뭇거리고 있음을 본다. 그리고 이로 인해 의심이 우리를 잡아당겨 신실한 순례자의 길에서 저 멀리 어디론가 벗어나도록 끌어가고 있다는 사실을 슬프게 의식하게 된다. 우리는 그러한 사람에게, 그리고 어쩌면 어느 구석에 의심이 슬며시 자리잡고 있는 우리 마음에 하나님 말씀의 진실함과 이를 믿는 것이 얼마나 긴급한 일인지를 논증하고 설득해야 한다. 우리는 청중에게 하나님 말씀의 진실함을 설득하도록 부름받았다. 우리는 듣는 사람들이 메시지를 의심하는 상태에서 진리를 전심으로 믿는 상태로 바뀌기를 원한다. 이렇게 진리를 긴급하고 엄중하게 전하는 설교는 적용에 해당한다.

죄 역시 이 타락한 세상에서 큰 문제다. 무지와 의심 둘 다 어쩌면 죄의 일종일 수도 있고, 아니면 죄의 결과일 수도 있고, 아니면 둘 다 아닐 수도 있다. 하지만 죄는 분명히 태만함이나 의심 그 이상이다. 당신의 설교를 듣는 사람들은 분명히 바로 전주에도 하나님께 불순종하는 일과 분투했으며, 또한 다음주에도 하나님께 불순종하는 일과 분투할 것임을 분명히 인식하라. 죄는 다양할 것이다. 어떤 죄는 행동으로 불순종하는 것일 테고, 또 어떤 죄는 행동하지 않아서 불순종하는 것이다. 하지만 어떤 행위를 한 것이든 하지 않은 것이든 죄란 하나님께 불순종하는 것이다. 우리 설교자는 하나님의 백성에게 하나님의 거룩함을 반영하는 삶의 거룩함을 갖추라고 도전해야 한다. 따라서 본문 적용의 일부는 이번 주 우리의 행동을 위해 본문의 의미를 끌어내는 것이 되어야 한다. 우리는 설교자로서 하나님의 백성들에게 하나님 말씀에 대한 순종을 촉구하도록 부름받았다. 우리는 메시지를 들은 사람들이 말씀에 드러난 하나님의 뜻에 따라 죄악된 불순종에서 벗어나 기쁜 순종으로 나아가기를 원한다. 순종하라는 권면은 확실히 적용이다.

물론 우리가 설교할 때마다 적용해야 하는 주된 메시지는 복음이다. 예수 그리스도의 좋은 소식에 대해 아직 모르는 사람이 있다. 당신의 설교를 줄곧 들어 온 어떤 사람도 생각이 다른 데 가 있거나, 졸고 있거나, 공상에 빠져 있거나, 그 외 다른 이유로 집중하지 못했을 수 있다. 그들에게 복음을 알려줄 필요가 있다. 그들은 복음을 들을 필요가 있다. 어떤 이들은 이미 복음을 들었고, 이해했고, 심지어 진심으로 복음의 진리를 받아들였지만 당신이 메시지 가운데 말하고 있는(또는 기본적으로 전제하고 있는) 어떤 사항에 대해 현재 의심하면서 힘들어하고 있을지 모른다. 그러한 사람에게는 그리스도의 좋은 소식이 참임을 믿도록 강력히 촉구해야 한다. 그리고 듣고 이해했지만 죄를 회개하는 데 더딘 자들도 있다. 그들은 심지어 당신이 말하고 있는 내용의 진실성을 의심하지도 않을지 모른다. 그들은 그저 죄를 회개하고 그리스도께로 돌아서기를 지체하는 것이다. 그런 청자들에게 당신이 할 수 있는 가장 강력한 적용은 자신들의 죄를 증오하고 그리스도께로 달아나라고 촉구하는 것이다. 우리는 전하는 모든 설교에서 정보를 전달하고, 촉구하고, 권면함으로 복음을 어떻게든 적용하려고 해야만 한다.

우리 설교자가 설교 도중에 하나님의 말씀을 적용할 때 직면하는 일반적인 도전이 있다. 즉 때로 어떤 한두 분야에서 문제를 겪고 있는 사람들은 자신이 직면한 구체적인 문제에 대한 답을 제시받지 않으면 설교에 성경 적용이 전혀 없다고 생각한다는 점이다. 그들이 옳은가? 꼭 그렇지는 않다. 예를 들어 그 사람이 의심의 문제에 직면해 있다고 하자. 당신이 더 자주 또는 더 철저하게 의심을 다룬다면 당신의 설교는 개선될 것이다. 그렇지만 스스로 그 필요를 의식하지 못하고 있다고 할지라도, 정보를 제공받아야 할 필요가 있거나 죄를 버리라는 권고를 받을 필요가 있는 자들에게 그러한 적용을 하는 것은 잘못이 아니다.

마지막 조언이다. 잠언 23장 12절은 이렇게 말한다. "훈계에 착심하며 지식의 말씀에 귀를 기울이라." 영어 번역으로 "착심하다(apply)"로 옮겨진 단어는 거의 항상(어쩌면 항상?) 설교자가 해야 할 일을 말하는 것도 아니고, 심지어 성령님이 하시는 일을 말하는 것도 아니다. 오히려 그것은 말씀을 듣는 자가 해야 할 일을 말한다. 우리는 말씀을 우리 자신의 마음에 적용하도록 부르심을 받았고, 그 일에 전념해야 한다.

결론적으로 로이드 존스는 이 점 역시 바르게 짚었다.

우리는 하나님의 진리가 우선적으로는 생각을 위한 것이지만, 또한 전 인격까지도 사로잡고 전 인격에 영향을 미치도록 작정되었다는 사실을 반드시 기억해야 한다. 진리는 반드시 적용되어야만 한다. 따라서 성경의 한 부분을 마치 셰익스피어의 희곡을 다루듯이 순전히 지적이고 분석적인 방식으로 다루는 것은 성경을 오용하는 것이다. 사람들은 종종 주석이 "무미건조하다"고 불평한다. 만약 그렇다면 이는 심각하게 잘못된 일이 아닐 수 없다. 도대체 "복되신 하나님의 영광스러운 복음"을 어떻게 주해할 때 그러한 인상을 줄 수 있는가. 내 생각에는 성경에 관해 짤막한 주석과 연구서가 너무 많다. 오늘날 가장 큰 필요는 강해 설교로 돌아가는 것이다. 종교개혁 시대와 청교도 부흥 그리고 18세기 대각성 시대에 바로 이러한 일이 일어났다. 우리가 성경과 그 메시지의 장대함과 영광과 위엄을 보여주는 유일한 방법은 이 일로 돌아가는 것이다.[15]

결론

설교의 결론을 맺는 일은 설교를 준비할 때 가장 어려운 부분이다. 우리 모두 설교자들이 끔찍하게 "비행기를 착륙"시키는 것 같은 설교를 들어본 적이 있다. 활주로를 예닐곱 차례 연속으로 튀기도 하고, 이제는 브레이크를 밟겠구나 생각하는 그 순간에 다시 이륙하는 것처럼 보인다. 하지만 설교에서 "비행기를 착륙"시키는 것은 이륙만큼이나 중요한 일이다.

이상적으로 우리 설교자는 설교의 결론에 무게감이 있기를 원한다. 우리가 전한 메시지의 모든 무게와 힘이 더해져 결론 부분에서 완고한 죄인의 마음, 현실에 안주하는 그리스도인의 의지, 또는 상처입은 성도의 영혼에 쐐기처럼 내려쳐지기를 원한다. 결론이 시끄럽거나 극적일 필요는 없으며, 당신이 성경에서 만들어낸 핵심 요소들을 산란하게 만들어버리는 그 무엇이 되어서도 안 된다. 결론은 그저 그러한 요점들을 더 끌고 나가 마지막으로 묵직한 하나의 진술 또는 질문으로 마무리하면 된다.

내(마크)가 기억하는 최고의 결론은 마가복음에서 그리스도께서 십자가 위에서 죽으시는 사건을 다룬 설교의 결론이다. 딕 루카스(Dick Lucas)의 설교였는데 그는 강단에 가만히 서서 그리스도 안에서 하나님이 행하신 일을 묵상하더니 경외감으로 가득하면서도 소박한 음성으로 설교를 마무리했다. "더 이상 해야 할 것은 전혀 없습니다. 이제 하나님의 사랑과 당신 사이에 방해물은 전혀 없습니다. 하나님이 모든 죄가 사라졌다고 하시는 한 그렇습니다. 그분은 우리 이름이 아닌 예수님의 이름으로 나가기만 하면 당신을 받아주실 것입니다. 당신이 그분의 이름으로 겸손히 나아간다면, 당신은 언제나 **환영받습니다.**"

"환영받습니다"라는 단어를 또박또박 말할 때, 하나님이 그리스도 안에서 나를 받아들이셨다는 그 따뜻함이 내 영혼을 한 번 더 전율케 하였고 외경심에 사로잡히게 했다. 단지 그 한 문장 때문은 아니었다. 그가 설교한 모든 것—나의 죄, 그리스도의 사랑, 속죄와 십자가 및 하나님의 진노, 그리고 대속과 예수님의 죽으심—이 그 한 문장에 요약되고 압축된 것이다. "당신이 그분의 이름으로 겸손히 나아간다면, 당신은 언제나 환영받습니다." 복음의 모든 축복과 하나님과 화목해야 한다는 인류의 그 거대한 필요가 마지막 단어 "환영받습니다"라는 단어로 요약된 것이다. 이는 설교의 모든 무게감이 설교의 마지막 문장, 그것도 마지막 단어를 통해 청자의 마음에 깊이 각인된 멋진 예이다. 그 마지막 문장은 우리 모두 설교자에게 환호하게 만들지 않고 다만 잠잠히 예수 그리스도에 대한 외경심에 잠기게 했다.

결국 이것이 모든 설교의 목표가 되어야만 한다. 서론, 주해, 예화, 적용, 결론 모두 완벽하게 합력할 때 회중은 설교를 다 듣고 당신이 설교자로서 얼마나 훌륭한지를 생각하는 것이 아니라 당신이 설교한 그 본문의 무게감과 메시지를 생각해야 한다. 그 모든 것은 청자의 눈을 예수님께 향하도록, 예수님과 그분의 말씀 그리고 그분의 백성을 더욱 사랑하게 만들도록 배치되어야만 한다.

8장
설교 전달

입을 열어 설교를 시작하기 직전 몇 초보다 더 고요한 순간이 있을까? 음악도 끝나 모든 것이 조용하다. 건물 안에 있는 모든 이의 시선이 당신을 향한다. 당신은 강단을 향해 걸음을 뗀다. 성경책을 편다. 원고를 강단에 놓는다…그리고 숨을 돌린다. 멈춤.

아니 적어도 나는 그렇게 한다. 나는 말을 꺼내기 전 2초 내지 3초 정도 되는 그 짧은 순간 잠시 멈추어 회중을 훑어본다. 몇몇 분들과는 극히 짧게 눈을 맞추기도 한다. 일부러 그렇게 하는 것은 아니다. 학급이 들떠 있을 때 선생님이 누구나 눈치채도록 일부러 조용히 해서 주의를 끌려고 하는 것도 아니다. 그렇지 않다. 그 짧은 멈춤은 오히려 나를 위한 것이다. 나 자신에게 내가 왜 여기에 있는지를 상기시켜, 내가 하는 일의 엄중함을 마지막 순간에 다시 한 번 되새기기 위한 것이다. 나는 생각한다. "이 사람들은 예수님께 속했다. 그들은 예수님의 것이다. 예수님은 그들을 사랑하신다. 예수님이 저들을 위해 자기 피를 흘리셨다. 예수님은 저들을 안전하게 본향으로 데려오시려는 그분의 결심 뒤에 그분의 모든 전능의 자원들을 두셨다. 그리고 이제 한 시간, 그분이 저들을… 바로 내 손에 맡기신다. 그들을 가르치고 격려하도록 말이다."

청교도 설교자인 리차드 백스터는 이렇게 말했다. "나는 다시 설교할 수 있을지 확신하지 못하는 사람으로서, 마치 죽어가는 사람이 죽어가는 사람에게 설교하듯 설교한다."[16] 회중 앞에 서서 그들에게 하나님의 말씀을 펼쳐 보이는 것은 엄청나게 막중한 행위다. 그들에게 제시하는 그 은혜가 설교하는 우리에게는 절박하게 필요하지 않다는 듯 그들을 내려다보며 말하는 것이 아니다. 오히려 이는 치명적인 질병의 치료법을 찾은 사람이 청자들도 그 치료법을 향해 눈을 열라고 간청하듯 말하는 것이다. 이는 막중하고도 영광스러운 책무다.

우리(마크와 그렉)는 이 책무에 대해서, 즉 설교 준비부터 전달하는 일까지 여러 차례에 걸쳐 길게 이야기를 나눴다. 그리고 우리는 그 모든 과정 중 실제로 가장 좋은 일은 바로 설교를 전하는 일, 즉 준비하고 기록한 것을 강단에 서서 말로 표현하는 일이라는 데 동의했다. 이는 놀라운 감정이다! 경이롭다! 하지만 그렇다고 해서 이것이 쉽다는 뜻은 아니다. 설교를 전하는 것은 설교를 준비하는 만큼이나 어려운 일이고 수많은 난관이 산재해 있다. 그래서 세상을 끝장낼 만한 원고를 준비할 수 있는 많은 설교자가 이를 자유롭고 힘있게 전하지 못하는 것처럼 보이기도 한다.

정말로 솔직히 말하자면 결국 설교의 은사를 **가르칠** 방법은 없다. 다른 모든 재능이나 영적 은사와 마찬가지로 말씀을 능력 있게 전하는 능력은 하나님의 은혜로만 주어지는 것이다. 하지만 그렇다고 할지라도 우리는 하나님의 말씀을 전하는 일에 나아질 수 있다. 아무도, 심지어 역사상 존재했던 스펄전들, 휫필드들, 파이퍼들도 말씀 선포를 위한 모든 능력을 완전히 갖춘 채로 또 그 능력을 아름답게 갈고 닦은 상태로 태어나지 않았다. 설교자는 자신이 얼마나 많은 은사를 받았는가와 관계없이 언제나 나아질 수 있다. 이 장에서는 설교 전달과 관련된 사안 및 의문점을 생각해보려 한다. 이를 통해 우리는 이것들 중 일부가 설교를 개선하기 위한 당신의 노력에 유익하게 쓰여서 당신이 하나님의 말씀을 교회에 명료하고 능력 있게 전할 수 있기를 바란다.

원고 혹은 개요

설교 원고를 보며 설교하는 편이 나은가? 아니면 개요만 보고 설교하는 편이 나은가? 여러 곳을 다니며 강해 설교라는 주제로 강의했던 오랜 세월, 나는(마크) 이 질문을 받지 **않았던** 때를 기억하기 힘들다. 나는 설교할 때 완전히 작성된 원고를 준비한다. 보통 열 쪽 내지 열다섯 쪽이 된다. 몇몇 경우를 제외하면 내가 말할 모든 단어를 종이에 기록한다. 앞에서 밝혔듯이 이렇게 하는 편이 단어를 가다듬고 가능한 강력하고 정확하게 생각을 전하는 데 도움이 된다는 점을 알았다. 나는 리차드 백스터의 설교를 묘사한 다음 글귀를 사랑한다.

그의 옆에 있는 모래시계는 설교 시간을 재고 있었다. 이 시계는 절대로 한 시간 미만을 가리킨 적이 없었고, 그는 보통 빽빽하게 적은 원고를 읽었다. 그는 이렇게 말했다. "내가 공을 들여 애를 쓸 때는 누구 못지않게 기록을 많이 사용한다. 하지만 게으르거나 바빠 준비할 시간이 없을 때는 누구 못지않게 기록을 적게 사용한다."[17]

"애를 쓸 때." 정말이다! 원고를 쓰는 것은 분명히 애를 쓰는 일이다. 시간도 오래 잡아먹고, 사람을 지치게 만드는 힘든 일이다. 하지만 적어도 나에게는 그 보상이 고통을 훨씬 상회한다. 원고 작성을 마치고 한두 번 더 읽어볼 정도가 되면 모든 문장이 굉장히 친숙해진다. 그래서 내 설교가 어디로 가고 있는지, 무슨 말을 해야 할지 알게 된다. 나는 단어를 가능한 주의 깊게 선정하며, 할 수 있는 한 모든 단어를 계산해서 가장 정확하고 강력하게 하나님의 말씀을 전하려고 한다.

물론 내가 강단에 서서 마치 학술회의에서 논문을 읽는 것처럼 그저 원고를 **읽기만** 한다는 말은 아니다. 그렇지 않다. 나는 열정과 확신을 가지고 설교를 **전하기** 위해 노력한다. 그렇게 해서 청자들의 마음(heart)과 의지를 움직여, 그들이 하나님의 말씀에 제대로 반응하게 만들려고 한다. 또한 원고를 맹종하듯 고집하며 사전에 준비되지 않은 말은 한마디도 하지 않는다는 뜻도 아니다. 어쨌든 그런 것은 내 본성에 맞지 않다! 나는 설교 도중 여러 차례 원고의 "길을 벗어날" 것이다. 그전에 떠오르지 않았던 생각이든, 추가적인 적용이든, 그냥 아무 이유 없이 농담을 하든 말이다. 나는 강단 뒤에서 경직된 상태로 단어를 뱉어내는 기계가 되고 싶지 않다. 나는 구세주에 대한 필요를 알고 느끼며 그럼으로써 자신이 하고 있는 말의 무게감을 엄중하게 인식하는 사람이 되고 싶다. 하지만 그런 것들을 알고 느끼면서도 동시에 **잘 준비된** 사람이 되길 원한다!

내(그레) 설교 노트는 길이면에서 절대로 마크의 것에 미치지 못한다. 마크가 열세, 열네 쪽이라면 내 것은 서너 쪽이다. 그리고 나는 말하려는 모든 단어를 기록하지도 않는다. 사실 내 설교 노트는 원고라기보다는 "자세한 개요"라고 하는 편이 더 정확할 것이다. 설교 노트 중 어떤 부분은 다른 부분에 비해 그대로 읽는 편이다. 예를 들면 나는 특별히 까다로운 본문이 아니라면 주해 부분보다는 적용 부분을 원고로 작성하는 경향이 있다. 또 나는 단어를 선택할 때 정확성이 요구되는, 어려운 신학적 교훈 부분을 원고로 작성하는 경향이 있다. 나는 설교 중에 "길을 벗어나"는 경향이 농후하다는 사실을 알고 있으며, 처음에 말했을 때 제대로 먹히지 않았다는 느낌이 들면 반복하는 경향도 있다. 따라서 "자세한 개요" 형태의 설교 노트를 작성하면 단어 선정 작업을 신중하게 행하는 데 도움이 되며 실제로 강단에 섰을 때 내용을 더 확장하거나 더욱 정교하게 말할 수 있는 어느 정도의 여유가 생긴다.

우리가 특별히 젊은 설교자들에게서 발견한 현상이 있다. 바로 정확성과 강단에서의 인격성 사이에 종종 긴장 관계가 생겨난다는 것이다. 누군가 강단에 완전한 설교 원고를 가져온다면, 그는 단어 선택이 정확하지만 다소 경직되고 설교 원고에 얽매이는 경향이 있다. 그가 말하는 문장은 매우 "문어체적"으로 들린다. 기록한 말은 입으로 하는 말과 다르게 들리기 때문이다. 당신도 그런 설교자의 설교를 들었던 기억을 떠올릴 수 있을 것이다. 반대로, 말로 할 때는 문장이 그렇게 예쁘지 않다. 행이 끝나지 않고 이어지기도 하며, 미완성된 파편들과 반전이 있으며, 문장은 짧고 정교하지 않은 편이다. 기록한 글은 이와 다르다. 문장은 정교하게 구성되어 있고 종속절이 따르며 미사여구가 넘쳐난다. 또 대체로 더 길고 형용사나 부사가 많이 들어간다. 어느 정도는 그것도 괜찮다. 하지만 문제는 당신이 **글로 쓴** 문장을 **말로** 옮길 때, 즉 글을 낭독할 때 듣는 사람들이 그 점을 금세 눈치챈다는 점이다. 학교에서 연극을 할 때 연기자들이 대사를 전달하는 모습을 생각해보라. 딱 그런 소리가 난다. 아무리 감정을 부어 넣는다고 하더라도 미묘하게 인공적인 소리다.

그러면 어떻게 이를 피할 것인가? 물론 어떤 사람에게는 전혀 문제가 되지 않는다. 그런 친구들은 설교 원고를 완전하게 작성해서 강단에 놓고도 즉흥적으로 설교하는 것처럼 한다. 사람들은 모든 문장이 사전에 계획된 것이라는 사실을 전혀 알아차리지 못한다. 어떤 이는 그런 타고난 능력이 없지만 세월이 흐름에 따라 그렇게 하는 능력을 익힌다. 그들은 자신의 목소리가 "문어체적" 목소리로 바뀌려고 할 때 그것이 어떤 **느낌인지**를 알기 때문에 목소리를 조절해서 그런 상황을 재빠르게 빠져나온다. 한편 정확성과 인격성을 결합하는 한 가지 방법이 있다. 설교 원고를 단어 하나하나 상세하게 작성한 후, 그 원고는 집에 두는 것이다. 달리 말하자면 설교 원고 작업을 상세하게 하되 개요만(어떤 정도이건 간략하게 만든 내용) 강단에 가져가는 것이다. 아니면 당신이 작업한 원고를 출력할 때 글자 크기를 6으로 조정하라. 글씨를 확인하려면 한참 동안 살펴봐야 읽을 수 있도록 말이다. 이렇게 하면 상세한 원고를 작성하면서 적합한 단어와 이미지를 찾는 힘든 작업을 통해 그 내용이 당신 마음에 남아 있을 것이라서, 설교하는 동안에 그러한 위대한 단어와 이미지를 실제의 생생한 말로 표현해낼 수 있을 것이다.

당신이 설교 원고를 활용하든 개요를 활용하든, 중요한 것은 그것이 아니다. 중요한 것은 언어에 주의를 기울이고 정확한 언어를 사용하기 위해 노력하는 동시에, 분명한 확신과 열정과 인격성을 가지고 설교해야 한다는 것이다. 로이드 존스는 설교를 "불타는 논리"라고 정의했다. "빛과 불"은 우리 선배들이 설교에 대해 많이 했던 말이다. 그들은 정말 옳았다. 두 가지 요소, 즉 빛과 불 그리고 논리와 불 가운데 하나를 제하면 당신에게는 성경적 설교에 한참 못 미치는 무언가만 남을 것이다.

설교의 밀도

오늘날 우리는 설교가 예전보다 이해하기 쉬워야 한다는 말을 거듭거듭 듣는다. 즉 덜 추상적이고, 더 즉흥적이고, 더 짧고, 개인적 경험에서 나온 이야기가 더 많아야 하며, 듣는 사람들이 더 많이 참여할 수 있게 해야 한다는 것이다. 그리고 오늘날 많은 설교자가 이를 당연하게 여긴다. 물론 설교에서 평이함을 주장할 타당한 근거가 어느 정도 있다. 또 진리와 결합하기만 한다면 설교에서의 열정, 대담함, 용기란 정말 좋은 것이다! 그 중 어느 것도 논란의 여지가 없다. 하지만 우리는 주장한다. 밀도 높은 내용도 정말 좋다! 그런 내용이 많아도 좋다! 당신도 당신의 설교가 당신에게 맡겨진 사람들을 먹이고 자양분을 공급하는 내용으로 가득하기를 원할 것이다.

설교자들이 낙담하는 가장 빈번한 원인 중 하나는 바로 사람들이 내가 설교한 내용 전부를 기억해야 한다고 믿는 것이다. 그렇게나 많은 시간을 쏟아부어 여러 개의 요점들을 공들여 작성했는데, 한 주만 지나면 사람들은 우리가 무슨 말을 했는지 기억하지 못한다. 그리고 우리는 그 때문에 실망한다. 그래서 우리는 이렇게 생각한다! 이제 사람들에게 덜 줘야겠어! 그러면 그것을 더 많이 기억할 것 아닌가!

그렇게 생각한다면 그 생각을 당장 마음에서 쫓아내야 한다. 핵심은 회중이 당신의 설교를 기억하기 쉽게 하는 것이 아니다. 회중이 마치 인간 구글 검색 엔진처럼 당신이 말한 모든 문장과 요지를 기억해야 하는 것은 아니다. 핵심은 말씀이 그들의 마음과 생각과 의지를 빚어내는 것이며, 청중들이 단어 하나하나, 요지 하나하나 정확히 기억하지 못해도 그러한 일은 일어난다. 생각해보라. 어떤 소설가가 당신이 소설의 모든 반전을 기억하리라고 기대하겠는가? 소설가의 목적은 그게 아니다. 그의 목적은 당신을 이야기로 끌어들이는 것이다. 당신에게 이야기의 무게감을 느끼게 하고, 그 이야기로 당신을 물들이는 것이다. 또 광고를 생각해보라. 어떤 광고기획자가 광고에 나온 모든 대화를 기억하도록 만들겠다고 작정하고 광고를 만들겠는가? 다시 말하지만, 광고기획자의 목적은 그것이 아니다. 그의 목적은 당신의 마음에 그 상품이 중요하고 매력 있다고 각인시켜 그 제품을 사고 싶은 마음이 들게 하는 것이다. 생각과 마음을 빚어내려는 의도를 지닌 것이다.

물론 기독교의 설교가 위의 예들과 정확히 일치하는 것은 아니다. 분명 기독교 신앙에는 어떤 명제적, 신조적 내용이 존재하며 'Charmin Ultra'(휴지 상표-번역주)에는 그런 것이 없다. 우리는 그런 내용을 설교하길 원하며, 시간이 흘러도 사람들이 그 내용을 기억하고 삶에 적용하기를 기도한다. 하지만 사람들이 당신이 말한 모든 것을 간직하지 못한다고 해서 조바심을 내지는 말라. 당신이 제시한 말과 진리는 여전히 그들을 빚어가는 일을 하고 있으며 그들을 그리스도의 형상으로 만들어가고 있다. 게다가 시간이 흘러도 가장 중요한 진리는 그들 가운데 머물러 있을 것이며 언젠가는 그들이 그것을 기억할 것이다. 하나님 말씀을 전하는 설교자로서 우리는 그저 설교가 분명하고 요점이 정확하고 확실하기를 바란다. 우리가 설교에서 하는 일은 그저 그러한 요점을 준비하고 들을 귀 있는 자에게 전하는 일이다.

나(마크)는 내 설교를 듣는 성인 중 20퍼센트 정도만 그 내용을 대부분 알아듣는다고 본다. 하지만 그것으로도 좋다. 그날 식욕을 가지고 있는 20퍼센트의 사람들이 바로 내가 먹이기를 원하는 사람들이다. 사람들은 자신들보다 더 많은 것을 아는 뉴스 진행자나 잡지 또는 교사들에게 익숙하다. 설교자는 왜 그러한 범주에 들어가서는 안 되는가? 모든 사람에게 복음이 분명하게 전해지기만 한다면, 그 설교에서 가르친 몇몇 사항들은 그 중 일부만 사람들의 이해 범위 내에 있는 게 뭐가 그렇게 문제가 되는가? 조금 어려운 요지를 담은 설교를 하면 우리는 정말로 냉담하고, 위압적이고, 접근할 수 없는 사람이 되는 것인가? 나는 그렇게 생각하지 않는다. 당신이 냉담하고, 위압적이고, 접근할 수 없는 사람이라면, 당신이 아무리 평이한 설교를 해도 그것은 냉담하고 위압적이고 접근할 수 없는 설교가 되는 것이다. 게다가 사람들이 일부분만을 이해할 평이하지 않은 사항 몇 가지를 말해주는 것은 사람들의 신뢰를 얻는 데 도움이 되기도 한다. 또한 그러한 설교를 통해 교회에서 가장 성숙한 성도들에게도 배울거리를 제공할 수 있고, 사랑과 지식 모두를 귀하게 여기는 성숙함을 드러내는 그런 사람들이 교회에 더 매력을 느끼게 할 수도 있다.

"아이들은 어떻게 하고요?"라고 누군가 물을 것이다. 형제들이여, 부모를 복 주는 것은 자녀를 복 주는 것이다. 아빠와 엄마가 복음을 이해하고, 사랑을 이해하고, 좋은 본보기 또는 나쁜 본보기를 보이는 것이 어떤 의미를 갖는지 곰곰이 생각해보게 하는 것은 아마 당신 교회에 출석하는 어린 아이들의 수준을 넘어서는 개념일 수도 있다. 하지만 부모가 그러한 것들을 제대로 이해한다면 자녀를 가르칠 수 있다. 게다가 부모들에게 그들이 열 살일 때도 다 이해했을 법한 내용만 제시하는 것은 아이들에게 전혀 도움이 되지 않는다.

따라서 나는 당신에게 어른을 위한 설교를 하라고 권한다. 그렇다고 당신의 설교가 반드시 복잡하고 이해하기 어려워야 한다는 것은 아니다. 하지만 설교는 삶 자체가 그렇듯이 진중하고 무게가 있어야 한다. 경험에 비추어 볼 때 청중들이 매우 지적이고 똑똑하지만 교육을 거의 받지 못한 상태라고 상정하면 좋다. 다른 말로 하자면, 그들이 기독교 신앙에 대해서 전혀 들어보지 못했다고 가정하는 동시에 건실하게 설명하면 이해할 지적 능력이 있다고 보는 것이다. 그들에게 설명하라. 듣는 사람들이 성경이 말하는 바를 이해할 수 없다거나 흥미가 없을 것이라고 단정하지 말라. 밀도 있게 설교하기 위해서 당신은 청중들이 진지한 관심을 가지고 있다고 가정하고 있거나 그들에게 그런 관심을 요청하고 있을 것이다. 도대체 그것이 왜 나쁜 것인가? 그런 진지한 관심은 교회에서 말씀을 듣는 사람들에게서 당신이 보기 원하는 바로 그것 아닌가?

이는 설교 전달에 관한 다른 문제로 우리를 인도한다.

설교 어조

오늘날 너무 많은 복음주의 설교에 독선적인 승리주의의 기미가 보인다. 이는 낙담하는 패배주의만큼이나 역겨운 것이다. 기독교 설교는 분명히 정복하는 어린 양이 승리하신다는 확신으로 가득해야 한다. 하지만 동시에 저주받은 세상에 대한 진실과 사실이 나타나야 한다. 공예배의 다른 모든 측면도 마찬가지이지만 설교 역시 믿음의 삶을 살아가는 어려움을 솔직하게 인정해야 한다. 아브라함, 모세, 다윗, 예레미야, 바울 모두 믿음의 삶을 살았다. 하지만 모두 힘겹게 분투했고 고난을 겪었다. 예수님은 이 땅에 살았던 그 누구보다도 승리를 확신하셨지만, 그분은 사랑하셨고, 인내하며 가르치고 또 가르치셨으며, 기도하셨고, 신음하셨고, 맹렬히 비난하셨고, 울기도 하셨다.

그러면 기독교 설교의 어조는 어떠해야 하는가? 여기 우리 설교에 반드시 나타나기를 바래야 하는 다섯 가지 어조가 있다.

1. 설교할 때 우리 어조는 **성경적**이어야 한다. 어떠한 경우에도 우리의 설교는 분파적 기미를 띠면 안 된다. 즉 장로교, 침례교, 칼빈주의, 알미니안주의, 무천년주의, 세대주의 등 그 무엇이라도 말이다. 다만 우리 설교는 언제나 명백히 성경적이어야 한다. 우리가 지지하는 신학적 특징은 분명하게 본문에서 도출되어야 한다. 그렇게 할 때 사람을 끌어당기는 것은 당신이 어느 곳에 속했다는 소속이 아니라 다만 하나님의 말씀과 그 진리에 대한 충실함이다. 성경

의 이야기가 하나님께 집중하듯이, 우리 설교도 그리해야 한다. 성경에 근거한 설교는 하나님이 누구신지, 그리고 하나님이 하신 일이 무엇인지를 생각하는 데 시간을 할애한다. 복음이 자연히 중심이 될 것이다. 우리는 사람들을 이런저런 신학 무리로 이끌기 위해서가 아니라 그리스도께로 이끌기 위해 설교해야 한다.

2. 설교할 때 우리 어조는 **겸손해야** 한다. 하나님과 하나님의 은혜를 진지하게 심사숙고하고 있다면 설교할 때 교만하게 자신을 높이는 일은 도저히 있을 수가 없다. 설교는 오히려 은혜의 향기로 가득할 뿐이다. 우리는 임종하며 이렇게 간증한 어느 구세군 사관과 같아야 한다. "나는 저주받아 마땅합니다. 나는 지옥에 있어야 마땅합니다. **하지만 하나님이 개입하셨습니다.**" 우리가 참으로 하나님의 은혜를 이해한다면 결코 강단에 설 자격이 있다고 생각하면서 그곳에 오르지는 못할 것이다. 오히려 우리는 하나님의 말씀을 전달하기에 앞서 자신의 무가치함을 깊이 의식하게 된다. 또 하나님이 자신의 말씀을 사람들의 삶에 어떻게 사용하시는지를 목격하고, 우리가 삶보다는 설교에 뛰어나다는 사실을 생각하며 더욱 부끄러움을 느끼게 된다.

3. 설교할 때 우리 어조는 **분명해야** 한다. 성경이 말하는 겸손은 절대로 우리가 전하는 메시지가 진실한지 확신할 수 없다는 태도가 아니다. 오늘날 잘못된 종류의 소심함이 나타나는 경우가 많다. 실제로 우리는 사람들을 이해시키는 것이 두려운 듯 행동한다. 하지만 참된 겸손은 하나님과 그분의 말씀에 중심을 둔 담대한 명료함

을 낳는다. 이는 전령이 왕에게 받은 메시지의 내용을 바꾸지 않도록 자신을 삼가지만, 그 메시지가 진실하다는 사실을 강력하게 확신하면서 담대하게 그 메시지를 선포하는 것과 같다.

4. 설교할 때 우리 어조는 **심각하고 진중해야** 한다. 존 파이퍼는 『칭의 교리를 사수하라Counted Righteous in Christ』라는 책(부흥과개혁사 역간—편집주)에서 오늘날 드려지는 많은 복음주의 예배가 경건하지 않고 오히려 경박하다는 사실에 한탄한다.

나는 나이가 들수록 진리에 기초하지 않은 반짝 성공이나 열광주의에는 감흥을 덜 느끼게 된다. 제대로 된 성격, 제대로 된 음악, 제대로 된 장소, 제대로 된 계획만 있으면, 교회를 지탱하는 교리적 헌신(doctrinal commitments, 교회가 자신이 믿는 교리를 체계적으로 정리한 내용)이 무엇인지 아무도 몰라도 교회를 성장시킬 수 있다고 모두들 믿는다. 교회 개척 전문가들은 대개 교회를 "성공"하도록 만드는 핵심 가치에서 성경적 교리를 낮게 평가한다. 이러한 정서가 만연하면 장기적으로 교회의 약화를 초래한다 그런데 이렇게 교회가 약해지고 있어도 사람만 많고, 찬양 밴드가 요란하고, 비극이 없고, 박해가 적정 수준에 머물러 있기만 하면, 교회가 약해지고 있다는 사실은 잘 드러나지 않는다.

하지만 교리가 너무나도 희석되고, 음악, 드라마, 삶의 비결, 마케팅만으로 이루어 낸 조합물은, 다음 세상은 말할 것도 없고 이 세상의 실제 삶과도 괴리되어 있는 것처럼 보인다. 영양이 충분한 한 끼 식사가 아니라 물을 잔뜩 부은 귀리죽 맛이 난다. 충분히 진중하지 못하다. 너무 장난스럽고 너무 편하고 너무나 격식이 없다. 그 기쁨은 충분한 깊이가 느껴지지 않고, 심령이 상한 데서 오는 기쁨 내지 뿌리가 잘 내린 기쁨의 느낌이 나지 않는다. 오늘날 세상의 부정의와 박해와 고난과 지옥과 같은 현실이 너무나 많고, 너무나 거대하고, 너무나 가까이 있기에 나는 오히려 이렇게 생각할 수밖에 없게 된다. 즉 사람들이 내면 깊숙한 곳에서는 무언가 중대하고, 거대하고, 뿌리 깊고, 안정되고, 영원한 것을 사모하고 있다고 말이다. 따라서 나에게는 일요일 아침에 어리석은 약간의 요약문을 가지고 경박하게 깔짝거리는 모습과 은신처에 온 것을 경쾌하게 환영하는 모습은 삶에서 정말 중요한 문제와는 괴리되어 있는 것처럼 보인다.

물론 그렇게 해도 효과는 있다. 모종의 효과가 나타난다. 왜냐하면 느낀 욕구(felt needs)라는 명목 아래 그것은 가장 심각하고 중요한 것, 가장 사람답게 만들어주는 것, 하나님의 깊이를 영혼에 드러내주는 것들로부터 달아나고자 하는 사람들의 충동에 잘 영합하기 때문이다. 그 기획 의도는 고상하다. 어리석음을 디딤돌 삼아서 본질로 나아간다는 것이다. 하지만 그것은 이상한 길이다. 그 길을 통해서 많은 사람이 재미와 평이함 이상의 것으로 기꺼이 나아간다는 증거가 충분하지 않다. 그렇기에 진리에 기초한 기쁨을 최소화하고 분위기에 기초한 안락함을 최대화하는 대가는 크다. 그리고 내게는 그 끝이 점점 보이는 것 같다. 나는 그렇게 엔터테인먼트의 느낌으로 가득 찬 종교적 정서가 과연 기독교적인 것으로서 앞으

로도 수십 년간 유지될 수 있을지 의심스럽다. 위기는 결함을 드러내는 법이다.[18]

5. 설교할 때 우리 어조는 **기쁨에 찬 확신**으로 가득해야 한다. 우리는 우쭐해하는 경박한 승리주의를 비난한다. 하지만, 하나님의 영원하신 아들이시고, 죽은 자 가운데서 먼저 부활하신 분이시고, 다시 오실 왕이신 그리스도와 연합되었다는 분명한 확신을 가지고 있어야 한다! 부정이나 부도덕, 떨어지는 혼인율이나 개인적 비극, 자연재해나 경기 침체도 하나님의 손을 막거나 그리스도의 다시 오심을 한 순간도 늦출 수 없다. 강력한 제국에 의해 밧모섬이라는 작은 섬에 투옥된 나이 지긋한 요한처럼, 우리는 두려워하지 말고 이 세대의 권세에 맞서 선포해야 한다. 간절하게 경고하고, 경건하게 으름장을 놓으며, 그들이 회개하여 어린양의 승리에 동참하기를 진심으로 바라면서 선포해야 한다.

마칠 때

하나님 말씀을 전한 설교자가 설교를 마치고 마냥 기분 좋아하는 경우는 드물다. 통상 나는 시간이 없어서 말하지 못한 내용 또는 심지어 말하지 **않았어야** 했는데 **말한** 내용을 생각한다. 그러면 축도 시간이 어느새 다가오고 축도를 한다. 그리고서는 뒷문으로 빠져나가 걸어 나오시는 분들과 대화한다. 때로는 나에게로 다가와서 하나님께서 내 설교를 자신의 삶에 어떻게 사용하셨는지 이야기를 하는 분도 있다. 그러면 나는 너무나 겸허하게 되면서도 격려를 얻는다. 또 어떤 때는 아무도 아무런 이야기를 하지 않는다. 그럴 때는 그러기를 바라는 이상으로 아무래도 신경이 쓰인다.

하지만 우리가 아무리 즉각적인 만족을 갈망하는 존재라 할지라도 중요한 것은 신속한 반응이 아니다. 목회는 수많은 설교로 이루어진 것이기에 사실 설교는 대부분 3루타나 홈런이 아닌 단타로 그친다. 하지만 그것도 괜찮다. 주님이 당신에게 단타를 연타로 칠 수 있게 하시면 그것도 순전히 그분의 은혜이며, 당신의 회중도 그로 인해 유익을 누리고 성장하게 될 것이다. 단타를 연속으로 쳐도 점수는 난다. 따라서 한동안 홈런을 치지 못했다고 해서 걱정하지 말라. 또 오늘 홈런을 쳤다고 우쭐대지 말라! 어쨌든 집에 가서 쉬라, 그리고 그분의 백성을 가르치고 격려할 수 있도록 은혜를 베푸신 하나님께 감사하라. 잠시 쉬었다가 다시 다음주를 위해서 모든 과정을 다시 시작하라. 우리 하나님은 좋으신 하나님이셔서 자신의 말씀을 전하는 자들에게 매주, 매설교마다 은혜와 힘과 통찰력을 주실 것이다.

9장
설교 돌아보기

당신은 회중과 함께 유익하고도 긴 주일을 보낸 후 저녁에 무슨 일을 하는가? 친구들과 영화를 보러 가는가? 패스트푸드를 먹고 TV 를 보는가? 가족과 소중한 시간을 보내는가? 나도(마크) 그런 일들을 좋아하지만, 나는 지난 15년 동안 주일 저녁이면 목회 스탭, 목회 인턴, 그리고 다른 몇몇 친구들과 함께 서재에서 그날에 대해 이야 기하고 비평과 격려를 듣는다.

매주 하는 이 "예배 돌아보기"야말로 우리 예배 전반, 그리고 특 별히 내 설교를 개선하는 데 가장 유용한 도구임에 의심의 여지가 없다. 한 시간 반 이상 열두 명 정도가 함께 그날에 있었던 모든 요 소를 차례대로 다시 검토한다. 성인 주일학교 강좌들로부터 기도 및 찬양 그리고 그날 선포된 두 편의 설교에 이르기까지 말이다. 우 리는 예배 중 찬양이 어떤 흐름으로 진행되었고 회중이 찬양을 잘 불렀는지를 생각한다. 예배 인도자가 방문자들을 얼마나 잘 반겨주었는지, 예배 시간 내내 미소를 잃지는 않았는지, 그리고 혹시 불필요하게 우울한 분위기를 조성하지는 않았는지 등에 대해서도 이야기한다. 또 예배 시간에 드린 공중 기도에 대해 이야기하며 기도의 내용과 기도의 정신이 예배라는 전체 맥락에서 어떤 인상을 주었는지 의견을 나눈다.

그러고 나서는 가장 자세하고 길게 설교에 대해 토론한다. 내가 설교를 했든, 아니면 다른 이가 설교를 했든 이에 상관없이 그렇게 한다. 모든 것을 논의한다. 주해, 적용, 서론, 결론에 대해 이야기한다. 설교가 우리 마음에 어떠한 영향을 미쳤는지, 어떤 내용이 도전이 되었는지, 우리가 이해하지 못한 것은 무엇인지, 어떻게 하면 더 잘할 수 있었을지, 아니면 아예 하지 않는 편이 나았을지 이야기한다. 때로는 반론이 따르기도 한다. 때로는 모두 동의하면서 마무리되기도 한다. 하지만 어떻게 진행되든, 설교에 대한 정기적 피드백을 요청하고 받는 훈련은 설교자로서 나를 성장시킨 중요한 방법이다. 내게 피드백을 주는 사람들이야말로 지난 세월 동안 나를 빚어낸 장본인들이다. 그들은 사람들이 내 설교를 어떻게 듣고 있는지 가르쳐준다. 그런 기회가 아니면 절대로 알지 못했을 것들이다. 때로는 내가 막 설교한 구절 일부를 잘못 이해하고 있었음을 깨닫게 해준다. 본문을 볼 때 내게는 전혀 떠오르지 않았던 좋은 생각들을 제시하기도 한다. 또 성경 본문이 어떻게 내 설교를 통해 예수 그리스도를 믿는 믿음 안에서 그들을 도전하고 격려했는지를 알려줌으로써 내가 설교를 계속할 수 있도록 거듭해서 격려해주었다는 점도 마찬가지로 중요하다.

당신 사역에도 이와 비슷한 방식을 도입할 것을 권한다. 캐피톨 힐 침례교회에서 하는 것과 똑같을 필요는 없다. 예를 들어 서드 에비뉴 침례교회에서는 주일 저녁에 예배 돌아보기를 하지 않는다. 그 대신 화요일 아침 이른 시간에 함께 모여 커피를 마시며 지난 주일에 대해 이야기한다. 중요한 것은 어느 정도 대화의 경계를 열고 설교에 대한 피드백을 받아야 한다는 점이다. 이러한 방식은 그것 자체가 큰 유익으로 작용하여 당신의 발전을 가져온다. 이를 통해 스스로를 오류에서 지킬 수 있으며, 회중 가운데 몇몇 신뢰할 수 있는 사람들이 당신의 설교 사역과 관련하여 책임성(accountability)을 가질 수 있게 하고, 그들이 매주 당신에게 이메일을 보내지 않아도 되게 한다.

가끔 사람들은 우리에게 왜 예배 돌아보기를 하는지 묻는다. 우리는 이미 몇 가지 이유를 밝혔지만, 묻는 사람들에게 종종 답변하던 네 가지를 언급하고자 한다. 우리는 목회자라면 누구에게나 필요한 네 가지 중요한 기술을 서로에게 가르치기 위해 설교 돌아보기를 한다. 즉 경건한 비판을 하는 능력, 경건한 비판을 받아들이는 능력, 경건한 격려를 하는 능력, 경건한 격려를 받아들이는 능력이다. 당신이 당신 자신과 당신의 설교를 오픈해서 회중 가운데 신뢰할 수 있는 사람들에게 찌르고 쑤실 수 있게 허용할 때 이 기술은 심오한 방식으로 제련된다.

경건한 비판을 하기

대부분의 그리스도인들은 경건한 비판을 어떻게 하는지 모른다. 파괴적이 아니라 건설적으로 교정하고 책망하는 법을 모른다. 그렇기에 교회에서 부정적인 피드백이 홍수처럼 쏟아져 나오는 경향이 생기는 것이다. 사람들은 아예 비판적인 피드백을 내놓는 것 자체를 삼간다. 그러한 생각 자체가 경건하지 않다고 생각하는 것이다. 그러다가 상황이 걷잡을 수 없이 되면 그때가 되어서야 악담과 불만을 쏟아낸다. 하지만 비판은 본질적으로 부정적인 것이 아니다. 오히려 주님께서는 비판이라는 방법을 사용하시어 그리스도인이자 설교자로서 우리를 성장시키신다. 그러므로 우리는 사람들을 초청하여 우리 설교에 대해서 비판적으로 주의 깊게 생각해보고, 경건한 방식으로 피드백을 해달라고 부탁하는 일에 관심을 기울여야 한다.

바울이 디모데후서 4장 2절에서 디모데에게 한 말을 생각해보라. "너는 말씀을 전파하라 때를 얻든지 못 얻든지 항상 힘쓰라 범사에 오래 참음과 가르침으로 경책하며 경계하며 권하라." 그가 사용한 세 단어 중에 두 개는 분명히 비판이다. 오류를 바로잡고, 잘못하는 사람을 바른 길로 다시 돌려놓는 일은 비판과 관련이 있다. 잠언 9장 9절도 비슷한 주장을 편다. "지혜 있는 자에게 교훈을 더하라 그가 더욱 지혜로워질 것이요 의로운 사람을 가르치라 그의 학식이 더하리라." 경건하게 비판하는 것, 그리고 다른 이들도 그렇게 하도록 가르치고 권하는 것은 우리가 목회자로서 당연히 해야 할 일이다. 그렇다면 경건하게 비판한다는 것은 무엇을 의미하는가? 몇 가지가 떠오른다.

첫째, 경건한 비판은 사랑, 공감, 격려의 맥락에서 실시한다. 한 사람이 행한 **모든 일에** 좋은 것이 전혀 없는 경우는 드물다. 따라서 그가 잘못한 일이나 이상적으로 행하지 못한 일을 지적하기에 앞서 거의 항상 무언가 격려할 것이 있게 마련이고, 당신은 그 기회를 잡아야 한다. 그렇다고 해서 못한 일 한 가지에 잘한 일 세 가지의 비율을 지키라는 등의 케케묵은 도식적인 법칙을 무조건 따르라는 말은 아니다. 다만 아무런 맥락 없이 대뜸 비판부터 해서는 안 된다는 뜻이다. 분명히 공감하는 맥락 안에서 비판해야 당신의 비판이 사랑에서 우러 나온 것임을 상대방이 알 수 있다.

둘째, 당신이 가하는 비판은 반드시 **구체적**이어야 한다. 설교자에게 "당신 설교를 따라가기가 힘들었어요."라는 모호한 비판은 "한 가지 요점에서 다른 요점으로 넘어갔다는 것을 분명히 밝히지 않아서 설교의 어느 지점에 있는지 알기 어려웠어요."라는 비판보다 유용하지 않다. 기억하라. 경건한 비판을 하는 목적은 상대방이 더 잘되도록 돕기 위함이며, 구체적인 피드백은 모호한 피드백으로는 할 수 없는 유용한 결과를 낳을 것이다.

셋째, 설교의 어떤 부분에 대해 부정적인 평가만 내리지 말고 긍정적인 대안을 함께 제시하는 편이 좋다. 예를 들어, "그런 식으로 요점을 설명하지 말았어야 해요."라고 말하는 것과 "그 점을 설명할 필요가 있다고 느꼈다는 점은 이해가 돼요. 그 점은 옳았다고 봐요. 하지만 아까 설명한 것처럼 하는 것보다는 이렇게 해봤으면 어떨까 해요"라는 말은 어떠한가? 차이점을 알겠는가? 후자는 앞으로 나아갈 길을 제시한다. 이러한 비평은 앞으로 설교할 때 어떻게 하면 더 발전할 수 있을까를 생각할 길을 제공한다.

마지막으로, 비판은 설혹 단호하더라도 부드러워야 한다. 비판은 절대로 신랄해서는 안 되고, 의도적으로 익살맞아도 안 되며, 비판하는 당신을 좋게 보이려는 계산이 있어도 안 된다. 날카롭게 또는 지나치게 재미있는 방식으로 비판하고 싶은 유혹은 항상 도사리고 있다. 그리고 실제로 그렇게 비판하는 일은 쉽다. 설교 한 편을 처음부터 끝까지 전하는 것보다 익살맞고 매서운 비판을 내놓는 편이 훨씬 쉽다. 따라서 비판을 할 때는 단호하더라도 부드럽게 하라. 필요한 만큼 단호하게 잘못되었던 점이나 무분별했던 점을 말하되, 그 과정에서 수사학적 기교를 부리지는 말라. 수사학적 기교를 부리면 물론 당신은 관심을 받을 것이고 사람들을 웃게 만들 수도 있을 것이다. 하지만 당신이 비판하는 주된 목적, 즉 설교자를 개선한다는 취지는 사라지고 만다. 설교자는 당신 이야기를 듣지 않을 것이다.

궁극적으로 경건한 비판을 하는 핵심 비결이 있다. 바로 비판하는 **목적**을 항상 명심하는 것이다. 당신이 비판하는 목적은 사람들이 당신에게 동조하게 하는 것도 아니고, 당신이 그 설교자보다 더 잘한다는 점을 보여주는 것도 아니다. 다만 설교자가 다음에 더 잘

하도록 도우려는 것이다. 이를 명심하라. 그리고 당신의 비판이 부드럽고 단호하되, 궁극적으로 덕을 세우는 경건함으로 가득하게 하라.

경건한 비판을 받아들이기

당신이 이 책을 읽고 있다면, 아마도 설교를 비판하는 입장보다는 비판을 받는 편에 있을 것이다. 어떤 설교자에게는 자기 설교에 대한 비판을 수용하는 것이 믿을 수 없을 정도로 어려운 일이다. 그들은 자기 설교에 대해 누군가가 부정적인 말을 하면 방어적으로 변하거나, 화가 나거나, 혹은 좌절하게 된다. 하지만 경건한 비판을 받아들이는 능력은 장기적으로 열매 맺고 성장하는 사역을 위해 반드시 필요하다. 이것은 또한 지혜의 문제이기도 하다. 잠언은 책망과 바르게 하는 말을 듣는 일이 얼마나 중요한지를 각인하는 말로 가득하다. 예를 들어 잠언 13장 18절은 말한다. "훈계를 저버리는 자에게는 궁핍과 수욕이 이르거니와 경계를 받는 자는 존영을 받느니라." 잠언 15장 32절은 말한다. "훈계받기를 싫어하는 자는 자기의 영혼을 경히 여김이라 견책을 달게 받는 자는 지식을 얻느니라." 잠언 12장 1절은 더 강력하게 표현한다. "훈계를 좋아하는 자는 지식을 좋아하거니와 징계를 싫어하는 자는 짐승과 같으니라."

물론 비판을 받아들이는 일은 절대로 유쾌한 일이 아니다. 하지만 경건한 방식으로 가하는 비판은 거의 언제나 유익하다. 나는(그렉) 마크의 목회 인턴 중 하나로서 캐피톨힐 침례교회에서 처음으로 설교했을 때의 기억이 난다. 또 그날 밤의 예배 돌아보기도 기억한다. 십 년이 넘게 흐른 후에도, 그날 저녁에 마크가 해준 말이 아직도 기억에 남아 있다. 우선 그는 나를 호탕하게 놀렸다. 내가 설교하는 내내 발가락으로 서 있었다는 것이었다. 나는 이 문제를 고치기 위해 십 년 동안 노력하고 있지만, 그 결과는 아직도 실패이다. 그는 내게 더 중요한 점도 말해주었다. 즉 내가 설교한 구약 본문을 예수님이 직접 해석하셨다는 점을 알았어야 했다는 점, 그리고 반드시 예수님으로부터 본문을 이해하는 법을 배웠어야 했다는 점을 말해주었던 것이다. 당시 나는 그 비판이 탐탁하지 않았다. 나는 유치하게도 설교에 결점이 없기를 원했다. 하지만 돌아보면 이 비판은 구약을 설교하는 방법에 대한 내 생각을 완전히 바꾸어놓았다. 본문을 바르게 이해하려 했다면 예수님과 사도들이 본문을 어떻게 이해했는지 살펴봤어야만 했다. 당시에는 알지 못했지만 마크는 신앙규범(regula fidei)에 관한 심오한 가르침을 전했던 것이다. 즉 성경 자체가 성경의 가장 뛰어난 해석자라는 것으로서, 지금 나는 10년 이상 그 가르침의 혜택을 받고 있다.

우리는 대부분 우리가 한 일에 대해 비판하는 말을 들으면 발끈하는 경향이 있다. 발끈해서 즉시 어떻게 반박할지 생각한다. 하지만 경건한 비판을 받아들이는 비결이 있다. 당신이 한 일을 비판하는 사람이 당신의 유익을 위해서 그렇게 하는 것임을 신뢰하고, 그 사람의 말을 잘 듣고 이해하기 위해 열심히 노력하는 것이다. 즉

각적으로 스스로를 방어하려 들거나 핑계를 대지 말라. 그냥 들으라. 그리고 그들이 본 것이 무엇인지 이해하려고 노력하라. 그렇다고 당신이 결코 아무런 반응도 하면 안 된다는 뜻은 아니다. 당신이 자신의 설교를 돌아볼 때, 모든 사람이 그 말을 듣고 있다. 때로 설교자가 어떤 구체적인 비판에 대해 반응을 보이면 듣는 모든 사람이 무언가를 배울 수도 있다. 하지만 그렇다고 비판을 받고서는 잽싸게 모든 비판이 부당하다는 듯이 거부하는 태도를 지니라는 뜻은 아니다. 잠언은 그러한 자를 "짐승"과 같이 우매하다고 말한다. 그렇게 하지 말라.

그러면 당신이 받은 비판 사항을 가지고 어떻게 해야 하는가? 분명한 것은 스스로 낙심할 정도로 그 내용을 계속 마음에 품고 있으면 안 된다는 것이다. 오히려 그 비판을 활용하여 성장하라! 비판을 활용하여 스스로를 개선하라! 비판을 쓴 약처럼 여기라. 빨리 그리고 완전히 삼켜버리라. 그리고 그 비판이 당신의 삶과 설교에서 바른 역할을 하게 만들라. 하지만 그것을 씹어 음미해야겠다고는 하지 말라! 다만 다음에 설교할 때 그 비판을 기억하고 활용하라. 그렇게 하면 당신은 잠언이 말씀하는 것처럼 "지혜를 얻"게 된다. 그리고 더 훌륭한 설교자가 될 것이다.

경건한 격려를 하기

경건한 비판을 하는 것만큼 중요한 것이 경건한 격려를 하는 능력이다. 믿기 어렵겠지만 모든 격려가 반드시 경건한 것은 아니다. 아첨과 거의 다를 바 없는 격려도 있는데, 그러한 격려는 절대로 피해야만 한다. 하지만 격려도 죄악으로 타락할 수 있다는 이유만으로 격려하는 일을 피해서는 안 된다. 어떠한 좋은 일이라도 타락할 수 있지 않은가. 설교자의 설교를 검토할 때는 항상 경건한 비평을 가하는 것뿐 아니라 경건한 격려를 하는 것도 중요하다.

아마도 그렇게 하는 최선의 길은 설교의 어떤 부분, 이러한 적용 또는 저러한 예화가 당신의 삶과 마음에 어떻게 영향을 끼쳤는지 구체적으로 얘기하는 것이다. 물론 설교의 기술적인 면에 대해서 이야기하는 시간도 있어야 한다. 즉 중심 개념, 개요, 설교자의 본문 다루기, 예화를 사용한 방식, 복음을 선포하기는 했는지, 어떻게 결론을 맺었는지 등에 대해서 말이다. 하지만 당신이 설교자에게 깊고, 오래 남는 격려를 하기 원한다면, 주님이 그의 설교를 사용하셔서 당신의 삶에 어떻게 영향을 미치셨는지를 기술하는 것보다 좋은 방법은 없다.

우리는 여기서 아부를 이야기하는 것이 아니다. 진실을 넘어서서 부풀리지 말라. 격려가 마땅한 부분을 격려하고, 비판이 마땅한 부분을 비판하라. 그 외에는 침묵하라. 마찬가지로 격려할 때 최상급 표현을 남용하는 것은 자제하라. 예화가 좋았지만, 당신이 들었던 예화 중 최고는 아니었다면 그냥 좋았다고만 말하라. 들었던 예화 중 최고였다고 말하지 말라. 당신이 격려하는 말마다 최상급 단어를 사용한다면 사람들은 그 사실을 재빠르게 알아차리고 당신 말을 있는 그대로 듣지 않을 것이다. 최상급은 최상급을 사용할 때를 위해서 아껴두라.

경건한 격려를 할 줄 아는 회중을 갖는 것은, 매주 말씀을 설교하는 설교자에게 엄청난 혜택이 될 수 있다. 설교란 부득이 감정적으로 소모적인 활동이다. 그리고 설교자가 계속해서 부정적인 피드백을 받거나, 아무런 리액션을 받지 못한다면 더욱 그러하다. 어떻게 자기 목사님을 격려할지 아는 회중은 계속해서 목사님을 움직이게 만들어 어쩌면 수십 년 동안 계속해서 신실하고 강력하게 설교할 수 있게 할 것이다.

경건한 격려를 받아들이기

우리는 대부분 격려를 받아들이는 데는 아무런 문제가 없다. 적어도 표면적으로는 그렇다. 비판을 받아들이는 것에 비해서 격려를 받아들이는 것은 상대적으로 쉽다. 하지만 물론 여기에도 위험이 있다.

위에서 언급한 것처럼 회중이 자기 목사를 격려하기 원한다면 그 설교가 어떻게 자신의 삶에 영향을 미쳤는지를 말하고, 교회 생활에서 목사의 수고가 어떤 열매를 맺었는지를 보여주는 것이 좋은 방법이다. 모든 목사는 그러한 격려를 받을 필요가 있다. 물론 그러한 열매를 자랑하게 될 위험도 있다. 교회에서 주님이 하신 역사를 보며 내가 스스로 한 일로 오해하기 시작하는 것이다. 경건한 방식으로 격려를 받는다는 것은, 우리 설교가 어떠한 좋은 열매를 맺는 것을 목격할 때마다 그 모든 것이 하나님이 하신 일이며 성령님이 우리의 말을 취하사 사람들의 삶에 능력을 베푸신 결과임을 인식하고 겸손하게 받아들이는 것이다.

우리는 매주 하나님을 깊이 의지하며 강단에 서야만 한다. 우리는 하나님이 우리 사역에 복을 내리사 능력을 주시지 않으면 사역은 실패할 수밖에 없다는 사실을 마음 깊숙이 알아야만 한다. 따라서 우리가 열매를 목격한다면 하나님이 찬양을 받으셔야 한다. 사람들이 우리 설교를 통해 구원받는다면 하나님이 찬양을 받으셔야 한다. 사람들이 죄를 회개하고 각성하여 그리스도에 대한 사랑이 새롭게 되었다면 하나님이 찬양을 받으셔야 한다. 우리는 하나님께 찬양을 돌리는 일에 신속해야 한다. 우리의 사역은 우리의 구원과 마찬가지로 하나님이 은혜로 주신 선물이다. 우리는 자격이 있어서 구원받은 것이 아니며, 자격이 있어서 하나님의 백성을 가르치도록 매 주일 강단에 서는 것이 아니다. 하나님이 그분의 은혜로 우리에게 특권을 주셨기 때문에 거기에 서는 것이다. 따라서 조금의 격려라도 받는다면, 하나님께 대한 감사로 충만한 마음으로 받아야 한다.

따라서 격려를 받으라. 피하지 말라. 당신 성도들이 당신을 격려하는 것을 금하지 말라. 그들이 그렇게 하는 것은 중요한 일이고 바른 일이다. 격려에 감사하며 즐거워하라. 하지만 자만심이 생길 정도로 계속 마음에 품고 있지 말라. 당신이 받은 모든 격려를 사용하여 마음과 생각을 훈련하라. 그래서 모든 선한 것들, 즉 당신의 사역과 설교하는 능력과 하나님의 백성을 가르치도록 허락하신 그분의 은혜가 위에 계신 하나님이 주신 선물임을 겸손하게 인정하라. 매주 은혜의 메시지를 선포하기 위해 강단에 서는 우리는 이를 망각하지 않도록 특별히 주의해야 한다.

예배 돌아보기 경험담

우리는 일 년에 여러 번 많은 목사들과 다른 교회 지도자들을 우리 교회에 초대하여 주말을 함께 보낸다(목사와 장로 등 교회 지도자들이 건강한 교회란 어떤 것인지 캐피톨힐 침례교회 안에서 직접 체험하며 배우는 주말 프로그램을 말함—편집주). 우리는 그들이 예배 돌아보기를 포함한 우리 교회의 모든 활동에 참여하도록 한다. 우리는 그들이 우리 목회 스탭들과 목회 인턴들 안에서 우리가 이 장에서 계속 말한 그러한 정신, 즉 은혜롭고 경건하게 비판을 주고받으며 겸손하고 경건하게 격려를 주고받는 정신을 목격하기를 바란다. 우리는 또 그 사람들이 본인이 사역하는 교회에서 이와 비슷한 일을 행하며 유익을 누리기 바란다. 우리의 주일 돌아보기 시간에 참석했던 한 형제가 쓴 글이 있다.

그 모임을 한 단어로 요약하자면... '세부적이다'라고 할 것이다. 그 모임은 그날 있었던 모든 행사 순서를 따라 진행됐다. 그들은 코어 세미나(Core Seminar: 성인 대상 주일학교를 말함—편집주) 모든 강좌를 검토하면서 시작했다. 강좌마다 모임에 참석한 스탭이 있었다. 예배 돌아보기 인도자(이번에는 마크 데버였다)는 차례차례 각 강좌의 수업의 질에 관해, 가르침의 질에 관해, 그리고 개선이 필요한 모든 것에 대해 논의를 시작하게 했다(예를 들어, 한 방은 수업 내내 에어컨 기기가 시끄럽게 돌아갔다는 내용도 있었다).

그러더니 주일 오전 예배를 돌아보기 시작했다. 확실히 캐피톨힐 교회의 지도자들은 음악에 조예가 깊었다. 곡 선정뿐 아니라 어떻게 곡을 연주했는지에 관한 세부적인 사항까지 한참 동안 검토했다… 또 다른 주제는 기도였다. 앞에서 언급한 것처럼 아침 예배에는 상당한 분량의 기도 시간이 포함되어 있었다. 그리고 교회의 여러 지도자가 기도를 인도했다. 이번에는 서로의 기도를 비평하는 데 시간을 할애했다. 당신은 이것이 신성모독이라 생각할지 모르겠지만 꽤 유익해 보였다. 한 가지 기도가 지적을 받았는데, 고상한 언어를 지나치게 많이 사용했다는 것이었다. 더 대화하는 형식으로 기도해야 한다는 권고를 받았는데, 마크는 "단축형을 사용"하라고 권했다. 또 다른 기도가 화제로 떠올랐다. 생각이 바른 궤도를 이탈해서 성경적이지 않은 잘못된 내용을 기도했다는 것이었다. 어느 순간에 이르자 젊은 지도자들이 담임 목사에게 공동 기도 인도를 어떻게 준비해야 하는지 조언을 구했다. 종합적으로 볼 때 사람을 상향시키는 돌아보기 시간인 것 같았다.

그리고 놀랍지도 않게, 돌아보기 시간 대부분은 제프의 설교를 비평하는 데 할애되었다. (제프는 당시 캐피톨힐 침례교회의 부목사였다.) 나는 이 사람들이 그렇게 자세하게 반응한다는 점에 놀랐다. 어떤 사람은 설교 한 문장을 그대로 전부 인용하는 것이었다. 여기서 나눌 정도로 그 비판의 세부적인 내용이 엄청 중요한 것은 아니었다. 하지만 경험이 많은 설교자들이 강단 경험이 부족한 제프에게 해줄 이야기가 많아 보인다는 점은 분명했다. 그리고 제프는 감사하면서 그 조언을 받았다.

예배 돌아보기를 마치고 나오며 몇 가지가 떠올랐다. 첫째, 교회 지도자들은 주일에 있었던 일들을 **세부적으로** 평가했다. 그렇게 많은 이가 이 교회를 본으로 삼는 이유 중 하나는 캐피톨힐 침례교회의 리더십이 계획적으로 수행되기 때문일 것이다. 둘째, 비평은 겸손하게 제기되고 **수용되었다.** 한 사람이(특히 나이 많은 편) 다른 사람을 비평할 때는 항상 비판할 거리를 제시하기 전에 칭찬으로 시작했다. 분명 이렇게 하니 비평을 받아들이기 수월했다. 모든 사람이 비평을 잘 받아들였다. 특히 더 연장자들이 그러했다. 어떤 사람이 말을 해도 신경질적이지 않았고 사기를 꺾는 것 같지 않았다. 겸손하게 비판을 받아들일 수 있도록 하는 리더십 문화를 만들고 유지하려면 확실히 많은 노력이 필요할 것이다. 하지만 분명히 그럴 만한 가치가 있다.[19]

우리는 이 사람의 경험담에 동의한다. 그리고 우리는 주님이 우리를 도우셔서 설교자로서 우리의 유익을 위해, 그리스도인으로서 우리의 유익을 위해, 그리고 그리스도 안에서 선포된 하나님 말씀으로 성장하는 교회의 유익을 위해 이 일을 하게 하시기를 기도한다.

3부

설교 원고

들어가며

이 책의 3부에서는 설교 원고 두 편을 제시한다. 하나는 마크의 설교이고 하나는 그렉의 설교다. 이것은 절대로 어떤 특별한 설교 기술을 자랑하려는 것이 아니다. 다만 우리가 서로의 설교를 검토하고, 설교에 대해 이야기를 나누고, 서로에게 피드백을 주는 모습이 어떠한지 그 감을 느껴보라는 것이다. 원고 곳곳에 설교에 대해 마크와 그렉이 나눈 대화를 주(註)로 달아놓았다. 비판과 격려 모두 주(註)로 달았고, 설교자가 설교에 관해 설명하거나 추가로 언급하는 내용도 있다.

설교 돌아보기가 실제로 어떤 모습인지를 보여주고 싶었기 때문에 이 원고는 아주 약간만 편집되었다. 설교의 내용은 설교한 날 이후로 전혀 변경되지 않았으며, 실질적 내용의 부가나 수정이 전혀 없다. 다만 글로 접할 때 의미가 통하지 않는 문장만 약간의 편집을 가해서 읽고 이해할 수 있게 하였다. 이 설교는 우리가 한 설교 중에 특별히 최고의 설교도 아니며 최악의 설교도 아니다. 그저 우리가 최근에 전한 설교다. 우리는 당신이 우리 설교를 가능한 한 가장 있는 그대로의 모습으로 보기 원했다. 그것이 좋든, 나쁘든 또는 심지어 추하든 말이다.

이 설교들이 책에서 논하고 옹호한 모든 내용의 본보기라고 하지도 않을 것이다. 우리는 때때로 잘 해내기도 하지만, 완전히 빗나가기도 한다. 다만 이 원고와 더불어 설교에 대해 서로에게 해주는 말을 보면서 이 책에서 논했던 원칙들이 우리 설교 사역에서 어떻게 펼쳐지는지를 확인하기 바란다.

첫 설교는 그렉의 설교로 "당신들은 나를 해하려 하였으나 하나님은..."이라는 제목의 설교다. 이것은 2010년 12월에 전한 설교로서, 창세기의 열네 장에 달하는 내용 전체를 강해하며 요셉의 삶을 다룬다. 두 번째는 마크의 설교로 "예수님은 아버지에게 버림받으셨습니다"라는 제목의 설교다. 이것은 2011년 4월에 전한 설교로서, 예수님의 십자가 죽음에 대한 마가복음의 내용을 강해한 것이다. 이 두 설교에서 여러분이 유용한 정보를 얻을 뿐만 아니라 영적인 유익도 얻기를 소망한다.

설교 1
"당신들은 나를 해하려 하였으나 하나님은..."

창세기 37장-50장
2010년 12월 5일
그렉 길버트

우연의 일치란 참 흥미로운 일입니다. 그렇지 않습니까? 그냥 발생한 일일 뿐인데, 우리는 그 사건에 놀라고 때로는 즐거워하고 심지어는 경이로움까지 느끼니 말입니다.

제가 우연의 일치를 하나 말씀드리려고 합니다. 저와 아내의 삶에 있었던 일인데, 몇몇 분은 이미 이 이야기를 알고 계실지도 모르겠습니다. 저희가 어느 정도는 신이 나서, 또 어느 정도는 불길한 예감으로 이 이야기를 나눴기 때문입니다. 다만 이 사건이 저와 제 아내 및 어쩌면 특별히 저희 자녀에 관한 것이라는 사실을 알아주셨으면 합니다.

제 아내의 가운데 이름은 부스(Booth)입니다. 아내의 할아버지 성이 부스였기 때문입니다. 그런데 그분은 미국 역사에서 특별히 유명한 한 분의 후손이었습니다. 제가 어느 부스에 대해서 이야기하고 있는지 아시겠습니까? 그분의 나머지 이름은 바로 존 윌크스(John Wilkes)입니다. 그렇습니다. 아브라함 링컨을 암살한 장본인인 존 윌크스 부스입니다.

또 제 어머니의 결혼 전 성은 수랏(Surratt)이었습니다. 수랏이라는 이름에 어떤 의미가 있는지 아시는 분 계십니까? 존 윌크스 부스는 아브라함 링컨을 암살한 뒤에 사형을 당합니다. 그리고 불과 몇 주 후 워싱턴에서 공범이 교수형에 처해집니다. 대통령을 죽이는 모의를 실행하는 데 도움을 주었다는 이유에서였습니다. 그 여인의 이름은 무엇일까요? 바로 메리 수랏(Mary Surrat)입니다. 그렇습니다. 저는 그 메리의 후손입니다. 그리고 제 사랑하는 아내는 존 윌크스 부스의 후손입니다. 이는 미국 역사에서 가장 거대한 암살을 거행했던 두 인물의 계보가 이제 우리 어린 세 자녀에게서 만났다는 뜻입니다! 첩보부서에서는 분명히 우리 아이들의 일거수일투족을 감시하고 있을 것입니다!

마크: 이 설교가 연속 설교의 일부였나요?

그렉: 그렇습니다. 창세기 전체 연속 설교였죠.

마크 : 오, 그건 중요한데요. 그 이야기를 하지 않았어요. 연속 설교라고 언급했더라면 좋았을 거예요. 영문을 모르고 교회에 막 들어선 사람이 있었다면 아마도 궁금했을 겁니다. 연속 설교 중에 어떤 부분을 설교하고 있다고 말해주는 것만으로도 처음 듣는 사람들에게 도움이 됩니다.

마크 : 도입 부분이 참 좋습니다. 하지만 더 좋았을 수 있었겠어요.

그렉 : 저도 그렇게 생각합니다. 저도 알아요. 너무 툭 던지고 말았어요. 시시했죠. 그렇지 않나요?

마크 : 아니요! 훌륭했지만 더 좋았을 수 있겠다고 생각한 거예요. 어떻게 하면 더 좋았을지 아세요?

그렉 : 어떻게요?

마크 : 아브라함 링컨이 암살당하고 메리 수랏이 교수형을 당한 장소에서 몇 블록 떨어지지 않은 바로 여기 워싱턴에서 당신과 모리아가 만났다고 말했으면 더 좋았을 겁니다.

그렉 : (웃음)

마크 : 수랏은 여기서 몇 블록 떨어지지 않은 곳에서 교수형을 당했죠. 아시나요? 지금 대법원이 있는 바로 그곳 말이에요.

그렉 : 그건 몰랐네요. 버지니아 저쪽이라고만 생각했어요.

마크 : 박사학위가 있었으면 알았을 텐데 말이죠.

그렉 : (웃음) 오, 그렇게 되나요?

마크 : 어쨌든 좋은 서론이었습니다. 사람들을 확실히 끌어들였어요.

그렉 : 목사님은 서론에서 철학이나 신학같이 더 무거운 이야기를 하시던데요.

마크 : 가끔 그렇습니다. 그래요, 보통 그렇습니다. 하지만 이 서론은 접근성이 좋습니다. 또 사람들이 많이 아는 이야기라는 점에서 훌륭합니다. 많은 사람에게 호소력이 있죠. 반면에 제 서론은 더 적은 사람에게 통할 수 있어요.

그렉 : 저는 목사님 말씀처럼 사람들을 끌어들일 수 있는 깔대기 같은 도입부를 사용하려고 노력합니다. 하지만 그렇게 하다 보니 어떤 개념을 제시하기보다는 그저 관심을 끌려고 하는 것이 아닌가 하는 생각이 듭니다.

마크 : 개념을 제시하는 일도 잘 해냈다고 생각합니다. 다만 목사님이 하지 않은 일이 있습니다. 이런 식의 도입부를 제시하면서 어떠한 반론도 미리 쳐내지 않았다는 점입니다. 보통 제가 하는 작업은 사람들이 공감하도록 저를 포장하는 것입니다. 그래서 사람들의 방어벽을 내리는 거죠. 어떤 설교자들은 유머로 풀어내려고 하는 것을, 저는 이해를 통해 하려는 겁니다. 청중의 방어벽을 내려서 저 사람이 자신들의 걱정거리를 듣고 이해하며, 그 막중함과 어려움을 아는 사람이라고 생각하도록 만드는 겁니다.

그렉 : 네, 목사님은 두괄식 적용을 하시죠. 하지만 특별히 비그리스도인들을 향한 두괄식 호소를 종종 하시는 것 같습니다.

마크 : 네, 저는 그렇게 합니다.

마크 : 그렉 목사님의 설교 매너에 대해서 이야기하죠. 목사님은 명쾌하고, 목소리도 크고, 말도 빠르죠. 에너지가 넘칩니다...

그렉 : 잠깐, 잠깐요. **너무** 빨리 말한다는 건가요 아니면 **좋게** 빨리 말한다는 건가요?

마크 : 좋게 빨리죠. 한 친구가 제 설교를 처음 듣고는 제게 오더니 이렇게 얘기하더군요. "사람들은 모두 자네 말이 빠르다고 할 거야. 그렇지 않아? 하지만 그 말은 사실이 아니야. 좋은 에너지가 있어. 그래서 사람들이 자네 말을 들으려는 거야. 말할 때 에너지가 넘치지. 속도도 그 일부이고 말이야."

그렉 : 그래서 사람들은 목사님이 한 시간 동안 설교를 해도 그렇게 길게 느껴지지 않는다고 많이들 말하지요?

마크 : 네, 항상 그렇게들 말합니다.

그렉 : 저 역시 그래요. 적어도 때로는요. 그리고 그건 말하는 속도와도 관련이 있는 것 같습니다.

우연의 일치. 그냥 그렇게 벌어진 일이죠. 하지만 글쎄요. 오늘 아침 창세기 37장에서 시작하는 한 이야기를 살펴보려고 합니다. 이 이야기는 정말 우연의 일치로 가득합니다. 아니 이 이야기를 두고 사람들이 그렇게 많이 이야기합니다. 잘 알려진 이야기이기도 하고, 많은 사람이 사랑하는 이야기이기도 합니다. 여러분도 가나안에서 양치기로 지내다가 최강대국의 총리가 되는 한 시골 소년의 이야기를 아실 겁니다. 그런데 사람들은 보통 이 이야기를 가난뱅이가 부자로 출세한 이야기로 이해합니다. 시골뜨기가 성공한 거죠. 사람들은 보통 요셉이 애굽의 고관이 된 이 이야기를 그렇게 말합니다.

하지만 사실 이 이야기를 정확히 읽어보면, 그리고 성경에서 이 이야기가 어떻게 마무리되는지를 이해한다면, 그저 가난뱅이가 부자가 되는 이야기도 아니고 시골뜨기가 성공했다고 기분 좋게 여기고 말 이야기도 아니라는 사실을 깨닫게 됩니다. 실질적으로 우리가 오늘 창세기에서 살펴볼 이 이야기는 인간의 삶에 역사하시는 하나님의 놀라운 능력과 주권에 관한 이야기인 것입니다. 학대당하던 어린 꼬마 요셉이 총리가 되어서 기분 좋은 정도가 아닙니다. 이 이야기는 우리가 모든 일을 주관하시는 하나님과 그 놀라운 주권에 기뻐하고 감탄하도록 만드는 이야기입니다.

창세기 37장을 펴주시기 바랍니다. 우리는 이 아침에 창세기 37장부터 시작해서 이 책 마지막까지 모든 내용을 살펴보려고 합니다. 그 내용이 전부 요셉의 삶에 대한 한편의 긴 이야기이기 때문입니다. 당연히 성경을 다 읽지는 않겠지만 그래도 전체 이야기를 요약해보도록 하겠습니다.

여러분은 대부분 요셉 이야기가 어떻게 흘러가는지 잘 알고 계실 것입니다. 37장은 요셉이 일련의 꿈을 꾸는 장면으로 시작합니다. 꿈에서 가족들이 요셉에게 절을 합니다. 그런데 요셉은 어린아이였기 때문에 그 내용이 형제들에게 무슨 의미가 있는지 몰랐습니다.

그래서 요셉은 형들이 모두 자신에게 절하는 모습을 보고서는 달려가 이렇게 말합니다. "내가 무슨 꿈 꿨는지 알아? 형들하고 엄마 아빠가 다 나한테 절하는 꿈을 꿨어." 글쎄 어찌 보면 당연하게도 열한 형제는 모두 분노하였고, 그들은 요셉을 죽이기로 결심했습니다.

결국 일이 터졌고 형제들은 요셉을 구덩이에 던져버립니다. 하지만 요셉을 죽이는 대신 애굽으로 가는 상인들한테 팔아버립니다. 손에 피를 묻히고 싶지 않았고 돈을 벌 수 있었기 때문이었죠. 형들은 가격을 조정하더니 요셉을 상인들한테 넘깁니다. 그리고 요셉은 애굽을 향해 남쪽으로 이동하게 됩니다.

애굽에 도착한 요셉은 보디발이라는 바로의 친위대장에게 팔려갑니다. 하지만 하나님이 요셉을 곧 축복하셨기 때문에 보디발은 요셉에게 집의 모든 권한을 맡기게 됩니다. 그렇게 요셉은 보디발의 집에서 일하며 큰 성공을 거둡니다. 하지만 보디발의 아내가 요셉에게 자신과 함께 죄를 범하자고 유혹합니다. 보디발의 아내가 요셉에게 죄를 짓자고 옷을 붙들자 요셉은 달아나 버립니다. 물론 그 여인은 요셉에게 죄를 뒤집어씌웠습니다. 자기 죄에 대한 책임을 지기는커녕 남편에게 이렇게 말합니다. "요셉이 이런 짓을 했어요. 봐요. 여기 그의 옷이 증거예요." 진실을 알 리 없는 보디발은 요셉을 옥에 가둡니다.

그런데 얼마 지나지 않아 두 명의 관리, 즉 바로의 술 맡은 자와 떡 굽는 자가 요셉과 함께 갇히게 됩니다. 그리고 며칠 후 둘 다 꿈을 꿉니다. 그런데 그 꿈을 해석할 수가 없는 것이었습니다. 그들이 자신들의 꿈에 대해 이야기를 하고 있는데 요셉이 이렇게 말했습니다. "글쎄요. 제가 당신들에게 꿈을 해석해줄 수 있습니다. 하지만 실제 해석자는 제가 아니라 하나님이십니다. 그 꿈을 해석하시는 분은 바로 여호와이십니다. 하지만 제가 그 꿈의 의미를 말해 드리겠습니다. 그 꿈은 실제로는 같은 일을 의미합니다. 하지만 그 결과는 다릅니다." 요셉은 말합니다. "당신 둘의 머리가 높이 들릴 것입니다. 술 맡은 당신에게는 머리가 높이 들린다는 의미가 예전의 위치로 회복된다는 뜻입니다. 당신은 바로를 다시 섬기게 될 것입니다. 모든 것이 잘 될 것입니다. 빵 굽는 당신 역시 머리가 들리겠지만 그 의미는 다릅니다. 당신의 머리는 **잘린 채로** 높이 들릴 것입니다. 바로가 당신을 처형하여 나무에 달 것이기 때문입니다."

삼 일 후 바로의 생일잔치 때 모든 사건이 정확히 요셉의 말대로 이루어집니다. 술 맡은 자는 자기 자리로 돌아가 바로를 다시 섬기게 됩니다. 반면에 빵 굽는 자는 처형을 당하고 맙니다. 하지만 술 맡은 자는 요셉을 완전히 잊어버리고 보디발이 집어넣은 감옥에 내버려 두고 맙니다.

2년이 흐르고 마침내 바로에게도 잠 못 드는 밤이 찾아왔습니다. 그가 비몽사몽간에 두 가지 꿈을 꿨는데 도저히 해석할 수가 없었습니다. 그러자 2년 동안 바로를 섬기던 그 술 맡은 자가 드디어 기억을 떠올립니다. "아, 제가 감옥에 있을 때 하나님의 도움으로 제 꿈을 해석해줬던 한 사람이 있었습니다. 그리고 그가 말한 대로 정확히 다 이루어졌습니다. 오 왕이시여, 그 사람을 감옥에서 불러 그

두 꿈을 해석하게 하소서.”

그렇게 요셉을 감옥에서 데려옵니다. 바로는 요셉에게 꿈을 전했고 요셉은 그 꿈을 해석합니다. 요셉이 이렇게 말합니다. “그 둘은 같은 꿈입니다. 형태는 다르지만, 정확히 같은 것을 의미합니다. 이제 칠 년 동안 애굽에 엄청난 풍년이 있을 것입니다. 처치 곤란할 정도로 많은 곡식이 나올 것입니다. 하지만 이어지는 칠 년 동안 엄청난 흉년이 있을 것입니다. 그래서 칠 년간의 흉년을 대비하여 왕국의 식량을 관리할 한 사람을 임명하십시오. 그래서 곡식을 도시별로 배분하고 저장고에 넣어 보관하여야 합니다. 그렇지 않으면 애굽 백성들은 굶어 죽고 말 것입니다.” 바로는 요셉의 해몽과 칠 년을 대비하는 계획에 감동했습니다. 그래서 그를 애굽의 총리로 임명하는데, 총리가 된 요셉과 바로의 차이는 그저 왕좌에 불과했습니다. 즉 요셉은 애굽의 모든 권한을 손에 넣었지만, 왕이라는 명칭과 왕좌만을 차지하지 못했을 뿐입니다.

이제 요셉은 풍년인 칠 년 동안 백성에게서 식량을 받아 도성에 쌓습니다. 그렇게 흉년이 있을 칠 년을 대비하여 식량을 풍성하게 비축한 것입니다. 그리고 마침내 흉년이 찾아오자 요셉을 노예로 팔아넘겼던 형제들은 아버지로부터 애굽으로 내려가라는 지시를 받습니다. 저 멀리 가나안에까지 애굽에는 식량이 있다는 소식이 전해진 것입니다. 그래서 요셉의 형제들은 애굽으로 내려옵니다. 그리고 모든 일을 감독하는 요셉을 만나게 됩니다. 하지만 그들은 요셉을 알아보지 못합니다. 요셉은 그들을 알아봤지만, 형제들은 요셉을 알아보지 못한 것입니다.

물론 요셉은 일정 량의 곡식을 팔기는 합니다. 하지만 그 과정에서 형제인 시므온을 억류합니다. 그리고는 형제들에게 돌아가서 가장 어린 동생인 베냐민을 데려오라고 합니다. 자기 동생 베냐민을 보고 싶었기 때문이었습니다. 기억하실지 모르겠지만 그 둘은 야곱이 라헬 사이에서 낳은 유일한 형제였습니다. 요셉은 자기 동복동생이 보고 싶어서 그들을 가나안으로 돌려보낸 것입니다.

형제들은 가나안으로 돌아가서 야곱에게 애굽의 총리가 말한 내용을 그대로 전합니다. "그 사람이 시므온을 데리고 있습니다. 그리고 베냐민도 함께 오라고 합니다. 우리를 보낼 때 그래야만 곡식을 더 내주겠다고 했습니다." 야곱은 한동안 안 된다고 버텼지만, 결국 양식이 동이 나자 이렇게 말합니다. "좋다. 베냐민을 애굽에 데려가 그 사람에게 보여주라. 그러면 양식을 더 얻어올 수 있겠지." 이제 그들은 베냐민을 데리고 다시 애굽에 나타납니다. 요셉은 베냐민을 보자 친동생을 만난 감격에 휩싸입니다. 그리고 형제들을 모두 저녁 식사에 초대합니다.

요셉은 형제들이 예전처럼 여전히 서로를 미워하고 이기적인지 시험해보기로 마음 먹습니다. 그래서 그들에게 가나안으로 돌아가라고 하고서는 은밀하게 자신의 탁자에서 은잔을 가져다가 베냐민의 자루에 넣습니다. 몇 시간 후 요셉은 수하의 군사들에게 말합니다. "그들을 추격해서 다시 데려오라. 그들의 자루 안에 무엇이 있는지 살펴봐야겠다."

군사들은 가나안으로 돌아가는 형제들을 추적하여 자루를 뒤져봅니다. 그러자 형제 중 하나가 자신들을 추격해 온 자들에게 말합니다. "보십시오. 우리는 당신네에게서 아무것도 훔치지 않았습니다. 우리 자루에서 무엇이라도 찾아낸다면 당신들의 종이 될 것입니다." 하지만 당연히 군사들은 자루를 뒤졌습니다. 그리고 무엇을 찾아냈을까요? 바로 베냐민의 자루에서 그 은잔을 찾아내고 만 것입니다. 그들은 베냐민을 둘러싸고 애굽으로 데려갔고, 요셉이 그들에게 말합니다. "내가 베냐민을 종으로 삼겠다."

그런데 애굽으로 떠나면서 유다는 이미 아버지에게 이렇게 말했습니다. "아버지, 베냐민에 대한 보증으로 제 목숨을 걸겠습니다. 베냐민을 다시 데려오지 못하면 평생 이 일로 저를 저주하셔도 좋습니다." 따라서 총독이 베냐민을 종으로 삼겠다고 하자 유다는 그 말이 무슨 의미인지를 깨달은 것입니다. 그래서 유다는 앞으로 나서 총독에게 말합니다. "오 높고 강하신 주여, 제가 아버지께 드렸던 말씀을 전해드리겠습니다. 저는 아버지께 베냐민을 데려오지 못하면 평생 저를 저주해도 좋다고 말씀드렸습니다."

위대한 총독이 된 요셉은 뭉클한 감정에 사로잡혔습니다. 이제 유다가 달라졌다는 사실을 확인했습니다. 베냐민을 대신해서 기꺼이 자신을 내놓고 총독의 종이 되더라도 베냐민은 아버지께 보내겠다고 나선 것입니다. 그는 유다의 삶에 무슨 일이 있었다는 사실을 확인했습니다. 그리고는 그 자리에서 무너지고 맙니다. 그는 눈물을 흘리며 자신이 누구인지 형제에게 밝힙니다. 그는 말합니다. "제가 요셉입니다. 당신들이 노예로 팔았던 바로 그 요셉 말입니다. 주님께서 제게 이렇게 행하셨습니다."

이 일이 있은 후 요셉은 가족을 모두 애굽으로 데려와 흉년을 지내게 합니다. 요셉은 백성에게서 곡식을 사들이고 다시 팔아 모든 사람이 흉년을 견디도록 했습니다. 이 이야기는 야곱의 두 아들 에브라임과 므낫세를 축복하는 것으로, 그리고 죽기 전에 아들 열둘을 축복하는 것으로 마무리됩니다. 50장에서 야곱이 죽자 요셉은 아버지를 장사하기 위해 먼 길을 떠납니다. 그리고 애굽에서 육십년을 더 살고 죽습니다. 이 책의 마지막 문장은 그가 애굽에서 입관되었다고 기록합니다.

마크 : 설교 시작부터 요셉 이야기 전체를 훑는데 십 분을 사용했어요. 그렇게 오래 다뤄야 했는지는 모르겠네요. 잘 알려진 이야기이기도 하고 설교를 하면서 어차피 다시 다뤄야 할 내용이기도 합니다. 그래서 좀 더 짧았을 수도 있겠다고 생각해요.

그렉 : 글쎄요, 이 내용은 제 설교 노트에서 짧은 두 단락에 불과했어요. 절대로 긴 건 아니었는데도 그냥 기록한 내용보다 말을 더 많이 했네요.

마크 : 그렇군요. 어떤 사정인지 알겠어요.

그렉 : 목사님은 원고를 그대로 읽으시는 편이죠?

마크 : 상황마다 다릅니다.

그렉 : 원고가 13장 정도 되니까요. 그렇지 않나요?

마크 : 9장에서 13장 정도 됩니다.

그렉 : 제 원고는 4장 정도입니다. 3장에서 4장 정도요. 그러한 점은 무엇을 말해준다고 생각하세요?

마크 : 그건 목사님이 자신감이 있고 같은 말을 여러 번 반복한다는 점을 말해준다고 생각합니다.

그렉 : (웃음) 알겠습니다. 그럼 이번 설교도 그렇게 많이 반복했다는 말씀인가요?

마크 : 아니요. 그렇게 하지 않았어요.

그렉 : 우후...

자, 요셉 이야기를 짧게 나눴습니다. 실제로는 굉장히 길고 매력적인 이야기입니다. 오시기 전에 한 주 동안 시간을 내서 이 이야기를 읽으셨기를 바랍니다. 제 생각에는 요셉이 애굽에서 왕의 권력에까지 오르는 이야기의 핵심은 이렇습니다. 즉 이 이야기가 처음부터 끝까지 계속하고, 계속하고, 계속해서 우리에게 가르치려고 하는 것은 우리가 하나님의 능력에 감탄하고 그분의 주권을 의지해야 한다는 것입니다. 우리는 하나님의 능력에 경탄하고 그분의 주권 안에서 안식해야만 합니다.

이제 이 이야기를 더 나눌 텐데, 우리가 다음 세 가지에만 정말로 집중하기 원합니다. 이 세 가지는 이야기에서 도출해낸 세 가지 요점이고, 따라서 이 설교의 세 가지 요점이기도 합니다. 다름 아니라 (1) 하나님의 절대 주권, (2) 요셉의 잠잠한 신뢰, (3) 요셉의 놀랄만한 존재감 없음입니다. (여러분은 제 편이 되셔야 합니다. 이 말을 할 때 고개가 몇몇 올라가는 것을 보았습니다. 그렇습니다. 저는 존재감 있음이 아니라 존재감 없음이라고 했습니다!) 하나님의 절대 주권, 요셉의 잠잠한 신뢰, 요셉의 놀랄만한 존재감 없음입니다.

마크 : 설교에 3개의 대지를 적용했군요. 그것도 매우 분명하게요. 몇 주 전 한 컨퍼런스에서 어떤 친구가 오더니 제가 전한 시편 4편 설교가 멋대가리 없다고 비판하더군요. 멋대가리가 없다는 말은 요점을 너무 분명히 제시하니까 설교의 뼈대가 지나치게 드러난다는 뜻이었습니다. 그 친구가 말하기를 자신은 뼈대를 최대한 덮어서 아무도 그 뼈대를 알아볼 수 없게 하려고 노력한다

고 하더군요. 그러니까 받아 적기도 어려울 정도로 봉합선 없이 풀어내는 이야기가 사람을 끌어들인다는 것이었습니다.

그렉 : 와우. 그렇군요. 저는 사람들에게 그렇게 하지 **말라고** 하는데요.

마크 : 그러면 당신은 설교 수업 시간에 튀었겠어요?

그렉 : 그랬죠! 하지만 저는 사람들에게 손잡이를 제공하는 거라고 생각합니다. 그렇지 않으면 표면이 아주 매끄러울지는 모르겠지만 사람들이 잡을 곳이 없을 거예요.

마크 : 저도 동의합니다. 또 사람들이 더 오래 듣기도 편하다고 생각합니다. 사람들에게 표지판을 제공하는 거예요. 그래서 어디쯤 와 있는지 알게 하는 거죠.

그렉 : 그렇죠. 그런데 제 설교는 보통 첫 번째 요점이 다른 요점에 비해 **엄청나게** 깁니다. 제 생각에는 단점이에요.

마크 : 그러게요, 이 설교도 첫 번째 요점이 다른 것보다 **엄청나게** 기네요.

그렉 : 네. 보통 그렇답니다.

마크 : 제가 듣기에도 그랬어요…이십 분 길이였네요…개요는 좋다고 생각합니다. 그러니까 세 가지 요점은 말입니다.

설교의 첫 번째 요점은 바로 하나님의 절대 주권입니다. 이 이야기에서 주요 개념으로 드러나는 것이 있습니다. 바로 이야기의 모든 단계마다, 아주 사소하고 의미가 전혀 없어 보이는 사건도 하나님의 인도 아래 이루어지고 있다는 점입니다. 하나님은 그러한 사건들 하나하나를 세심하게 총괄하셔서 특정한 결과, 즉 하나님이 원하는 구체적인 결과를 이루어내십니다.

사실 이것이 요셉이 37장에서 그런 꿈을 꾼 이유입니다. 요셉은 밭에서 다른 짚단이 자신의 짚단에게 절하는 꿈을 꿉니다. 또 해와 달과 열한 별이 자신에게 절하는 꿈도 꿉니다. 그리고 이 꿈의 핵심은 하나님이 그 일을 일어나게 하기로 작정하셨다는 것입니다. 즉 요셉의 가족이 결국 요셉에게 절을 하게 된다는 겁니다.

만약 이 이야기가 가난뱅이가 부자 되는 뻔한 이야기라면, 그저 시골뜨기 소년이 성공한 이야기라면, 그 꿈은 어떤 목적도 달성하지 못한 것입니다. 그리고 오히려 이러한 장치는 이야기가 절정까지 이르는 과정을 방해합니다. 당신이 할리우드 영화를 한 편 본다고 합시다. 그런데 영화가 시작하자마자 모든 결말이 다 밝혀지는 그런 영화를 상상이나 할 수 있겠습니까? 그리고 영화가 끝나도록 반전이라고는 전혀 없습니다. 정말 아무것도 없습니다. 영화 시작 2분만에 마지막 20분 내용이 다 나온 것입니다. 그러면 그 영화는 완전히 망쳐버리는 겁니다.

한번은 아내와 함께 영화를 보러 갔습니다. 상영관에 제대로 들어갔다고 생각하고 자리에 앉았습니다. 조금 늦었다는 건 알았지만 2분 정도 늦었거니 생각했었죠. 그런데 앉자마자 순식간에 여러 가지 사건이 벌어지는 것이었습니다. 우리는 이렇게 생각했습니다. "우아, 시작하자마자 사건이 다 해결되네." 알고 보니 우리는 다른 상영관에 앉았던 것이었습니다. 엔딩 크레딧이 올라가는데 너무나 황당했습니다. 우리는 그 영화의 마지막 15분을 본 것이었습니다. 물론 나중에 상영관을 제대로 찾아가기는 했지만 영화 볼 맛이 나지 않았다는 점에 다들 동의하실 것입니다. 만약에 이 이야기가 그저 거지가 부자가 되는 이야기에 불과하다면 이 꿈에는 아무런 의미가 없습니다. 하지만 이 이야기의 의도는 우리를 놀라게 하거나 요셉에게 호감을 느끼도록 하는 것이 아니라고 생각해봅시다. 이 이야기가 우리뿐 아니라 요셉과 심지어 그 형제들에게, 하나님이 모든 세부사항에도 완전한 주권을 행사하시는 분이며 우리를 어떤 결론으로 이끌어 가시는 분이라는 사실을 알리는 것이라면 이 꿈은 중요한 의미가 있습니다. 미리 알리시는 분은 바로 하나님이십니다. 하나님이 자신이 행하실 일을 미리 말씀하셨기 때문에 그 꿈이 실현되었을 때 하나님께 영광을 돌릴 수 있습니다. 그래서 꿈이 거기에 나오는 것입니다.

마크 : 목사님과 사모님이 영화관에 늦게 들어간 예화는 참 좋았다고 생각합니다.

이것은 또한 요셉이 창세기 50장 20절에서 모든 사실을 정리하는 위대한 선언을 하면서 의도한 것이기도 합니다. 한 번 펴봅시다. 왜냐하면 모든 사건의 목적이 바로 여기에 있기 때문입니다. 이 이야기에 나오는 모든 내용은 결국 50장 20절에 이르기 위한 것입니다. 이것이 이야기의 핵심입니다. 50장 15절을 보면 요셉의 형제들은 두려움에 사로잡힙니다. 아버지가 돌아가신 것입니다. 형제들은 요셉이 자신들을 죽이지 않는 유일한 이유가 아버지 때문이라고 생각했습니다. 그래서 요셉에게 편지를 보내 16절에서 18절까지 사실상 거짓말을 합니다. 그들은 말합니다. "보소서. 아버지께서는 모든 일이 이미 지나간 일이기 때문에 우리를 참으로 용서해야 한다고 말씀하셨습니다. 그러니 아버지를 사랑한다면 우리를 죽이지 마십시오."

마크 : 여기서 창세기 50장 20절을 제시하는 것은 신학적으로 바르다고 생각합니다.

요셉은 그 말을 일축해버립니다. 19절에서 무어라고 하는지 보시죠. "두려워하지 마소서 내가 하나님을 대신하리이까?" 그리고 20절입니다. "당신들은 나를 해하려 하였으나 하나님은 그것을 선으로 바꾸사 오늘과 같이 많은 생명을 구원하게 하시려 하셨나니."

이제 이 문장의 단어를 자세히 살펴보겠습니다. "당신들은 그것을 나를 해하려 **의도하였으나**, 하나님은 그것을 선으로 **의도하셨으니**"(NASB 성경은 "As for you, you **meant** evil against me, but God **meant** it for good"으로 되어 있다—역자주). 보이십니까? 하나님은 그것을 선으로 **의도하셨습니다.** 하나님이 그것을 선으로 **사용하신** 것도 아닙니다. 하나님이 그것을 선으로 **바꾸신** 것도 아닙니다. 하나님이 뜻하지 않게 레몬을 가져다가 훌륭한 레모네이드를 만들어내신 것이 아닙니다. 하나님은 이 모든 일이 일어나도록 **의도하셨습니다.** 하나님이 의도하신 것이라는 사실이 보이십니까? 하나님은 요셉의 가족에게도 의도하셨습니다. 즉 하나님은 자신이 선택한 백성이 마침내 애굽에 가도록 의도하신 것입니다. 그래서 하나님은 요셉이 애굽의 총리라는 지위에 올라 가족을 애굽으로 인도하도록 의도하셨습니다. 그렇기에 요셉이 먼저 애굽에 가도록 의도하신 것입니다. 따라서 그를 제거하려고 했던 형제들이 아무리 악을 행하려고 했을지라도, 그 꿈을 멈추기 위해서 아무리 용을 쓰고 그 꿈이 절대로 실현되지 않을 것이라고 아무리 확신했을지라도, 그들은 그저 하나님이 그들에게 의도하신 일을 정확하게 수행해서 하나님의 원하시는 뜻이 이루어지게 했을 뿐입니다.

이 이야기의 모든 세세한 내용 가운데서 우리는 하나님의 세심한 주권을 볼 수 있습니다. 그들이 갑자기 손에 피를 묻히기 두려워 요셉을 죽이지 않기로 결정했을 때부터 하나님의 주권을 목격하게 됩니다. 처음 만난 상인들이 북쪽이 아닌 애굽으로 향하고 있었고 요셉을 애굽인에게 팔기로 결정했다는 사실에서 하나님의 주권을 볼 수 있습니다. 애굽에 살고 있는 수백만 명 중에 하필 바로의 고위 관료들을 수감했던 감옥의 책임자인 보디발에게 요셉이 팔렸다는 사실에서도 그 주권을 볼 수 있습니다. 또 보디발의 아내가 거짓말을 해서 요셉을 옥에 갇히게 된 일에서도 그 주권을 볼 수 있습니다. 그리고 술 맡은 관원과 떡 맡은 관원이 꾼 꿈에서도 그 주권을 볼 수 있습니다.

술 맡은 관원과 떡 맡은 관원의 꿈에서 핵심이 무엇인지 아십니까? 하나님은 미래에 그 사람들에게 어떤 일이 있을지 말해주는 데 큰 관심이 있으셨던 것이 아닙니다. 하나님은 그런 이유로 꿈을 해석하게 하신 것이 아닙니다. 하나님은 바로가 꿈을 꿀 때 술 맡은 관원이 요셉에게 해몽의 능력이 있다는 사실을 알리게 하시려고 그렇게 하신 것입니다. 바로의 꿈에서조차 바로에게 앞으로 올 흉년을 경고하는 것이 핵심은 아닙니다. 그것은 중요하지 않습니다. 바로가 애굽 백성을 흉년에서 구원하도록 바른 조치를 취하게 하는 것도 핵심이 아닙니다. 하나님은 수많은 다른 나라들은 흉년에 대비해서 음식을 비축하도록 하지 **않으셨습니다.** 핵심은 요셉이 꿈을 해석할 수 있다는 사실을 술 맡은 관원이 기억하기를 원하셨다는 것이며, 바로가 그 이야기를 듣기를 원하셨다는 것이며, 바로가 그 말을 듣고 요셉을 부르기를 원하셨다는 것이며, 요셉이 꿈을 해석하기를 원하셨다는 것이며, 바로가 요셉을 권력자로 삼아서 결국 요셉이 가족을 데려올 수 있게 되기를 원하셨다는 것입니다. 세부적인 사항들 모두 하나님의 손 안에 있었던 것입니다.

마크 : 하나님의 세밀한 주권을 함께 따라가는 과정이 즐거웠으리라 생각합니다.

이제 한 가지 질문이 생깁니다. 여러분은 이렇게 물으실지 모르겠습니다. "정말로요? 진담인가요? 당신은 하나님이 모든 일을 주관하셨다고 말하고 있는 건가요? 형제들이 요셉을 애굽으로 향하는 미디안 상인들에게 노예로 판 것도요? 정말로 하나님이 그런 것까지도 주관하신다고 말하고 있는 것인가요?"

중요한 질문입니다. 왜냐하면 이런 생각을 하다보면, 우리 내면의 어디에선가는 다음과 같은 생각이 일어납니다. "있잖아, 어떤 일들은 오히려 하나님의 통제 밖에서 일어났다고 생각하는 편이 더 좋지 않을까. 하나님이 모든 일을 주관하지는 않으셔야 오히려 하나님이 도덕적으로 더 나은 분이 되지 않으실까? 막 터져 나오는 일들 중에 몇 가지는 '글쎄 이것만큼은 하나님도 나만큼 놀라실 걸? 아니야 하나님이 여기에는 손을 안 대셨을 거야. 하나님이 이 일만큼은 주관하지 않으셨을 거야. 하나님도 이 일 때문에 놀라고 슬퍼하실 거야. 하나님도 이것만큼은 주관하지 않으셨어'라고 할 수 있어야 하나님을 믿기 더 수월하지 않을까. 그 편이 더 낫지 않을까?"

사실 이 본문은 하나님의 주권이 무엇이고, 그것이 우리의 진짜 선택과 그 선택에 대한 책임에 어떻게 관련되는지 말해주는 성경에서 가장 중요한 구절들 중 하나입니다.

우리가 이 이야기를 통해 배워야 할 것이 두 가지 있다고 생각합니다. 우리가 이 이야기를 통해 분명하게 보고 논리적 일관성을 잘 유지시켜야 할 두 가지 사항이 있습니다. 그렇기에 우리는 여기서 신학을 조금 다루어야 할 것입니다. 그리고 이러한 사건들에 관하여 성경 그리고 창세기가 하나님의 주권에 대해 무어라고 말하는지를 따져볼 것입니다. 우선 여러분이 절대적으로 참이라고 반드시 받아들여야 하는 두 가지 진술을 제시하겠습니다. 아직 이 두 가지가 서로 정확히 어떻게 맞아떨어지는지는 알 수 없겠지만 말입니다.

무엇보다도 하나님은 확실히 형제들의 행동을 주관하셨습니다. 그분은 정말로 그러하셨습니다. 모든 것은 하나님의 지시로 일어난 일입니다. 그리고 요셉은 그에 대해 전혀 의심하지 않았습니다. 우리는 이미 창세기 50장 20절, "당신은 그것을 악을 위해 의도했지만 하나님은 그것을 선을 위해 의도하셨습니다"(NASB에서 직역함—편집주)라는 말씀에서 이 사실을 확인했습니다. 그리고 조금 앞선 45장 5-7절에서 형제들과 이야기할 때도 요셉은 이렇게 말합니다. "하나님이 생명을 구원하시려고 나를 당신들보다 먼저 보내셨나이다." 그리고 8절에서는 더 나아가 이렇게까지 말합니다. "그런즉 나를 이리로 보낸 이는 당신들이 아니요 하나님이시라." 요셉은 자신의 존재 가장 깊은 곳으로부터 하나님이 자신을 팔아넘긴 형제들의 행위도 주관하셨음을 알고 있었습니다. 이것이 첫 번째 진술입니다.

두 번째는 요셉의 형제들이 그들의 행위에 완전한 책임을 진다는 것입니다. 하나님이 그 행위를 처음부터 작정하셨고 그들이 그러한 행위를 하도록 의도하셨다고 해서 형제들에게 책임이 있다는 사실이 변하지 않습니다. 성경은 그들에게 거듭해서 책임을 묻습니다. 37장 11절은 그들이 시기했다고 말합니다. 37장 4-5절과 8절은 그들이 요셉을 미워했다고 말합니다. 이 이야기를 관통하는 중요한 주제가 있습니다. 이 주제는 도처에서 튀어나옵니다, 그것은 바로 형제들이 스스로 자신들이 저지른 죄를 인식하고 있다는 점입니다. 그들은 자신에게 죄의 책임이 있음을 압니다. 그리고 극도로 두려워합니다. 따라서 자루에서 돈이 나오자 이렇게 생각합니다. "오 이런, 하나님이 어찌하여 이런 일을 우리에게 행하셨는가!" 그것은 자루에서 돈이 나왔을 때 사람들이 보이는 일반적인 반응이 아닙니다. 그들은 죄의식이 있었기에 그런 반응을 보인 것입니다. 그들은 자신들이 잘못했으며 그에 대해 책임이 있다는 사실을 알고 있었습니다. 그렇기에 하나님이 마침내 자신들을 벌하신다고 생각하는 것입니다.

마크 : 하나님의 주권과 인간의 책임에 관한 두 가르침은 좋은 기초적 가르침이었습니다. 아주 잘 하셨습니다. 그들이 저지른 행위의 부도덕함을 가로질러 걸어가서, 성경이 어떻게 그들이 그렇게 행동한 이유는 그들의 도덕성 탓이라고 하는지, 어떻게 그들

에게 도덕적 책임을 묻는지 잘 설명했습니다.

그렉 : 이야기를 보면 그들이 느낀 두려움이 그들의 죄책을 가리 킵니다!

마크 : 네. 맞습니다.

이 두 가지, 즉 하나님이 형제들의 행위를 주관하신다는 것, 그리 고 요셉의 형제들은 자신의 행위에 책임을 진다는 것이 그 두 진술 입니다. 저도 이 두 가지 진술을 조합하기가 쉽지 않다는 사실을 압 니다. 하지만 여러분은 이 두 가지 진리가 성경 전반에 걸쳐 지지받 는다는 사실을 확인할 수 있습니다. 예를 들어 출애굽기에서 하나 님은 이미 이야기 초반부터 자신이 바로의 마음을 완악하게 하실 것이라고 말씀하십니다. "내가 그의 마음을 완악하게 한즉 그가 백 성을 보내 주지 아니하리니"(출 4:21). 그리고 성경은 반복해서 "바로 가 이 때에도 그의 마음을 완강하게"(출 8:32) 하였다고 말합니다.

사무엘하는 하나님이 백성에게 심판을 내리실 방법으로 다윗을 격동시켜 인구 조사를 하게 하셨다고 말합니다. 인구 조사를 마친 후 다윗은 이렇게 고백합니다. "큰 죄를 범하였나이다." 보다시피 하나님이 그를 격동하셨기 때문에 그러한 결과가 나온 것입니다. 그런데도 다윗은 자신의 책임을 통감합니다. "큰 죄를 범하였나이 다." 보이십니까? 이 이야기 중 어느 하나도, 이 세상과 우주에 존재하는 그 어떤 것도 하나님의 주권을 벗어날 수 없습니다. 하지만 우리는 여전히 우리가 행한 일에 완전한 책임을 지는 것입니다.

우리는 앞서 사도행전 4장을 조금 읽었습니다. 그리고 이 사건이 인류 역사상 발생한 가장 큰 악행임도 확인했습니다. 바로 예수님을 십자가에 못 박아 죽인 일입니다. 성경 봉독 시간에 알아차리셨는지도 모르겠지만 특히 사도행전 4장 27절 말씀을 다시 생각해 보십시오. 믿는 자들은 이렇게 기도합니다. "과연 헤롯과 본디오 빌라도는 이방인과 이스라엘 백성과 합세하여 하나님께서 기름 부으신 거룩한 종 예수를 거슬러." 여러분은 이 말이 무엇을 가리키는지 아실 것입니다. 그들은 함께 모여서 하나님이 기름 부으신 분을 거슬렀던 것입니다. 그들은 거기 모여, 예수님을 거슬렀고, 예수님을 십자가에 못 박았습니다. 따라서 그들은 그 일과 죄책에 책임이 있습니다. 하지만 그 다음 절이 무어라고 말하는지 아십니까? 그들은 "하나님의 권능과 뜻대로 이루려고 예정하신 그것을 행하려고 이 성에 모였나이다"(28절)라고 합니다. 그들에게 책임이 있지만 여전히 하나님이 주관하신 것입니다.

마크 : 하나님의 주권과 인간의 책임을 보여주려면 언제나 사도행전 4장 27절로 돌아가는 것이 좋습니다.

그러면 이제 우리는 어떻게 해야 합니까? 우리는 이 두 진술이 참임을 압니다. 우리는 성경이 이 둘을 모두 가르친다는 사실을 압니다. 그러면 우리는 어떻게 해야 합니까? 이것들이 왜 중요합니까? 도무지 이해조차 할 수 없는 이런 사실 앞에서 우리 마음은 어떠해야 합니까?

우선 첫째로 스스로를 낮추어야 합니다. 우리는 스스로를 낮추고 잠잠히 있어야 합니다. 우주에 존재하는 모든 원자를 주관하시는 하나님을 경외하며 그렇게 서 있어야 합니다. 아무것도 그분의 주권과 섭리와 별개로 움직이지 않습니다. 하나님은 말씀하십니다. "너희는 가만히 있어 내가 하나님 됨을 알지어다."

우리는 인간이기에 종종 지금 바로 이 순간에 이 두 가지가 우리에게 납득되지 않으면 이것들은 어느 누구에게도 말이 되지 않는 논센스일 뿐이라고 생각하는 경향이 있습니다. 마음속에서 그런 생각이 스물스물 일어나는 것을 감지하신 적 있으십니까? 어쩌면 하나님의 주권과 인간의 책임일 수도 있고 아니면 다른 것일 수도 있지만, 당신에게 서로 다른 두 가지가 제시되었을 때 마음으로 당장 그 두 가지를 조화시킬 수 없음에 망연자실해서는 우주에 판결문을 선고하면서 이렇게 외친 적은 없습니까? "글쎄, 그럴 수는 없어! 이건 말도 안 돼!" 그러려는 마음이 일어나는 걸 감지하신 적이 있습니까? 글쎄요. 친구들이여, 저는 그저 여러분에게 조금 더 겸손할 것과 하나님의 생각은 무한하지만 당신의 생각은 유한하다는 점을 생각해보기를 권합니다. 그러면 하나님의 무한한 생각 중에 당신의 유한한 생각과 들어맞지 않는 것이 있을 수 있다는 사실은 자명합니다. 자신을 낮추십시오. 그리고 잠잠히 그분이 하나님 되심을 아십시오.

그렇습니다. 인간의 책임과 하나님의 주권 사이에는 긴장 관계가 있습니다. 우리는 그 긴장 관계를 압니다. 그 긴장 관계를 느낍니다. 하지만 그저 말도 안 된다고 여기거나, 또는 단순히 이 두 진술 중 하나는 반드시 참이 아니기 때문에 그 중 하나를 폐기할 방법을 알아봐야겠다고 선포하지 마십시오. 그렇다면 우리의 생각이 하나님의 생각만큼 크다고 말하는 셈입니다. 절대로 그렇지 않습니다. 그렇다고 우리가 이런 것을 절대로 생각하지 말아야 한다고 주장하는 것이 아닙니다. 아닙니다. 절대로 그렇지 않습니다. 물론 우리는 이런 것에 대해 생각해야 합니다. 우리는 성경을 읽고, 신학을 하며, 생각을 합니다. 사실 저는 여기서 "하나님의 협력(concurrence)" "비대칭적 작정(asymmetrical ordination)" "자유의지론자 대 양립가능론자의 자유의지(libertarian versus compatibilist free will)" 등과 같은 온갖 것에 관해 이야기할 수도 있습니다. 우리에게 두세 시간이 있다면 그러한 내용을 충분히 나누고 어떻게 이 두 진리가 서로 만나게 되는지 이해하는 데 실질적인 진전을 이룰 수도 있을 것입니다. 하지만 그 마지막에는, 즉 우리가 정말로 흥미롭고 도움이 되는 신학 범주들을 모두 따져본 후에는 결국 그저 무릎을 꿇고 경배하며 이렇게 말할 수밖에 없는 지점에 이르게 됩니다. "저는 하나님이 아닙니다. 하나님은 저에게 이 두 가지가 어떻게 교차하는지 보여주지 않으셨습니다." 그렇게 우리는 스스로를 낮춥니다.

우리가 해야 할 또 다른 일이 있습니다. 바로 하나님의 주권 안에서 안식하는 일입니다. 우리는 하나님의 통제 밖에서 일어나는 일은 이 세상에 하나도 없다는 사실 안에서 안식해야 합니다. 하나님의 주권과 섭리 없이는 원자가 전자 하나를 방출하는 일도 없습니다. 친구들이여, 우리 인생에서 일어나는 몇몇 사건들이 하나님의 통제 밖에서 일어났다고 생각해봐야 어떠한 위로도 되지 않습니다. 어떠한 안식도 주지 않습니다. 그러한 생각은 어떠한 위안도 되지 않습니다. 우리를 거스르는 일이 발생할 때, 당신에게 악한 일이 자행되었을 때, 인간이 저지른 악이든 또는 삶의 환경이든 그것이 하나님의 통제를 벗어난 일이라고 생각한다고 해서 어떠한 위로도 되지 않습니다. 그리고 실제로 그렇다고 하면 당신은 어디로 향할 것입니까? 당신은 누구에게 도움을 부르짖겠습니까? 오히려 당신을 사랑하시는 하나님의 손에서 나오지 않은 일이 전혀 없다는 사실을 알 때 위안이 됩니다. 거기에서 위안이 옵니다. 따라서 우리는 하나님의 주권 안에서 안식합니다.

결국, 우리는 그저 하나님의 주권과 위엄과 능력을 경외하며 서는 것입니다. 우리는 경외하며 섭니다. 그러한 능력 앞에 그저 숨을 죽이며 서 있게 되는 순간이 있습니다. 당신은 우주의 왕관이 하나님의 머리위에 놓인 것을 보고, 이를 인식하며, 인정하면서, 무릎을 꿇고 얼굴을 숙이며 말합니다. "하나님, 오직 주만이 합당하십니다." 오 하지만 형제자매들이여, 여러분은 그 왕의 자녀이기 때문에 그 왕관을 쓰신 분이 당신을 내려다 보며 웃으신다는 사실을 알고 자리에서 일어나 기뻐하게 되는 순간도 있습니다! 여러분은 그 권세를 이해하고 계십니까? 당신은 하나님이 지니신 권세를 이해하십니까? 그리고 모든 것을 다스리시는 그분이, 여러분을 구원하기 위해 자신의 생명을 주신 그 하나님이라는 사실을 이해하십니까? 온 우주의 홀을 손에 쥐신 하나님이 그 손을 내미시고 그 위에 못을 치도록 하셨습니다. 당신을 향한 사랑 때문에 말입니다. 바울은 로마서에서 이렇게 기록합니다. "만일 하나님이 우리를 위하시면 누가 우리를 대적하리요"(8:31). 그 답은 무엇입니까? 어떤 것도, 어떤 사람도 그렇게 할 수 없다는 것입니다. 왜냐하면 우주의 주인이 바로 당신을 사랑하시고 모든 일을 합력하여 선을 이루시는 주님이시기 때문입니다. 이것은 놀라운 생각입니다.

마크 : 이제 목사님의 설교에서 가장 혼동을 일으키는 부분이라고 생각했던 점을 말씀드리려고 합니다. 목사님은 "하나님의 절대 주권"이라는 이 요점에, 스스로를 낮출 것, 하나님의 주권 안에서 안식할 것, 그분에 대한 외경심으로 서 있을 것이라는 내용을 적용했습니다.

그렉 : 네.

마크 : 하지만 저는 "아니, 내가 방금 두 번째 요점이 시작한 걸 놓친 건가?" 의아해했습니다. 왜냐하면 두 번째 요점은 "요셉의 조용한 신뢰"이고 이것은 하나님의 주권에 대한 요셉의 반응이

죠. 그런데 여기서 이런 요점들이 나타나니까 좀 혼란스러웠습니다...

그렉 : 맞습니다. 그것들은 두 번째 요점이죠. 좋은 지적입니다.

마크 : 숙고한 내용 자체는 훌륭했습니다. 이 세 가지는 하나님의 주권에 대해 보일 수 있는 최고의 반응입니다.

그렉 : 그렇다면 두 번째 요점이 첫 번째 요점의 적용이니까, 첫 번째 요점에는 적용을 제시하지 **않고** 그대로 두 번째 요점으로 넘어가는 편이 낫다는 말인가요?

마크 : 맞습니다. 그렇습니다. 그러면 훨씬 덜 혼란스럽겠어요.

그렉 : 알겠습니다.

하나님의 절대 주권. 이것이 첫 번째 요점입니다.

두 번째 요점은 요셉의 조용한 신뢰입니다. 요셉의 조용한 신뢰. 여러분은 이야기 내내 요셉에게서 이 사실을 확인하셨을 것입니다. 요셉은 꿈을 꾼 그 순간부터 형제들과 보디발을 통해 당하게 되는 모든 일 가운데 하나님이 모든 상황을 주관하신다는 사실을 놀랍도록 신뢰하는 것처럼 보입니다. 그렇다고 모든 일이 생기는 순간마다 이 사실이 그에게 분명한 것은 아닙니다. 자신은 구덩이에 처박혀 있고, 형들은 저 위에서 밥을 먹으며 자신을 팔지 아니면 죽일지 궁리하고 있을 때 요셉은 어떤 생각을 했을까요? 그리고 형들이 구덩이에서 자신을 끌어올려 미디안 상인들과 흥정하더니 자신을 수레에 집어넣고 남쪽으로 보낼 때는 어떠했을까요? 요셉은 분명히 이렇게 생각했을 것입니다. "아! 살아서는 아버지를 다시 보지 못하겠구나." 보십시오. 요셉은 우리처럼 이야기의 결말을 알고 있던 것이 아닙니다. 그럼에도 이야기 내내 그는 잠잠히 하나님을 신뢰했습니다.

요셉은 옥에서 2년 동안 힘든 시간을 보냅니다. 요셉이 갑자기 애굽 최고의 자리에 혜성처럼 등장한 것이 아닙니다. 엄청난 천사 일행이 요셉을 계속 끌어주고 당겨주고 하다가, 와 결국 왕이 되었네! 그런 것이 아닙니다. 그렇지 않습니다. 그는 감옥에서 **2년** 동안 힘든 시간을 보냈습니다. 하나님이 자신을 잊으신 것은 아닌지 생각하면서 말입니다. 그러면서도 하나님에 대한 신뢰를 절대로 잃지 않습니다. 이 모든 상황에서도 마음을 다해 보디발을 잘 섬겼습니다. 보디발의 아내 때문에 그의 온전함을 잃지도 않았습니다. 그리고 술 맡은 자와 떡 맡은 자, 그리고 심지어 바로에게까지 자신에게 해몽의 능력이 있는 것이 아니라 하나님이 주신 능력이라는 사실을 알렸습니다. 그는 끝까지 하나님께 신실했습니다.

이 믿을 수 없는 상황 속에서도 하나님을 잠잠히 신뢰한 요셉은 우리 그리스도인들에게 좋은 본이 됩니다. 우선 상황과 상관없이 지금 당장 바로 이곳에서 하나님을 신뢰하고 순종하기로 결정해야 한다는 점에서 요셉은 우리에게 본이 됩니다. 우리도 상황과 관계 없이 지금 당장 바로 이곳에서 하나님을 신뢰하고 순종하기로 결정 해야 합니다. 지난 세월의 삶을 돌아봤지만 그 어떤 축복의 손길을 확인할 수 없었다고 하더라도, 우리는 하나님께 계속 신실해야 합니다.

요셉이 주위를 둘러보고 자신의 처지를 생각할 때, 한탄하고 싶은 유혹이 얼마나 많았겠습니까? "꿈은 무슨 개꿈이지! 아무 일도 일어나지 않았잖아. 형제들이 내게 절하게 될 거라고 했지만 나는 여기 수천 킬로미터나 떨어져 있는 애굽 사람 집에서 노예로 있어. 이제 다 그만 두겠어!" 그리고 어쩌면 애굽 사람의 삶을 완전히 받아들였을 수도 있었습니다. 그렇게 하기는 얼마나 쉬운 일이었겠습니까? 아니면 감옥에서 이렇게 말하기는 또 얼마나 쉬운 일이었겠습니까? "다 끝났어. 하나님 따위를 믿는 것도 지겹고, 하나님이 내게 주셨다는 모든 약속들도 다 지긋지긋해. 나는 여기 2년이나 처박혀 있었어. 그런데 무슨 일이 있었지? 아무것도 달라진 건 없고 난 여전히 여기에 이러고 있잖아."

친구들이여, 삶의 어떤 순간에는 그렇게 하는 편이 쉬워 보일 때가 있습니다. "하나님, 저는 지금껏 당신을 기다렸습니다. 참으려고 애를 써 왔습니다. 좋은 얼굴을 유지하려고 했고, 오랫동안 당신께 대해서 좋은 말만 해 왔습니다. 그런데 그래서 지금 제가 어디에서 뭘 하고 있는지 보시죠. 저는 여전히 5년 전과 같은 곳에 있습니다."

또는 "하나님, 저는 이 죄와 오랜 세월 씨름했습니다. 이 유혹을 제게서 없애달라고 진심으로 기도했습니다. 그런데 당신은 무얼 하셨습니까? 아무것도 안 하시지 않았습니까?"

형제자매들이여, 그만 하십시오. 그만 하십시오. 그리고 그저 계속해서 씨름하십시오. 계속 기다리십시오. 계속 하나님께 순종하고 신뢰하십시오. 잘 들으시기 바랍니다. 하나님의 섭리는 머나먼 길입니다. 때로 하나님의 섭리는 우리 인생보다도 깁니다. 당신은 그 사실을 알고 계십니까? 평생을 씨름하고, 싸우고, 기다리는 그리스도인들이 많습니다. 그리고 씨름하고, 기다리고, 싸우다가 **죽어버립니다.** 그들은 필사적으로 원하던 것을 결국 얻어내지 못했습니다. 애굽에서 사백 년 동안 노예로 살다가 죽었던 그 수많은 이스라엘 백성을 생각해보십시오. 그들은 평생을 기다리며 하나님께 구속해 달라고 부르짖었지만 그 일은 일어나지 않았습니다. 그리고 그들은 죽었습니다. 그 입술의 마지막 기도는 "하나님, 우리를 노예 상태에서 구원하소서."였습니다. 그리고 죽은 것입니다.

하나님의 섭리는 머나먼 길입니다. 심지어 우리가 그렇게 필사적으로 바라는 것을 하나님이 주지 않기로 결정하셨다고 해도, 우리는 하나님을 믿고 사랑하고 신뢰해야 합니다. 마치 이렇게 말한 베드로처럼 말입니다. "주여 영생의 말씀이 주께 있사오니 우리가 누구에게로 가오리이까?"

그리고 제 생각에 이 진리는 우리를 또 다른 곳으로 인도합니다. 바로 여러분은 요셉처럼 하나님이 당신을 두신 그곳에서 기뻐하고 잘 섬기는 법을 배워야만 합니다. 하나님이 당신을 두신 그곳에서 기뻐하고 잘 섬기는 법을 배우십시오. 요셉이 보디발의 집에 있을 때 아주 신이 났을 거라고 생각하십니까? 물론 그곳은 괜찮은 곳이었습니다. 하지만 여러분은 요셉이 거기에 있다는 사실에 신이 났을 것이라고 생각하십니까? 정말로요? 가족이 다 가나안에 있는데, 아버지를 그렇게 사랑하는 요셉인데 그랬겠습니까? 요셉이 가족을 다시 만났을 때 이 사실이 분명히 나타납니다. 요셉이 어떻게 합니까? 눈물샘이 터지고 말았습니다. 모든 게 요셉에게 좋은 것은 결단코 아니었습니다. 요셉은 보디발의 집에 있다고 즐거웠던 것이 아니었습니다. 심지어 총리가 되어도 그렇게 신나지 않았습니다. 아버지와 형제를 보자 눈물이 왈칵 터져 나왔던 것을 보십시오. 그렇지만 그는 잘 섬겼습니다. 보디발의 집에서 잘 섬겼습니다. 보디발의 감옥에서도 잘 섬겼습니다. 애굽의 총리로서도 잘 섬겼습니다.

우리 그리스도인은 살면서 지금 거하는 이곳에 완전히 만족할 수 없습니다. 이것은 진리입니다. 우리는 이 세상에 만족해서도 안 됩니다. 하나님이 지으신 더 나은 도성을 바라보는 자들이기 때문입니다. 우리는 그리스도와 함께 거하기를 고대하지만 아직 거기까지 이르지는 못했습니다. 그렇기에 그때를 기다리는 우리 마음에는 언제나 불만족의 씨앗이 있을 수밖에 없습니다. 하지만 우리는 바로 여기에서 잘 섬기도록 부름을 받았습니다. 하나님이 당신을 데려다 놓으신 곳이 어디든지 당신은 마음을 다해 잘 섬기도록 부름받은 것입니다. 온 마음을 다하십시오. 온 마음을 다해 일하십시오. 온 마음을 다해 교회를 섬기십시오. 하나님이 당신에게 맡기신 모든 일에 온 마음을 다하십시오. 왜냐하면 하나님이 지금 당신을 그곳에 두셨기 때문입니다. "나는 어차피 여기 있고 싶지 않았어. 나는 이 일을 원하지 않았어. 이건 내가 하고 싶은 일이 아니야. 나는 저 일을 하고 싶었고, 저기에 있고 싶었어. 그러니 하나님은 언젠가 나를 거기로 데려다주실 거야."라고 생각하며 대충대충 하지 마십시오. 하나님은 어쩌면 그렇게 하실 수 있습니다. 하지만 또 어쩌면 그렇게 하지 않으실 수도 있습니다. 어쨌든 하나님은 지금 당신이 있는 그곳에 당신을 두셨습니다. 그리고 하나님은 당신이 하나님을 섬기듯 그곳에서 섬기기를 기대하십니다. 바로 그곳이 하나님이 당신을 두신 곳입니다. 하나님이 당신을 일으켜 세워 왕이 되게 하시든, 또는 마지막 순간까지 보디발의 감옥에서 종으로 살다가 죽게 하시든 어쨌든 지금 하나님은 바로 그곳에 당신을 두기 원하셨습니다. 따라서 당신의 왕을 잘 섬기십시오, 하나님이 당신을 두신 바로 그곳에서 잠잠히 신뢰하며 당신의 왕을 기쁘게 섬기십시오. 요셉이 바로 그렇게 했습니다. 그리고 우리도 그렇게 해야만 합니다.

마크: 두 번째 요점은 고작 8분 정도입니다. 10분 정도의 내용이 첫 번째 요점의 내용에 들어가 있었기 때문입니다.

그렉: 그러게 말입니다.

마크 : 하지만 이 부분은 그리스도인이 주님을 인내하며 기다려야 한다는 점을 놀랍도록 잘 적용했습니다. 목회적으로 볼 때 설교에서 가장 중요한 내용은 당연히 사람들에게 하나님을 신뢰하고 인내하라고 가르치는 것입니다. 목사님의 말씀이 가장 열정적으로 들린 부분도 바로 여기였습니다. 목사님이 가장 열정을 느낀 부분이 여기라는 데에 의심이 없습니다. 그리고 이 점에 대해 가장 할 말이 많았을 것이라고 분명히 믿습니다. 그러니까 (엄지를 치켜들며)…이것도 책에 넣으시죠.

그렉 : (웃음) 그 부분은 괄호로 꼭 넣겠습니다.

이것이 바로 두 번째 요점이었습니다. 즉 요셉의 조용한 신뢰입니다.

이제 설교의 세 번째 요점입니다. 바로 요셉이 놀라울 정도로 존재감이 없다는 것입니다. 다소 과장한 측면이 있기 때문에 제 말을 잘 따라오셔야 합니다. 절대적인 의미에서 그가 전혀 존재감이 없다고 하는 것은 아닙니다. 요셉은 분명히 이 이야기의 핵심 고리입니다. 그 이야기는 출애굽기 초반에 이스라엘이 어떻게 애굽에서 노예가 되었는지를 설명합니다. 따라서 이 이야기는 핵심 고리이며 그런 의미에서 보자면 요셉이 전혀 존재감이 없는 인물은 아닙니다. 하지만 저는 이 모든 이야기 후에 다소 충격적인 내용을 보여드리려 합니다. 우리가 지난 몇 주간 공부한 창세기는 실제로 하나님이 아브라함에게 주신 약속이 이삭과 야곱과 요셉의 삶 가운데 어떻게 실현되는지에 관한 이야기입니다. 맞습니까? 그것이 창세기 이야기이며 창세기의 구조입니다. 아브라함, 이삭, 야곱과 요셉 말입니다. 그런데 사실은 요셉 이야기가 가장 깁니다. 그렇지 않습니까? 창세기 중에 열네 장이나 할애됩니다. 그리고 그 중에서 결국 왕이 된 사람은 요셉이 유일합니다. 아브라함, 이삭, 야곱, 요셉 중에 말입니다.

이제 마태복음 1장을 보시죠. 정말로 충격적인 사실을 보여드리겠습니다. 여기 예수님의 계보가 나오는데, 어쨌든 창세기의 이 모든 이야기도 결국은 여기를 향하게 됩니다. 우리가 몇 주 동안 나눈 아브라함에게 하신 모든 약속도 궁극적으로는 예수님을 향합니다. 아브라함, 이삭, 야곱, 요셉. 그러면 이제 마태복음 1장 2-3절을 보십시오. "아브라함이 이삭을 낳고 이삭은 야곱을 낳고 야곱은 유다와 그의 형제들을 낳고 유다는 다말에게서 베레스와 세라를 낳고."

요셉이 없습니다. 요셉의 이름이 보이지 않습니다. 창세기에서는 십사 장이나 되는 분량을 차지했고, 애굽의 2인자 자리까지 올랐던 그가 생략되었고, 무시된 것입니다. 정말로, 정말로 중요할 때 요셉은 놀라울 정도로 존재감이 없습니다.

저는 이 사실이 하나님의 주권을 일깨워주는 또 다른 방법이라고 생각합니다. 사실 야곱의 열두 아들 이야기는 거대하고 아름답지만 뒤죽박죽인 한 캔버스에 하나님이 다음 말씀을 그려나가신 내용입니다. "너희가 나를 택한 것이 아니요 내가 너희를 택하여 세웠나니." 이야기가 전환될 때마다 이런 질문이 생깁니다. "알겠어. 약속은 아브라함에게서 시작해서 이삭으로 갔다가 야곱에게 갔군. 야곱에게는 이 열두 아들이 있었네. 그러면 이제 그 약속은 누구에게 갈까?" 이는 하나의 거대하고 뒤죽박죽인 이야기로서 우리가 일어나리라 거듭거듭 예상했던 일은 전혀 **발생하지 않습니다.** 오히려 우리가 절대로 일어나지 **않으리라** 예상했던 일들이 **결국 발생합니다.**

마크: 세 번째이자 가장 짧은 요점, 즉 "놀라울 정도로 존재감 없음"은 정말 훌륭합니다. 마태복음 1장을 보는 것도 매우 흥미로웠습니다. 최고였습니다. 매우 고무적이고 성경적으로도 건전합니다. "하나님은 당신이 인간의 계획을 신뢰하는 것이 아니라 하나님 자신을 신뢰하길 원하십니다." 제가 목사님이 이야기하신 것을 좀 명료하게 줄여봤습니다.

그렉: (웃음)

누가 그 약속을 받을까요? 그러고 나서 창세기 몇 장 동안은 마치 그들 사이에 '야바위'(쉘 게임, shell game) 놀이를 하는 것 같습니다. 어쩌면 '공을 든 사람을 죽여라'(Kill the Carrier) 게임 같기도 합니다. 약속이 한 사람에게 갔는데, 어쩌다가 일이 생깁니다. 그러면서 그 사람은 더럽혀지고 공을 놓치고 맙니다. 그러면 약속은 또 다른 사람에게 갑니다. 그 사람도 달려 나가 공을 받지만 또 더럽혀지고 맙니다. 당신은 궁금할 것입니다. "이 약속은 도대체 누구에게 가는 것인가?"

그래서 따져보기 시작합니다. "글쎄 틀림없이 장자일 거야. 바로 르우벤이지." 그런데 35장에 오면 르우벤은 아니라는 사실을 보게 됩니다. 르우벤은 죄를 범했기 때문에 탈락하고 맙니다. 따라서 장자는 아닙니다. 그래, 그렇다면 둘째나 셋째, 시므온이나 레위는 어떨까? 오, 안 돼. 그 둘 역시 결국 죄를 짓고 탈락해버립니다. "그래 좋아. 그러면 넷째 유다는 어떨까?" 당신은 생각합니다. "그래, 어쩌면 유다일지도 몰라." 첫째, 둘째, 셋째가 가버리고 이제 넷째까지 온 것입니다. 이야기를 좀 더 읽어보니 이런 생각이 듭니다. "그래, 유다인 거 같아. 유다는 잘하고 있네." 그런데 이걸 어째. 38장이 나옵니다. 유다도 아닌가 봐. 좋아. 그러면 가장 사랑받는 아들 요셉은 어떨까? 그래! 안성맞춤이야! 바로 요셉이야. 봐봐. 요셉에 대한 내용은 열네 장이나 돼. 요셉은 채색옷을 입었고 귀족적인 외모를 지녔지. 그러던 중에 오! 저거 봐, 저거 봐! 갑자기 요셉이 애굽의 왕이 됩니다. 그럼 여러분은 이렇게 생각하실 것입니다. "그래, 바로 그거지! 약속은 요셉에게 가는 거였어." 그런데 창세기 49장에 갔더니 놀랄 노 자입니다! 요셉이 아닙니다. 넷째 유다입니다. 죄를 범한 바로 그 유다 말입니다.

49장 8-10절을 보십시오. 야곱이 자기 아들을 모두 축복합니다. 그리고 놀랍게도 유다에게 다음과 같이 말합니다. "유다야 너는 네 형제의 찬송이 될지라 네 손이 네 원수의 목을 잡을 것이요 네 아버지의 아들들이 네 앞에 절하리로다 유다는 사자 새끼로다 내 아들 아 너는 움킨 것을 찢고 올라갔도다 그가 엎드리고 웅크림이 수사 자 같고 암사자 같으니 누가 그를 범할 수 있으랴 규가 유다를 떠나 지 아니하며 통치자의 지팡이가 그 발 사이에서 떠나지 아니하기를 실로가 오시기까지 이르리니 그에게 모든 백성이 복종하리로다."

보십시오. 모든 아들이 거기 있었습니다. 그렇죠? 열두 아들 전부 거기에 있었고, 모두 복을 받았습니다. 그리고 요셉은 그 줄 끝자락 에 섰습니다. 열한 번째였죠. 그는 애굽의 왕복을 입었습니다. 그리 고 주위 모든 사람들은 이렇게 생각했습니다. "그래 우리는 요셉에 게 절하게 될 거야." 야곱이 르우벤, 시므온, 레위를 축복합니다. 그 리고 모든 사람이 유다도 동일하게 넘어가리라 생각했습니다. 그런 데 야곱이 "유다야, 통치자의 지팡이가 네 발 사이에서 떠나지 않을 것이며 마침내 예수 그리스도께서 오셔서 통치자의 지팡이를 취하 실 것이다"라고 말하는 것입니다.

보십시오. 하나님이 주관하십니다. 그분은 원하시는 바를 행하십 니다. 우리는 하나님의 섭리를 미리 읽을 수 없습니다. 지나고 나야 만 섭리였음을 읽을 수 있습니다. 그러니 절대로, 절대로 이렇게 말 씀하지 마십시오. "하나님이 나를 위해 이것을 예비해 두셨어," 또 는 "하나님은 나에게 이것을 예비하지 않으셨어."라고 말입니다. 사 실 우리는 그저 아무것도 모를 뿐입니다. 우리가 왜 모르는지 아십 니까? 하나님은 당신에게 어떤 변하지 않을 인생 계획을 미리 알려 주셔서 거기에 신뢰를 두게 하길 원하지 않으시기 때문입니다. 그분은 우리가 어려움과 문제가 있을 때에도, 좋을 때나 궂을 때나 자신에게 신뢰를 두기 원하십니다. 우리가 해야 할 일은 그저 죽어라고 그분께 달라붙는 것뿐입니다.

여기서 우리가 결론적으로 알아야 할 또 한 가지가 있습니다. 하나님은 이 약속이 유다에게 가도록 하시면서 그에게 엄청난 은혜를 베푸셨다는 사실입니다. 가장 먼저 요셉을 노예로 팔아버리자고 생각했던 바로 그 유다, 이야기 가운데 낭패를 당했던 바로 그 유다에게 말입니다. 예수님이 오셔서 취하실 그 통치자의 지팡이가 발 사이에서 떠나지 아니할 자가 바로 이 유다였습니다.

요셉이 결국 예수님의 조상에 있지는 않지만, 저는 요셉이 창세기에서도 특별한 방식으로 예수님이 어떤 분이신지를 탁월하게 그려냈다고 생각합니다. 요셉은 형제들을 용서했던 것입니다. 형들은 자신들이 한 일 때문에 무서워 죽으려고 합니다. 이 이야기를 읽어보시면 알겠지만 형들은 요셉에게 저지른 일 때문에 요셉이 자신들을 죽일까봐 두려워합니다. 우리가 봤듯이 형들은 아버지가 죽은 후에도 요셉을 두려워합니다. 요셉은 그들이 저지른 죄를 알았지만 요셉이 줄곧 바라는 것은 그저 용서입니다.

친구들이여, 예수님도 마찬가지이십니다. 너무나 많은 사람이 이렇게 생각합니다. "나는 이런 짓도 했고 저런 짓도 했어. 나에겐 죄가 있어. 그런데 어떻게 이런 상태로 예수님께 나갈 수 있겠어? 예수님은 내가 행한 그대로 나에게 하실 거야. 나에게 복수하실 거야. 나를 거부하실 거야. 그리고 난 그래도 싸." 아닙니다. 당신이 두려위 마음을 졸일지라도, 예수님의 존전에서 물러나야 할 온갖 이유를 다 댄다고 하더라도, 예수님은 거기 팔을 벌리고 서 계십니다. 그분은 요셉이 자기 가족에게 했듯이 당신에게 아낌없이 생명을 주실 것입니다.

친구들이여, 여러분은 예수님이 여러분과 같은 죄인을 위해 죽으셨다는 사실을 알고 있지 않습니까? 그러면 믿음으로 그분께 나가기만 하십시오. 죄를 버리고 "더 이상 이것들을 원하지 않습니다. 당신만을 원합니다. 당신이 저를 구해주셔야 합니다."라고 말하십시오. 그분은 손에 생명을 쥐고 서 계시며, 당신께 기꺼이 그 생명을 주십니다. 결국에는 창세기의 메시지가 바로 이것입니다. 즉 받을 자격이 없는 사람, 사기꾼인 사람, 거짓말쟁이인 사람, 온갖 방식으로 부도덕한 사람에게도 하나님은 자비와 은혜를 주시며, 그것도 아낌없이 베푸신다는 것입니다.

달리 말하자면, 그분은 우리와 같은 사람에게도 은혜를 베푸시는 분이십니다. 기도합시다.

마크 : 하나님이 유다에게 베푸신 은혜, 그리고 요셉이 형제에게 보인 은혜에 대해 훌륭한 요점이었습니다. 목회적으로 볼 때 목사님이 제시한 두 번째 중요한 요점은, "저는 예수님께 갈 수 없습니다. 예수님이 제게 호통을 치실 겁니다."라는 사람들의 잘못된 관점이었습니다. 죄인들의 모습이 어떠한지, 그리고 사탄이 그리스도를 오해하고 잘못 받아들이도록 귀에 속삭이는 핑계들

을 잘 포착했습니다. 그 점은 정말 뛰어났습니다. 대단히 뛰어난 설교였습니다. 그리고 당신은 이 점을 거듭해서 설교해야만 합니다. 그렇지만 처음 삼십 분은 이십 분이나 십오 분 정도로 줄일 수 있을 겁니다.

설교 2
"예수님이 아버지께 버림받으시다"

마가복음 15:16-41절

2011년 4월 10일

마크 데버

기독교는 분명히 세계 모든 종교 중 가장 이상한 종교입니다. 여기 21세기 워싱턴에 있는 우리에게는 그렇게 보이지 않을지 모르겠습니다. 그렇다면 그 이유는 수 세기 수천 년 동안 우리가 기독교에 너무나 익숙해졌기 때문입니다. 그 익숙함 때문에 기독교의 낯섦에 둔감해지고 만 것입니다.

공자는 72세 내지 73세에 죽었다고 합니다. 죽을 때 그는 사람들에게 존경은 물론 숭배까지 받았습니다. 또 사실 공자의 후손은 지금까지도 잘 알려져 있습니다. 오늘날 현존하는 가장 오랜 족보입니다. 공자의 팔십 대 직계 후손이 2006년 1월 1일 타이베이에서 태어났으니 말입니다. 그에 비해 고다마 붓다의 삶은 그다지 잘 알려져 있지 않습니다. 하지만 그 역시 존경과 숭배를 받다가, 80대의 나이에 자신을 둘러싼 제자들에게 찬양을 받으며 죽은 것으로 보입니다. 그리고 마호메트는 메디나에서 63세로 죽는데, 13명의 첩 중 가장 사랑했던 아이샤의 무릎에 머리를 기댄 채로 죽었다고 합니다. 이들은 모두 나이가 들어, 자신을 존경하고 심지어 숭배하는 공동체 안에서 죽음을 맞이합니다.

그리고 예수님이 계십니다. 예수님의 사역은 이들과는 너무나 다른 모습으로 끝났습니다. 예수님의 3년 사역은 스스로 사형을 받으심으로 종결됩니다. 예수님의 이마는 나이가 선물하는, 천천히 찾아오는 우아함으로 덮이지 않았습니다. 마지막 순간 예수님은 자신을 경외하는 제자들에게 둘러싸여 있지도 않으셨습니다. 예수님이 자기 자신을 쏟아부어 사랑하고 양육하셨던 제자들은 오히려 예수님을 배신하거나 부인하고 달아나 버렸습니다. 마지막 날 예수님을 둘러싸고 있던 자들은 예수님을 때리던 군사와 죄인 및 행인, 그리고 그를 조롱하고 모욕하던 제사장들뿐이었습니다. 지혜로운 자들로 알려졌던 자들이 예수님을 위험한 멍청이라고 생각합니다. 예수님은 그나마 좋게 보면 사람들을 혼란스럽게 하는 무례한 선생으로, 나쁘게 보자면 사회를 위협하는 혁명가로 기소되었습니다.

따라서 지난주에 살펴봤듯이 예수님의 지상 사역은 예수님이 스스로 죽임을 당하심으로 마무리됩니다. 그것은 소크라테스처럼 자신을 경외하는 추종자들이 충격에 빠져 슬퍼하는 가운데, 차분하게 독을 마시며 죽어가는 영웅적인 모습이 아니었습니다. 오히려 예수님은 대중 앞에서 고통스럽고 굴욕적으로 모멸을 당하며 죽으셨습니다.

이것은 기독교를 처음으로 엿보는 많은 사람에게 큰 충격으로 다가옵니다. 그들은 모든 종교가 기본적으로는 같다고 예상합니다. 서로 포장이야 다를지 모르지만, 종교 공장에서 생산된 똑같은 제품이라고 생각하죠. 그리고 기독교도 실제로는 다른 종교와 똑같을 것이고 단지 예수님이라는 포장지만 다를 뿐이라고 추정합니다. 물론 그리스도인과 예수님에게만 해당하는 차이점들도 있습니다. 다른 상징을 사용하고 다른 노래를 부릅니다. 그렇지만 개념은 근본적으로 같다고 생각하는 것입니다.

하지만 친구들이여, 진지하게 생각해보면 그런 생각은 빠르게 사라지고 말 것입니다. 오늘 여기 그리스도인이 아닌 분 중에 그동안 그리스도인 친구에게 그런 생각을 피력해 왔던 분 계십니까? 그러시다면 저는 지금 여기서 분명히 말씀드립니다. 당신이 그렇게 말해 왔다면 사실 당신은 자신이 말하는 내용을 전혀 모른다는 사실을 입증한 것입니다. 당신을 모욕하려는 의도는 아닙니다만 사실이 그렇습니다. 오히려 당신은 자신이 텔레비전을 믿는다는 사실을 입증한 것입니다. 당신은 대중매체를 의심 없이 믿는다는 사실을 입증한 것입니다. 또 당신은 스스로 꼼꼼하게 연구한 적이 전혀 없다는 사실을 입증한 것입니다. 심지어 종교 문헌들을 피상적으로라도 읽지 않았다는 사실, 그리고 신약은 분명히 읽지 않았다는 사실을 입증한 것입니다.

예수님은 노년까지 부유한 삶을 누리며 존경을 받고 명성을 떨치다가 돌아가신 것이 아닙니다. 그분은 부유하지 않으셨습니다. 그분은 널리 존경받지도 않았습니다. 그분은 이 땅에서의 최고의 삶을 (His best life now. 『긍정의 힘(Your best life now)』 패러디—역자주) 살지도 않으셨습니다. 그분은 모든 사람에게 사랑받지도 않으셨습니다. 그분은 처형당하셨는데, 이는 종교적이며 정치적인 처사였습니다. 그분은 여타 범죄자들처럼 처형을 당하셨습니다. 사실 그분은 범죄자들과 함께, 범죄자로 처형당하신 것이었습니다.

예수님의 죽음은 신속하고 과격하게 닥칩니다. 사실 그 죽음은 공적이고 의도적인 거부였습니다. 어떻게 보자면 십자가형은 인간이 저지른 모든 불의, 그 오래되고 어두운 연대기에서도 가장 추악하고 불의한 순간이었습니다. 하지만 이것은 그저 불의만은 아니었습니다. 인간이 저지른 이 불의의 이면에는 오늘날 십자가를 선함과 사랑과 의로움의 상징으로 만드는 공의가 있었던 것입니다.

그렉 : 전형적인 데버식 서론이었네요. 그리스도인들이 아닌 이들과 기독교에 관심이 많은 사람들을 자연스럽게 끌어들이면서 왜 기독교가 다른 세계 종교와 다른지를 보여주는군요. 저는 이 서론이 매우 훌륭하다고 생각합니다. 하지만 서론에 대해서 두 가지를 말하고 싶습니다. 특별히 이 설교를 전하기 전에 예배 분

위기가 특별히 무거웠나요? 목사님이 선택하신 단어부터 목소리 및 태도까지 굉장히 심각한 것 같습니다.

마크 : 목사님은 우리 교회가 어떠한지 잊어버리신 것 같군요.

그렉 : 그러니까 모든 것이 다 무겁다는 말인가요?

마크 : 그래요. 그렇습니다. 우리 예배는 굉장히 무겁습니다.

그렉 : 글쎄요. 제 생각에는 이번 설교는 평소보다 더 무거운 것 같습니다. 하지만 또 어떻게 보자면 도리가 있겠습니까? 본문이 "나의 하나님 나의 하나님 어찌하여 나를 버리셨나이까?"인데 농담으로 시작할 수는 없겠죠.

마크 : 두려운 현실이지만 많은 사람이 그렇게 합니다.

그렉 : 사실입니다. 저는 이 경우에는 이런 무거움이 맞는 것 같습니다. 설교하려는 본문에 예배를 맞춰야 하고 본문과 예배가 따로 놀지 않도록 조율하는 것이 중요하다는 점을 다시 상기하게 됩니다.

그렉 : 그런데 조금 놀라웠습니다. 마크 목사님이 그리스도인이

아닌 사람들에게 말씀하시는 것을 보면 거의 **후려치시는** 수준입니다. 목사님은 "당신은 자신이 말하는 내용을 전혀 모른다는 사실을 입증한 것입니다"라고 하셨어요. 이런 식으로 사람들을 종종 모욕하십니까?

마크 : 그렇습니다. 저는 그게 제 은사라고 생각해요. (웃음)

그렉 : 무슨 생각으로 그렇게 하신 겁니까?

마크 : 보시죠. 그들은 자기 발로 걸어서 이곳에 온 거예요. 네, 저는 그저 즉흥적으로 그렇게 한 거였어요. 설교 노트에는 없었죠. 저는 그저 핀잔을 준 거예요. 꾸짖음을 통한 전도법입니다. 제가 초대형 교회 목회자가 될 수 없는 이유죠.

그렉 : (웃음). 그렇군요. 좀 인상적이었어요.

마크 : 구약 선지자들을 보면 꾸짖는 식의 화법도 가능한 것 같아요.

그렉 : 알겠습니다. 예레미야가 그렇죠. 계속하시죠.

어떻게 그럴 수 있습니까? 어떻게 그렇게 가증스럽고 불명예스럽게 여겨지던 것이 그렇게 사랑받게 될 수 있습니까? 이를 알아내기 위해서 신약성경에 있는 마가복음으로 가려고 합니다. 마가복음 15장입니다. 16절부터 시작합니다. 자리 앞쪽에 제공된 성경 1009쪽에 있습니다. 그대로 따라오시면 도움이 될 것입니다. 설교 자체가 익숙하지 않으신 분, 아니면 여기 캐피톨힐 침례교회에서 설교를 듣는 것이 익숙하지 않으신 분이 계실까봐 미리 말씀드리지만, 저희는 성경을 연구할 것입니다. 우리는 성경이 하나님의 말씀이라고 믿습니다. 따라서 성경을 펴두고 한 시간 동안 계속 찾아볼 것입니다. 그러면서 같이 생각해보는 것입니다.

제가 장이라고 하면 큰 글자를 말합니다. 또 절이라고 하면 그 다음에 있는 작은 글자를 말합니다. 그럼 이제 15장 16절부터 읽겠습니다. (마가복음 15장 16절에서 41절까지 읽는다)

그렉: 장과 절을 얼마나 자주 설명하시나요? 회중들이 성가셔하지는 않나요?

마크: 세 번 중에 두 번은 그렇게 합니다. 그리고 그렇지 않아요. 저희 회중은 언제나 환영합니다. 적어도 저한테 말씀해주신 분들에 한해서는 말입니다.

그렉: 그렇게 하면 이웃이나 친척 또는 친구들을 데려올 때 더 편안함을 느끼겠어요.

마크 : 바로 그렇습니다. 그리고 성경을 잘 찾지 못하는 사람이 누가 있는지 궁금하게 만들기도 합니다. 어쩌면 스스로 잘 찾지 못해 죄책감을 느끼기도 하겠죠.

친구들이여, 오늘 본문의 핵심은 37절입니다. "예수께서 큰 소리를 지르시고 숨지시니라." 예수님은 자신의 영을 놓으셨습니다. 예수님은 그 영을 놓아주신 것입니다. 예수님은 죽으셨습니다. 이 낯설고 매혹적인 사실은 무엇보다도 기독교를 다른 종교와 구분되게 합니다. 예수님의 죽음이야말로 그리스도인인 우리를 규정합니다. 그래서 예수님이 처형당하신 도구이자, 예수님이 가장 약해지시고 가장 깊은 굴욕을 당하신 상징인 십자가가 온 세상에 우리의 로고로 받아들여지는 것입니다.

하나님의 신성한 아들께서 육신을 입고 참으로 온전히 인간의 삶을 사셨습니다. 하지만 그분은 한 번도 하나님이기를 멈추지 않으셨고, 하늘 아버지와 참된 교제 가운데 사셨고, 하나님의 말씀에 의지하여 하나님의 뜻을 실천하며 사셨습니다. 그런데 하나님의 전형이자, 하나님의 형상으로 만들어진 인간의 전형이신 이분이... 죽임을 당하셨다고요? 무슨 일이 벌어지고 있는 겁니까? 어떻게 이게 말이 될 수 있습니까? 오늘 예수님의 마지막을 함께 살펴보며 이해하기 원합니다.

이 아침에 살펴보는 내용은 우리 삶 모든 분야에 적용될 수 있습니다. 이것은 모든 인간 행동의 기초입니다. 제가 이 설교에서 적용

을 하려고 한다면 그저 베드로전서 2장 또는 빌립보서 2장을 읽어
드리기만 해도 될 것입니다. 히브리서 전체를 읽어드려도 될 것입
니다. 그런데 오늘의 내용은 바로 기독교가 기원한 지점입니다. 따
라서 오늘 아침에는 특별히 이 본문을 직시하고, 특히 그리스도의
죽음을 직시하고, 시간을 전부 할애해서 그것을 이해해보고자 합니
다. 왜냐하면 이 사건은 모든 일의 중심에 놓여 있고, 예수님의 죽음
을 더 잘 이해함으로써 예수님을 더 잘 이해하게 될 것이고, 더 나
아가 우리 자신도 더 잘 이해할 수 있기 때문입니다.

여러분이 그렇게 되기를 간절히 바랍니다.

이 본문에서 무엇이 보이시나요? 특별히 저는 첫 번째 요점에 가
장 긴 시간을 할애하려고 합니다. 그러고 나서 예수님의 죽음이 지
니는 의미를 여러 측면에서 살펴보려고 합니다.

그렉: 설교의 균형감 부족에 대해 좀 더 이야기하겠습니다. 시작
하자마자 첫 번째 요점이 다른 것보다 길어질 거라는 사실을 인
지하셨습니다. 그리고 실제로도 **엄청나게** 깁니다. 네 가지 요점
중 "죄의 참상"이라는 요점이 다른 것보다 훨씬 깁니다. 왜 그렇
게 하셨나요? 이렇게 균형이 무너진 설교를 해도 괜찮은가요? 만
약 그렇다면, 언제 그러한가요?

마크: 글쎄요. 2, 3, 4번 요점은 문제에 대한 해결책입니다. 하지
만 첫 번째 요점은 그 문제 자체를 다루고 있죠. 죄를 기정사실로

받아들이는 것은 요즘 사람들에게는 매우 생소한 것입니다. 특히 성경에서 이렇게 엄정한 언어로 표현하는 죄에 대해서는 더욱 그렇습니다. 이런 식으로 기본적인 설명을 해야 할 때는 균형이 깨지는 요점이 나오게 됩니다.

그렉: 네, 물론 때로는 본문이 그렇게 요구하기도 하죠. 제가 설교하면서 발견한 것이 있습니다. 신학적으로 어려운 많은 내용들이 종종 성경 본문 초두에 나오고, 그 후에 그런 내용을 풀어나간다는 것입니다. 그러면 설교 초반에 그 어려운 것들을 해결해야 하는 것입니다. 그 때문에 일종의 불균형이 초래될 수 있습니다. 그건 목사님의 잘못이 아닙니다.

첫째, 우리는 죄의 참상을 봅니다. 예수님이 당하신 고난과 죽음은 우리 인류가 실질적으로 하나님께 저지른 죄악된 반역의 정점입니다. 에덴동산에서 시작했던 일이 이제 극도의 광기로 치닫게 된 것입니다. 요한복음 1장 10절은 무어라고 합니까? "그가 세상에 계셨으며 세상은 그로 말미암아 지은 바 되었으되 세상이 그를 알지 못하였고."

이렇게 세상이 그분을 거절했다는 사실을 소름 끼칠 정도로 완벽하게 그려낸 것이 오늘 장면 아닐까요? 인간 통치자의 승인을 받은 군사들이 예수님을 조롱합니다. 그리고 그들은 예수님을 때리더니 마침내는 십자가에 못 박습니다. 우리는 16절에서 이 사실을 봄니다. "군인들이 예수를 끌고 브라이도리온이라는 뜰 안으로 들어가서 온 군대를 모으고." 군사들은 예수님을 브라이도리온으로 데려갑니다. 그곳은 예루살렘에 있는 총독의 거주지로서 아마도 안토니아 요새 안에 있었을 것입니다. 예수님이 끌려가시는 모습에서도 그분 평생의 특징이었던 겸손함을 봅니다. 구유에서 태어나신 그 첫날부터 군사들에게 끌려가시던 이 마지막 날까지 그분은 스스로를 낮추셨습니다.

브라이도리온에서 군사들은 예수님을 조롱하며 유대인의 왕이라고 부르면서, 예수님을 유대인의 왕으로 임명하는 모의 대관식을 거행합니다. 17절을 보십시오. "예수에게 자색 옷을 입히고 가시관을 엮어 씌우고 경례하여 이르되 유대인의 왕이여 평안할지어다 하고." 그들은 그 어떤 절차도 생략하지 않았던 것 같습니다. 예수님께 자색 옷을 입혀서 예수님의 권위를 조롱하는데, 이는 왕이 입는 옷을 우스꽝스럽게 따라한 것입니다. 이제 군사들의 조롱은 가시로 면류관을 꼬아 예수님 머리에 씌울 정도로 잔인해집니다.

"태초에 말씀이 계시니라 이 말씀이 하나님과 함께 계셨으니 이 말씀은 곧 하나님이시니라…그 안에 생명이 있었으니 이 생명은 사람들의 빛이라…자기 땅에 오매 자기 백성이 영접하지 아니하였으나…말씀이 육신이 되어 우리 가운데 거하시매 우리가 그의 영광을 보니 아버지의 독생자의 영광이요 은혜와 진리가 충만하더라"(요 1:1,4,11,14). 하지만 그분이 직접 오셨을 때, 이 세상에 존재했던 그 누구보다도 존귀하신 그분이 오셨을 때 어떤 취급을 당하셨습니까?

사람들은 그분을 어떻게 인식했습니까? 이 거짓 왕복을 입히고 그 고통스러운 왕관을 씌웠을 때 잔인하게 조롱하는 소리가 들려옵니다. "유대인의 왕이여 평안할지어다"(막 15:18).

친구들이여, 여러분은 우리 죄가 너무나 깊기에 우리가 입으로는 진리를 말하면서도 눈이 멀어 그 진리를 보지 못할 수도 있다는 사실을 아십니까? 우리는 이 사건에서 죄의 본질에 관해 무언가를 이해하게 됩니다. 우리는 삶에서 가장 심각한 죄를 거의 의식하지 못합니다. 죄는 본질상 우리의 눈을 멀게 하기 때문입니다. 우리가 지역 교회에 속하는 이유가 바로 그것입니다. 설교되는 하나님 말씀을 듣는 이유가 바로 그것입니다. 우리가 정기적으로 기도하고 하나님 말씀으로 돌아가는 이유가 바로 그것입니다.

게다가 군사들은 예수님을 말로만 조롱한 것도 아니었습니다. 그들이 예수님을 거부하는 모습은 폭력으로 나타납니다. 19절을 보십시오. "그 머리를 치며." 이는 14장에서 예수님이 산헤드린에서 감내하셨던 그런 구타입니다. 또 이는 예수님이 12장에서 들려주신, 소작농들이 주인의 종을 맞이하고 결국은 아들을 맞이하는 비유와 놀라울 정도로 유사합니다. 그들은 예수님이 단 며칠 전에 이 예언적인 비유를 말씀하실 때 듣고 분개했지만, 이제 군사들이 예수님을 때림으로 그들의 눈앞에서 이 비유는 실현되고 있습니다.

그리고 그들이 어디를 때렸는지 잊지 마십시오. 그들은 예수님의 머리를 때렸습니다. 머리에 왕관을 씌운 것이 그저 조롱하기 위한 행위였음을 분명히 드러내려고 한 것 같습니다. 그들은 예수님의 머리를 쳤습니다. 그들은 예수님을 전혀 존경하지 않는다는 사실을 분명하고 신랄하게 알리기 원한 것입니다. 게다가 그들은 한 번만 그렇게 한 것도 아니었습니다. 19절 앞 부분에서 그 장면을 볼 수 있습니다. 그들은 계속해서 그렇게 했습니다. 그들은 예수님을 그냥 한 대 때린 것이 아닙니다. 그들은 예수님을 구타했습니다.

이는 우리가 하나님을 거부하는 모습을 얼마나 생생하게 그려내고 있습니까? 계속해서 폭력적으로 반역하는 우리 말입니다. 친구여, 영적인 면에서 이 모습이 당신이지 않습니까? 이 아침 그리스도인으로 여기에 서 있는 우리는 이것이 우리라는 사실을 잘 알고 있습니다. 그분은 우리를 완전한 고결함으로 대하셨지만 우리는 계속 하나님을 거부했습니다. 그러한 고결함으로도 우리의 사랑이나 순종을 확보하지 못하신 것입니다. 오히려 우리는 계속해서 자기 자신을 따르고, 우리의 뜻과 욕망을 선택하기로 작정했습니다. 우리의 창조자이자 심판자이신 하나님이 우리에게 무어라고 말씀하시든지 상관없이 말입니다.

또 친구여, 당신이 그리스도인이 아니라면 당신의 모습이 이렇다고 제가 규정하는 바람에 기분이 상했을지도 모르겠습니다. 하지만 사실이 그렇습니다. 성경은 모든 사람에 대해 이렇게 말합니다. 즉 우리가 모두 하나님을 거절하기로 결정했다는 것입니다. 여러분은 왜 이 세상에 문제와 갈등이 있는지 궁금하십니까? 글쎄요, 여러분은 현존하는 모든 신체적 문제들을 가리킬 수도 있겠습니다. 자연 재해를 가리킬 수도 있습니다. 하지만 친구들이여, 성경은 우리 인간 사회 내에 그러한 문제와 갈등이 있는 이유를 분명히 밝힙니다. 우선 성경은 우리가 모두 하나님의 형상으로 만들어졌고 그러하기에 우리는 모두 가치가 있다고 말합니다. 따라서 그리스도인이 가치 있게 여기고 돌보지 않아도 되는 사람은 한 사람도 없습니다. 그리고 솔직하게 말씀드리자면 우리는 당신의 종교가 무엇이든지 당신과 당신의 권리를 보호할 것입니다. 사실 우리는 당신이 이 창조 세계와 더불어 저편 세계에서도 하나님의 선하심을 만끽하기를 권하고 싶습니다. 하지만 성경은 또한 우리 모두에게 무언가 잘못된 것이 있다고 말합니다. 비록 우리가 하나님의 형상으로 만들어졌지만 하나님께 반역을 저질렀다는 것입니다.

따라서 이 역사적 사건은 결코 비유가 아닙니다. 실제로 일어난 일입니다. 이 사건은 또한 우리가 하나님을 거절하며 행한 모든 일이 어떤 것인지를 묘사하고 설명합니다. 19절에서 군사들이 예수님께 표하는, 그 조롱하고 비아냥대는 행동을 인지하지 못한다면 아직 이 죄의 참상을 완전히 파악한 것은 아닙니다. 그들은 예수님께 거짓 찬양을 합니다. 그들은 기도하는 척만 하고 찬송하는 척만 하며 절합니다. 그들은 예수님께 침을 뱉습니다. 예수님을 찬양해야만 하는, 죽을 수밖에 없고, 순식간에 사라져 버릴 피조물들이 가장 저열하고 역겨운 결례를 범한 것입니다.

친구들이여, 이 모든 양상에서 죄가 얼마나 추악한지 그 일면을 봅니다. 죄가 바로 이렇습니다. 죄란 하나님께 순종하지 않는 것입니다. 죄란 우리 삶에서 그분의 권위를 거부하는 것입니다. 그분을 묵살하는 것이며, 나아가 그분을 인격적으로 거부하는 것입니다. 이 일의 핵심은 육체적인 고난을 가하는 것이 아닙니다. 여러분은 마가가 이 장면을 묘사하면서 얼마나 자신을 자제하고 있는지 느끼십니까? 마가는 피가 난무하는 끔찍한 세부묘사에 집착하지 않았습니다. 그가 묘사한 핵심은 그들이 예수님을 인격적으로 거부하였다는 것입니다.

그렉: 설교의 첫 번째 요점인 "죄의 참상"은 탁월하다고 생각합니다. 본문을 풀어나가면서 그 안에 극도로 무거운 분위기를 남겼습니다. 또 예수님을 거부하는 갖가지 사람들과 그들이 예수님을 거부하는 다양한 방식을 다루었습니다. 이 부분을 설교하는 중에 회중이 굉장히 조용했을 것만 같습니다. 다시 묻겠습니다. 이런 무거움을 의도하신 건가요?

마크: 그럼요. 그럼요. 저는 예수님에 대한 완전한 거부가 행해졌음을 회중이 깨닫길 원했습니다. 인간이 절대적인 광기에 다다를 정도까지 하나님을 거부한다는 점을 알리고 회중이 그 엄청남을 느끼기 원했습니다.

친구들이여, 여러분은 피투성이가 되신 예수님의 참혹한 모습을 자세히 묘사하는 일에 집중한 어느 영화에서도 이러한 참상을 보실 수 있습니다. 하지만 참상에 대한 묘사만 있을 뿐 그 죽음이 갖는 의미에 대한 설명이 없다면, 즉 그분이 왜 죽으셨고 그 죽음이 우리와 무슨 상관이 있는지를 말로 알려주지 않는다면 그 참된 의미를 완전히 놓치고 있는 것입니다. 복음서는 우리에게 **왜** 예수님이 죽으셨는지 말해줍니다. 복음서는 그 이유를 우리에게 설명합니다.

그렉: 왜 **패션 오브 크라이스트**를 저격하셨나요?

마크: 제 설교 노트에는 없었던 내용이에요. 불필요한 내용이었습니다.

그렉: 그렇군요. 하지만 한 가지 중요한 점을 짚어주셨습니다.

마크: 그렇습니다. 우리가 동산에서 죄를 지어 하나님을 볼 수 없게 된 이후로, 하나님은 줄곧 우리가 볼 수 있는 위대한 일을 행해주셨습니다. 즉 출애굽이나 성육신, 그리고 십자가형과 부활 같은 것들 말이죠. 하지만 하나님은 말을 사용하셔서 그러한 징표와 상징을 해석하게 하셨습니다. 하나님은 무언의 행위만 주신 것이 아닙니다. 그 행위를 말로 설명해주십니다. 제가 그 영화에 대해 지적하려는 점도 그것입니다. 저는 그 영화가 사람의 감정을 뒤흔든다고 생각합니다. 하지만 제가 우려하는 바는 사람들이 그 사건에 자기 나름의 의미를 가져다 붙이고, 그 의미를 이입한 후 그것을 하나님이 그리스도 안에서 행하신 일의 핵심으로 생각

할 수도 있다는 점입니다. 성경 본문에 설명된, 하나님이 실제로 행하고 계시는 일을 받아들이기보다는 말이죠.

야고보서 2장에는 굉장히 흥미로운 구절이 있습니다. 잠깐 그 말씀을 펴보십시오. 죄의 본질에 대해 설명해드리고 싶은 것이 있습니다. 때로 그리스도인은 시편 51편 "내가 주께만 범죄하여"(4절) 라는 말씀을 듣고는 이렇게 생각합니다. "정말? 죄라는 것이 하나님께만 범하는 것이라고? 나는 다른 사람에게 죄를 저질렀는데 왜 하나님께만 범죄했다고 말하지?"

그건 죄가 근본적으로 그러하기 때문입니다. 죄란 인격적으로 하나님을 대적하는 것입니다. 야고보서 2장 11절 말씀을 보십시오. 야고보는 이웃을 사랑하는 것과 율법을 어기지 않는 것의 중요성을 설명합니다. 그리고 10절에서 이렇게 말합니다. "누구든지 온 율법을 지키다가 그 하나를 범하면 모두 범한 자가 되나니." 그러면 왜 한 가지 율법을 어겨도 그 모두를 범하게 되는 겁니까?

설교자들은 죄란 마치 체인과 같아서 고리 하나가 망가지면 체인 전체가 망가지는 것과 같다고 많이 설명합니다. 그것도 사실입니다. 하지만 그런 설명은 죄의 핵심을 놓친다고 생각합니다. 왜 야고보가 우리가 한 가지 죄를 범하면 모두 범한 것과 같다고 말했는지 살펴보시지요. 11절을 보십시오. "간음하지 말라 하신 이가 또한 살인하지 말라 하셨은즉"(약 2:11). 요체는 누가 이 말씀을 하셨느냐는 데 있습니다. 이 두 명령은 서로 별개이지만 같은 분, 곧 하나님에게서 나온 것입니다. 죄의 핵심은 우리가 하나님께 불순종하는 것입니다. 죄란 우리가 삶에서 하나님의 권위를 인격적으로 거부하는 것입니다.

그렉 : 좋습니다. 목사님이 평소 해주시던 조언을 여기서 적용해보도록 하겠습니다. 야고보서 2장과 관련해서, 말씀하신 첫 번째 요점에서 어떻게 하나의 율법을 범하면 온 율법을 어긴 것이 되느냐고 묻고 나서 그 이유는 온 율법이 하나님의 입에서 나왔기 때문이라고 설명하셨습니다. 제가 느끼기에는 불행하게도 성경 다른 곳을 찾아보도록 요청한 이 지점에서 무거운 느낌이 사라져 버린 것 같습니다. 물론 이것은 분명히 중요한 요점입니다. 하지만 목사님이 지금까지 잘 조성해 낸 그 무거운 느낌을 깨뜨리지 않고도 설명할 수 있지 않았을까 생각합니다. 어쩌면 대속에 대한 두 번째 요점에서 설명하셨으면 어땠을까 하기도 하고요. 그러는 편이 그 요점들에도 더 도움이 될 수 있지 않았을까요.

마크 : 저는 예수님을 인격적으로 거부한다는 게 어떤 건지를 성경에서 예를 들어 보여주고자 했습니다. 죄란 하나님을 인격적으로 거부하는 것임을 지적하려 한 것이지요. 그래서 여기에 넣은 것입니다.

그렉 : 그렇죠. 하지만 교회 전체가 성경 다른 곳을 펴보도록 하지 않고 그렇게 할 방법은 생각해보셨나요? 야고보서까지 가지

않고 단지 요점을 제시하는 방법 말입니다.

마크 : 그래요. 그렇게 하면 확실히 더 좋았을 수 있겠습니다.

그러면 다시 복음서, 마가복음 15장으로 돌아가보시죠. 여기서 우리는 군사들이 예수님을 조롱하는 모습이 모든 죄의 본질을 무서울 정도로 분명하고 날카롭게 그려내고 있다는 사실을 확인합니다. 즉 온 힘을 다해 인격적으로 하나님을 거부하는 것입니다. 우리에게 있는 하나님의 형상으로 인해 지니게 된 기지와 유머까지 사용해 가면서 최선을 다해 하나님을 조롱하는 것입니다. 따라서 당연히 하나님의 선하고 올바른 정죄 아래 놓이게 되고, 하나님의 은혜를 필요로 하게 됩니다. 하지만 우리에게는 그분의 은혜를 요구할 권리가 전혀 없습니다. 우리는 자신이 사랑을 베푸는 피조물임을 입증하지 못했으며, 창조주를 신경쓰지도 않고 우리를 향한 창조주의 계획과 설계를 신경쓰지도 않는다는 사실을 스스로 입증한 것입니다.

그렇게 군사들은 이 가짜 대관식을 마무리합니다. 아마도 그것도 시간이 부족해서 부랴부랴 끝냈을 것입니다. 그렇지 않다면 그들은 그날 내내 그 짓거리를 했을 것입니다. 보통 로마인은 십자가의 세로 기둥은 땅에 그대로 두었습니다. 세로 기둥은 너무 무거워서 옮기기가 어려웠기 때문입니다. 따라서 십자가형을 당할 사람은 가로 기둥만 짊어지고 옮겼는데 보통 무게가 45킬로그램 정도였습니다.

하지만 예수님은 방금까지 매질을 당해서 매우 약한 상태이셨습니다. 밤새 잠을 주무시지 못했음은 말할 필요도 없습니다.

그래서 우리는 21절에서 군사들이 시몬을 징발하는 모습을 봅니다. 그리고 그들은 사형을 집행할 성벽 외곽의 한 지역, 즉 해골이라는 장소에 다다릅니다. 그곳은 예루살렘 성으로 향하는 대로 옆에 있어 눈에 잘 띄는 곳이었습니다. 십자가형을 집행하는 목적 중에는 많은 사람에게 십자가 처형 장면을 보여주어 반역자들이 어떤 형벌을 당하는지 똑똑히 알리려는 것도 있었습니다. 이제 그들은 예수님을 십자가에 못 박을 준비를 합니다.

이제 여러분에게 훌륭한 이야기가 지니는 한 가지 특징을 말씀드리기 딱 좋은 순간이 된 것 같습니다. 고대부터 그랬듯이 훌륭한 이야기라면 영웅이 나타나서 구원한다는 내용이 나오기 마련입니다. 이 이야기가 우리가 찾던 그 이야기라면, 이 이야기가 예수님께 애틋함을 느끼고 예수님께 동질감을 느끼게 하려는 의도로 작성된 것이라면, 우리는 당연히 그분이 구원받는 모습을 기대할 것입니다. 십자가형은 고대 이야기에서 종종 등장합니다. 프랑스 혁명을 배경으로 하는 이야기에 단두대가 빠지지 않고 등장하는 것만큼 그것은 고대 시대 모험과 로맨스 이야기의 일부였습니다.

그리고 그러한 이야기에서 영웅은 언제나 자유의 몸이 됩니다. 다만 도굴범, 배우자를 죽인 사람, 철면피 범죄자들과 같은 악인들만이 십자가에서 죽임을 당합니다. 주인공은 언제나, **언제나** 불공정한 십자가형을 당하기 직전에 그 운명을 피해갑니다. 십자가형은 그저 극도의 위기와 최고로 고조된 긴장감을 조성할 뿐이며, 그 순간 친구들이 개입하여 주인공을 구출합니다. 이야기는 그렇게 흘러가기 마련입니다.

따라서 우리는 시몬이 십자가를 대신 지는 순간 이제 예수님이 군중 가운데서 구출되는 것은 아닐까 기대하게 됩니다. 갑자기 제자들이 비겁한 모습을 떨쳐버리고 새롭게 조직을 구성하여 준마를 타고 나타납니다. 그들은 빛나는 칼을 차고 군중을 헤치며 예수님을 향해 돌진합니다. 그래서 부당하게 버림받고 정죄받은 예수님을 구해내고 예수님께 다시 자유와 회복을 안기는 것입니다. 이렇게 해서 예수님이 후세의 사람들에게 낭만적인 신화에 나오는 영웅적 인물로 남을 수 있도록 하는 것입니다.

친구여, 당신이 그리스도인이 아니라면, 그리고 1세기에 대해서 잘 안다면, 이 내용이 하나의 이야기에 불과하다면 의당 이렇게 기록되었을 것임을 아실 것입니다. 그렇게 해야 사람들이 주인공에게 자신을 이입하고서는, "그래, 그래야 영웅이지. 영웅은 마지막에 이기는 법이야. 그의 가르침을 따라야 해."라고 믿게 되지 않겠습니까. 십자가형은 당시 문화에서 최악의 수치였습니다. 그런데 이런 식의 구출은 일어나지 않습니다. 이것은 그저 하나의 허구적 이야기가 아니기 때문입니다. 이것은 역사입니다. 오히려 모든 독자를 경악하게 하는 기괴한 결말로 치닫습니다. 예수님께 공감하길 기대하면서 이 이야기를 읽는 모든 유대인, 로마인, 그리스인 독자를 경악시킬 결말입니다.

23절에서 그들은 몰약을 탄 포도주를 줍니다. 아마도 못을 내리치기 전에 마지막 호의로 준 진통제였을 것입니다. 어쩌면 고통을 더하기 위해 주었을지도 모릅니다. 이유가 무엇이든 이 행위는 시편 69편 23절 말씀을 성취합니다. 예수님이 그 포도주를 거부하신 것입니다. 그리고 24절에서 마가는 특유의 딱딱한 문체로 다음과 같이 충격적인 글을 기록합니다. "십자가에 못 박고."

친구여, 오늘 저녁 예배에서는 구약 성경 전체에서 가장 놀라운 말씀 중 하나를 살펴볼 것입니다. 바로 시편 22편입니다. 지금 그 전체를 읽을 시간은 없습니다만, 시편 22편은 그리스도께서 오시기 천 년 전에 기록된 내용입니다. 다윗 왕은 16절에서 이렇게 기록합니다. "개들이 나를 에워쌌으며 악한 무리가 나를 둘러 내 수족을 찔렀나이다 내가 내 모든 뼈를 셀 수 있나이다 그들이 나를 주목하여 보고 내 겉옷을 나누며 속옷을 제비 뽑나이다." 제가 젊었을 때 이 말씀을 처음 읽었던 기억이 납니다. New Living Bible 성경으로 봤던 것 같은데 장소는 매디슨빌 공립 도서관이었습니다. 그 말씀을 읽다가 성경에 오타가 있는 게 분명하다는 생각이 들어 매디슨빌에 위치한 제일 침례교회 목사님께 전화를 했습니다. 목사님께 설명하려고 전화했던 겁니다. "저기요, 목사님. 성경에 오타가 있습니다. 그러니까 이건 분명히 신약성경에서 나온 내용인데, 어떻게 된 일인지 구약에 이 내용이 들어 있는 성경을 팔았어요." 친구여, 오후에 시편 22편을 읽어보십시오. 하나님의 말씀에 어떤 일이 생겨났는지를 보십시오. 그 예언이 어떻게 가장 놀라운 방식으로 성취되었는지 보십시오.

군사들은 예수님께 공식적 죄명을 붙입니다. 그분은 자신이 유대인의 왕이라고 주장했다는 죄목으로 십자가에 달리셨기 때문에, 십자가에 달리시는 그분의 모습은 그날 예루살렘으로 올라가던 잠재적 반역자나 테러리스트에게 좋은 범죄 억제수단이 되어야만 했습니다.

그리고 예수님이 당하신 십자가형은 종교 지도자들의 거부를 확인하는 것 같습니다. 그들은 신명기 21장에 기록된 모세 율법에서 십자가에 달린 자는 하나님의 저주 아래 놓인 자라는 사실을 알았으며, 그들은 메시아라면 절대로 당할 수 없는 일이 바로 이 저주를 받는 것이라고 생각했습니다.

군사들은 예수님을 벌거벗기고 그 옷을 나눕니다. 십자가는 고통을 가하고 목숨을 앗아가는 수단이기도 했지만 그에 못지않게 수치와 굴욕감을 주는 수단이기도 합니다. 예수님은 가난하셨기 때문에 말 그대로 빈손이셨습니다. 하늘과 땅 사이에 벌거벗은 채로 매달리신 예수님은 제단에 아무런 희생제물도 가져가지 않으신 제사장이셨습니다. **그분이** 그날의 제물이었습니다.

그렉 : 본문의 세부사항에 관심을 기울이는 방식이 참 좋습니다. 제게도 특별히 다가온 것은 그들이 먼저 예수님의 머리에 가시관을 씌우고 머리를 때렸다는 점입니다. 관을 씌운 것이 좋은 의도가 아니라는 사실을 강조하신 것이죠. 목사님이 얼마나 열심히

본문을 살펴보는지를 말해주는 것 같습니다.

마크 : 네. 그와 관련하여 묵상의 열매에 대해서 얘기하고 싶은 것이 하나 있습니다. 저는 최근에 누가복음 18장에 나오는 바리새인과 세리의 이야기를 설교한 어느 형제와 대화를 나누다가 이런 말을 했습니다. "이 설교를 준비할 때 당신이 해야 할 일은 예수님이 처음에 이 이야기를 하셨을 때 사람들이 어떻게 받아들였을지 상상해보는 것입니다. 그들은 우리가 보통 반응하는 것과는 다르게 반응했을 것입니다. 즉 당시 사람들은 바리새인을 정말 좋은 사람으로 생각했다는 점입니다. 따라서 바리새인을 나쁜 인물, 즉 공공연한 위선자로 부각시키고 세리를 기본적으로 착한 사람으로 부각시킨다면 이는 오히려 사람들의 자기 의를 강화시킬 것입니다. 예수님이 염두에 두신 핵심을 제대로 제시하기 위해서 우리가 해야 할 일은 오히려 바리새인들을 정말로 공감가는 인물로 만드는 것입니다. 우리는 바리새인을 정의의 대변자, 진중하고 좋은 사람으로 제시해야만 합니다. 제 생각에는 우리가 이 사실을 이해할 때 이 이야기의 의미를 더 실감하게 될 것입니다. 이 사실은 본문을 묵상해봐야 비로소 파악할 수 있는 것들입니다."

하지만 마가는 이 모든 죄가, 전쟁으로 감각이 무뎌지고 폭력과 죽음에 익숙해진 로마 군사라는 소수의 무리만 저지른 죄라고 생각하지 못하도록 만듭니다. 즉 27-32절에서 모든 사람 즉 강도에서부터 서임받은 목회자까지 예수님을 거부하고 거절했다는 사실을 분명히 밝힙니다. 어쩌면 우리는 이방인 군사들의 잔인함에는 그다지 치를 떨지 않을지도 모르겠습니다. 하지만 예수님은 자기 민족에게서도 단지 증오와 경멸만 받았을 뿐입니다.

저는 27절부터 31절에 나오는 이 조롱의 행진에 참여한 자들 중에 누가 가장 놀라운 인물인지 모르겠습니다. 어쩌면 강도들일지 모르겠습니다. 십자가 처형을 받는다는 사실만으로도 그들이 단순한 강도가 아님을 암시합니다. 어쩌면 그들은 봉기에 참여했을 수도 있습니다. 이사야가 예언한 그대로 예수님은 범법자 중 한 사람으로 여겨진 것입니다. 여기 형제애의 유대나 동료적 유대는 전혀 없습니다. 32절에서는 심지어 예수님과 함께 십자가형을 당하는 자들조차 예수님을 모욕하는 장면을 봅니다. "너 자신과 우리를 구하라," 강도 중 하나가 예수님에게 한 말입니다. 거의 "닥쳐. 나는 당신의 가르침을 혐오해. 내가 여기 이렇게 죽어가는데 너는 누구라도 구원할 수 있다고 가르쳤잖아. 네가 나를 이 처지, 이 문제에서 지금 당장 구해내지 못한다면, 나는 네가 뭐라고 하든 신경 쓰지 않겠어."라고 하는 것입니다.

친구들이여, 그들은 예수님을 단 한 번 모욕한 것이 아니었습니다. 계속해서, 반복해서 그렇게 했습니다. 욕설과 모욕을 지속했습니다. 이 역시 인간의 죄성이 드러나는 모습입니다. 그렇지 않습니까? 우리는 죄가 있어 정죄당하면서도, 자신이 잘못했다는 사실을 알면서도, 다른 사람을 판단하고 정죄하고 다른 사람의 잘못을 찾아내 확대합니다. 그리고 예수님은 우리를 위해서 인간의 굴절된 모욕도 기꺼이 감내하신 것입니다.

하지만 그들의 행위가 31절과 32절에 나오는 종교 지도자들의 행위보다 더 부끄러운 것인가요? 실질적으로 우리는 사회에서 멸시당하는 사람들에게서는 별다른 것을 기대하지 않습니다. 우리는 범죄자들이란 으레 그렇게 행동한다고 알고 있습니다. 하지만 적어도 종교 지도자들과 성경을 가르치는 교사들, 하나님을 예배하라고 백성들에게 말하던 그들은 적어도 바로 그 하나님을 조롱하는 일에 참여하지 말았어야 합니다. 그런데 마가복음을 따라가다 보면 요한이 말한 "자기 백성이 영접하지 아니하였으나"라는 말씀이 진리임을 보게 됩니다. 그들은 영적으로 눈이 멀었기에 다른 사람들과 똑같이 예수님을 조롱하는 것입니다.

복음서를 특징짓는 깊은 역설이 여기 나옵니다. 이 대제사장들과 율법 교사들은 빈정대듯 외쳤지만, 오히려 첫 복음 전도자가 되었다는 사실입니다. "그가 남은 구원하였으되 자기는 구원할 수 없도다." 참입니다. 그렇지 않습니까? 그분은 다른 사람을 구원하십니다. 그런데 자신을 구하지 않으셔야만 그렇게 하실 수 있었습니다. 예수님은 "인자가 온 것은 섬김을 받으려 함이 아니라 도리어 섬기려 하고 자기 목숨을 많은 사람의 대속물로 주려 함"이라고 가르치셨습니다. 친구들이여, 예수님은 다른 이를 구원하시기로 작정하셨기 때문에 자신을 구할 수 없으셨던 것입니다. 이사야가 예언한 그대로입니다. "우리는 생각하기를 그는 징벌을 받아 하나님께 맞으며 고난을 당한다 하였노라"(사 53:4). 이 선생들보다 이 예언의 말씀을 더 잘 아는 자가 누가 있었겠습니까? 그런데도 그들은 오히려 메시아를 거부합니다. 자신들의 왕을 경배해야만 하고, 그 경배를 이끌어야만 할 자들이 오히려 그분을 거부하고 조롱하는 것입니다.

31절과 32절은 이렇게 말합니다. "그와 같이 대제사장들도 서기관들과 함께 희롱하며 서로 말하되 그가 남은 구원하였으되 자기는 구원할 수 없도다 이스라엘의 왕 그리스도가 지금 십자가에서 내려와 우리가 보고 믿게 할지어다." 하지만 물론 그들은 믿지 않을 것입니다. 예수님이 예전에 가르치신 그대로입니다. 그들은 죽은 자가 살아난다고 해도 믿지 않을 것입니다.

종교만으로는 영적인 깨달음이나 덕스러운 생활을 보장하지 않습니다. 많은 사람이 종교성을 보일 수는 있습니다. 당신은 종교적인 그리스도인, 종교적인 불교도, 기타 온갖 종류의 종교적 사람이 될 수도 있습니다. 하지만 종교만으로는 누구도 구원하지 못합니다. 여기서 우리는 사람이 예수님을 거부하고 하나님을 대적하여 일으킨 반역의 정점을 목격합니다. 그 반역은 동산에서 시작하여 모든 인간의 생명을 집어 삼켜버립니다. 우리는 십자가의 죄수들이 죄인임을 봅니다. 하지만 제사장들 역시 죄인이었습니다. 감옥과 교회는 유사한 점이 많습니다. 감옥과 교회의 가장 중요한 유사점은 거기 있는 모두가 죄인이라는 사실입니다. 우리 중 그 누구도 죄의 약탈을 피하지 못했습니다. 범죄자나 성경 교사나 마찬가지입니다. 우리는 모두 살면서 하나님의 권위에 저항하며 반역행위를 자행했습니다. 그리고 예수님은 인간의 반역심이 표출될 가장 분명한 기회를 주신 것입니다. 여기서 그 사실이 보이십니까?

또 29절과 30절에서는 이해관계라고는 전혀 없는 행인들을 봅니다. 그들은 그저 그 옆을 지나고 있었을 뿐입니다. 어쩌면 아침에 도성으로 들어가려던 참이었을지도 모르겠습니다. 그런 그들도 지나가면서 예수님께 모욕을 쏟아냅니다. 예수님께 자기 자신을 구하라고 조롱하며 외칩니다. 그리고 예수님의 가르침을 잘못 인용하며 예수님을 훈계합니다. 29절, 30절을 보십시오. "지나가는 자들은 자기 머리를 흔들며 예수를 모욕하여 이르되 아하 성전을 헐고 사흘에 짓는다는 자여 네가 너를 구원하여 십자가에서 내려오라 하고."

친구들이여, 지난주와 마찬가지입니다. 성경을 알면 알수록 모든 예언이 몰아치듯 성취되는 모습을 보게 됩니다. 마치 예언에 대해 아무것도 몰랐던 사람들까지도 예언을 성취하려고 **용을 쓰는** 것처럼 보입니다. 시편 22편 7절, 8절은 말합니다. "나를 보는 자는 다 나를 비웃으며 입술을 비쭉거리고 머리를 흔들며 말하되 그가 여호와께 의탁하니 구원하실 걸, 그를 기뻐하시니 건지실 걸 하나이다."

지나가는 말조차도 인간 내면에 존재하는 심중한 생각을 드러낼 수 있습니다. 그렇지 않습니까? 하나님에 대한 인류의 거부가 너무나 광범위하기 때문에 그냥 지나가던 자들조차 자기 의견을 내야만 하는 것입니다. 마치 인간의 죄란, 세상이 다 인정하는 그런 범죄자나 위선적인 종교 지도자들의 전유물이라고 생각하지 않기를 열망하는 것 같습니다. 마치 그들은 "아니야, 아니야, 그렇지 않아. 모든 사람이 죄를 짓는 거야."라는 사실을 매우 알리고 싶어하는 것 같습니다. 성육신하신 하나님을 대적하는 수없이 다양한 방식을 보십시오. 우리의 죄가 취할 수 있는 그 다채로운 형태와 양상을 보십시오. 우리의 죄는 참으로 끔찍합니다. 그리고 이러한 끔찍함이 여기보다 더 지독하게 나타난 장면은 없습니다.

그러나 우리의 죄악이 끔찍했지만, 더 나쁘고 더 나은 것이 올 것이 있었습니다. 이제 첫 번째 요지를 마칩니다. 우리는 죄의 참상을 보았습니다.

두 번째, 우리는 그리스도의 죽음에서 대속의 대가를 봅니다. 아시다시피 예수님은 그분의 죽음 안에서 하나님의 형벌을 담당하셨습니다.

34절을 다시 봅시다. "제구시에." 이는 오후 3시를 말합니다. 로마인은 오전 6시부터 시간을 쟀기 때문에 3시는 오전 9시이며, 6시는 정오, 9시는 오후 3시입니다. "제구시에 예수께서 크게 소리 지르시되 *엘리 엘리 라마 사박다니* 하시니 이를 번역하면 나의 하나님, 나의 하나님 어찌하여 나를 버리셨나이까 하는 뜻이라." 이 구절이 바로 오늘 밤 시편 22편에서 생각해볼 말씀입니다. 이 말씀을 더 깊이 묵상하며 주일을 마무리하기 원하신다면 오늘 저녁 예배에 나오시기를 바랍니다.

저는 우리가 이제 전체 성경에서 가장 거룩한 지점에 이르렀다고 말해도 무방하다고 생각합니다. 우리는 성자 하나님과 성부 하나님의 관계에 도달했습니다. 이를 바르게 이해하기 위해서 굉장히 주의 깊게 생각하고 말해야만 합니다. 성부 하나님은 여기서 예수님을 버리십니다. 예수님을 잊는다거나 무시한다는 의미가 아니고, 예수님을 증오한다는 의미도 아닙니다. 정확히 말하자면 성부 하나님이 자기 아들을 벌하시는 것입니다. 마치 그분이 담당한 그 모든 죄를 그분이 직접 저지르기라도 한 것처럼 대하시는 것입니다. 예수님은 그 잔을 취하셨습니다. 이를 위해 예수님이 오신 것입니다. 예수님은 아버지의 형벌을 당하셔야 하기 때문에 고통 가운데 울부짖으셨습니다.

우리가 나이 지긋한 그리스도인이든 또는 오랫동안 비그리스도인으로 지냈든, 그리스도의 죽음을 대속으로 이해하는 것이야말로 그리스도인의 소망의 핵심을 이해하는 가장 근본입니다. 이것이 하나님의 계획입니다. 성경은 말합니다. "우리는 그리스도 안에서 그의 은혜의 풍성함을 따라 그의 피로 말미암아 속량 곧 죄 사함을 받았느니라 이는 그가 모든 지혜와 총명을 우리에게 넘치게 하사"(엡 1:7-8).

저는 세 가지 질문을 간단히 살펴보려고 합니다. 왜 대속물이 필요했는가? 어떻게 대속물이 있을 수 있는가? 왜 대속물이 주어졌는가?

첫째, 왜 대속물이 필요했는가? 성경은 하나님이 완벽하게 선하시고 거룩하시고 의로우시다는 점을 분명하게 가르칩니다. 하박국 1장 13절은 이렇게 말합니다. "주께서는 눈이 정결하시므로 악을 차마 보지 못하시며 패역을 차마 보지 못하시거늘." 성경이 제시하는 하나님 상이 어떠한지 잘 정리한 말씀입니다. 그분은 도덕적으로 무관심하신 분이 아닙니다. 그분은 도덕적으로 혼재되어 있거나 타협하는 분이 아니십니다. 그분은 자신의 때와 계획에 실수가 없으십니다. 그분은 약하지도 않고 능력이 없지도 않습니다. 다만 완벽하게 거룩하십니다.

그분의 거룩함은 형언할 수 없이 높고 위대하기에, 하나님이 우리 죄에 대해 그렇게나 크게 불쾌해하시는 것입니다. 그들이 보였던 광기 어린 반역은 우리의 반역과는 지독함이라는 측면에서는 다를지 모르겠습니다. 그 당시에는 하나님이 육체로 이 땅에 거하셨기 때문입니다. 하지만 그들의 반역이 종류가 다른 것은 아니었습니다. 이는 당신과 제가 이번주에 하나님께 저지른 죄악과 그 종류가 전혀 다르지 않습니다. 따라서 죄의 끔찍한 본질 때문에 죄에 대한 형벌이 그렇게 처참한 것입니다. 그래서 대속물이 필요한 것입니다.

둘째, 어떻게 대속물이 제공될 수 있는가? 어떻게 우리를 대신하는 대속물이 있을 수 있습니까? 창조주이사 심판자이신 하나님 자신이 대속물을 받아들이기로 결정하셨기 때문입니다. 그분은 심지어 구약의 희생 제사를 통해서, 선지자들을 통해서, 예수님 자신의 가르침을 통해서, 참 인간이면서도 참 하나님이신 분이 오셔서 우리를 위해 순종하시고, 우리의 형벌을 자신이 담당하실 것이라고 가르쳐 오셨습니다. 우리는 오늘 본문에서 그분의 순종이 얼마나 완전한지 보게 됩니다. 그리고 그분이 기꺼이 자신을 바치셨다는 사실도 보게 됩니다. 성경은 이를 다음과 같이 기록합니다. "하나님이 죄를 알지도 못하신 이를 우리를 대신하여 죄로 삼으신 것은 우리로 하여금 그 안에서 하나님의 의가 되게 하려 하심이라"(고후 5:21).

그렉 : 여기서 목사님이 다루신 질문, 즉 어떻게 대속물이 주어질 수 있었느냐는 질문은 굉장히 복잡한 질문입니다. 그런데 목사님은 실질적으로 한 문장으로 답하셨습니다. 본질적으로 하나님이 그렇게 **결정하셨기** 때문이라고 말씀하셨죠. 그런데 제가 알기로는 하나님이 그렇게 선택하신 것이 불공정한 것이 아니라는 점을 지지하는 더 깊은 논의가 있습니다. 그리고 그리스도와 우리의 연합과도 관련이 있고요. 그런데 목사님은 거기까지 전혀 가지 않으셨습니다. 왜 그렇게 하신 건가요?

마크 : 저는 하나님이 행하신 일을 설명하기 위해서 변호를 한다거나 논리적 근거를 대는 일을 다소 삼가는 편입니다. 제가 추론을 하거나 정의를 내리려 하다가 오류가 발생할 수도 있고, 그렇게 함으로써 하나님께 불명예를 안길 수도 있기 때문입니다. 우리 믿음에서도 변증론이 실제로 다소 위험스러워지는 몇몇 지점까지 갈 때가 있습니다. 그러면 저는 거기에서 멈추고 "심판자이신 하나님이 대속물을 받으시기로 선언하셨다."라고 담백하게 정

리하는 편이 더 좋다고 봅니다.

오 친구들이여, 특히 이 아침 여기 모인 종교적인 친구들이여, **우리의 열정도, 우리의 눈물도, 후회도, 신실한 감정의 반응도, 그 어떤 것도 절대로** 우리가 이미 저지른 죄를 되돌릴 수 없다는 사실을 보시기 바랍니다. 우리에게는 대속물 외에는 거룩하신 하나님과 교제할 수 있는 어떤 방법도 없습니다. 대속물이 있어야만 합니다. 그렇지 않으면 우리는 버림당할 뿐입니다. 그래서 우리에게는 구세주가 있어야만 합니다. 예수님이 유일한 구세주이십니다. 그분은 우리의 희망이십니다. 예수님 때문에 우리를 대신하는 대속물이 존재할 수 있는 것입니다.

우리에게 한 분이 필요한 이유, 한 분이 계실 수 있었던 이유가 바로 이것입니다. 하지만 여전히 한 가지 질문이 남습니다. 왜 대속물이 주어졌는가? 분명히 하나님의 완전하심, 하나님의 도덕성, 하나님의 선하심은, 하나님의 형상을 소지하고도 하나님께 반역한 자들을 달리 고려하지 않고도 인류 역사에 완전히 나타날 수 있었습니다. 그분은 그저 자신의 정의가 어떠한 것인지 보여주는 정도만 하실 수도 있었습니다. 하지만 친구들이여, 이 대속물 안에서 하나님의 사랑이 어느 정도인지 보십시오! 그리스도께서는 우리가 버림받지 않게 하시려고 자신이 버림받으신 것입니다.

예수님은 항상 이 사실을 마음에 두고 계셨습니다. 마가복음 2장 20절에서도 그들이 신랑이신 자신을 빼앗길 날을 언급하실 정도입니다. 그분은 우리를 그렇게나 많이 사랑하셨습니다. 마치 우리가 아까 찬양한 가사처럼 말입니다. "아버지 사랑 깊어라, 측량할 길 없네. 독생자 주셔야 했네. 불쌍한 자 그의 보배 삼으려. 그 고통 어찌 말하랴 아버지 고개 돌리셨네. 택한 자 죽게 하사 많은 자녀 영광으로 이끄셨네."

하버드 대학의 로스쿨 교수인 빌 스턴츠라는 분이 계셨습니다. 지난달 암으로 돌아가셨는데 복음주의 그리스도인이셨죠. 그분이 2년 전 보스턴의 파크 스트리트 교회에서 간증을 하면서 **쇼생크 탈출**이란 영화의 대사를 인용했는데 이러한 핵심을 놀라울 정도로 잘 포착했습니다. "레드는 감옥 건물을 빠져나가기 위해 긴 배수로를 기어나가야만 했던 앤디의 탈출을 이렇게 묘사합니다. '앤디는 더러운 오수관을 기어 나가 결국 깨끗하게 되었죠.' 때로 제 자신이 앤디와 같이 초라하게 보이면 저 홀로 그 역겨운 배수로를 기어나온 것이 아님을 생각합니다. 누군가 이미 나보다 앞서 나를 위해 그렇게 한 것입니다."

친구들이여, 이 점에서 할리우드 대본 작가들은 이사야를 반향하고 있습니다. "우리는 다 양 같아서 그릇 행하여 각기 제 길로 갔거늘 여호와께서는 우리 모두의 죄악을 그에게 담당시키셨도다…여호와께서 그에게 상함을 받게 하시기를 원하사…그가 자기 영혼을 버려 사망에 이르게 하며 범죄자 중 하나로 헤아림을 받았음이니라 그러나 그가 많은 사람의 죄를 담당하며 범죄자를 위하여 기도하였느니라"(사 53:6, 10, 12). 그런데 당신과 나 같은 사람을 위해 그러한 대속물을 주시고, 또 직접 대속물이 되시려면 도대체 우리를 얼마나 사랑해야만 하는 것입니까?

그렇기 때문에 바울은 이렇게 쓸 수 있었습니다. "자기 아들을 아끼지 아니하시고 우리 모든 사람을 위하여 내주신 이가 어찌 그 아들과 함께 모든 것을 우리에게 주시지 아니하겠느냐"(롬 8:32). 친구들이여, 그리스도께서는 우리가 버림받지 않게 하려고 버림받으신 것입니다.

저는 청교도가 이 사실을 묵상한 방식을 참 좋아합니다. "그리스도께서 모든 비통을 당하셨기에 제가 모든 기쁨을 누립니다. 그리스도께서 버림받으셨기에 제가 받아들여집니다. 그리스도께서 원수처럼 짓밟히셨기에 제가 친구로 인정됩니다. 그리스도께서 최악의 지옥으로 넘겨지셨기에 제가 최고의 천국을 누립니다. 그리스도께서 벌거벗으셨기에 제가 옷 입을 수 있습니다. 그리스도께서 상처를 받으셨기에 제가 고침을 받았습니다. 그리스도께서 목마르셨기에 제가 마실 수 있습니다. 그리스도께서 고통을 당하셨기에 제가 위로를 받습니다. 그리스도께서 수치를 당하셨기에 제가 영광을 상속받습니다. 그리스도께서 어둠에 들어가셨기에 제가 영생을 누립니다. 그리스도께서 죽으셨기에 제가 영원히 삽니다."

그렉: 누가 썼는지는 모르지만 참 아름다운 글입니다.

마크: 『환상의 골짜기』라는 책에 나오는 글입니다.

친구들이여, 여기서 우리는 그리스도의 죽음에서 대속의 대가를 봅니다. 그리고⋯

세 번째, 우리는 또 화해가 극적으로 갑작스럽게 일어남을 봅니다. 하나님과 화목할 방법이 전혀 없는 것만 같을 때 그분이 길을 만드신 것입니다. 예수님은 자신의 죽음으로 죄인이 거룩하신 하나님께 나아갈 길을 만드셨습니다. 우리는 본문에서 그리스도께서 형벌을 당하신 결과로서 일어난 일을 봅니다. 33-34절을 다시 보십시오. "제육시가 되매 온 땅에 어둠이 임하여 제구시까지 계속하더니 제구시에 예수께서 크게 소리 지르시되 *엘리 엘리 라마 사박다니* 하시니 이를 번역하면 나의 하나님, 나의 하나님 어찌하여 나를 버리셨나이까 하는 뜻이라."

그리고 37절 말씀도 보십시오. "예수께서 큰 소리를 지르시고 숨지시니라 이에 성소 휘장이 위로부터 아래까지 찢어져 둘이 되니라." 친구들이여 짐(Jim)이 앞서 출애굽기에서 읽었던 내용을 기억하시나요? 죽음의 천사가 나타나 하나님의 백성에게 구원을 베푸는데, 그 바로 전에 내린 재앙이 무엇이었습니까? 바로 어둠의 재앙이었습니다. 여기에서도 유월절 양이신 그리스도께서 우리의 구원을 위해 희생 제물로 드려지기 전에 어둠의 재앙이 임했습니다. 어둠이 내리는 것은 하나님의 심판을 나타냅니다.

37절의 큰 울부짖음은 그분이 돌연히 죽으셨음을 보여줍니다. 또 그분의 죽음이 갑작스러웠다는 사실은 예수님의 생명이 그분에게서 천천히 빠져나간 것이 아니라, 오히려 의도적으로 기꺼이 자신의 생명을 포기하셨다는 사실을 강조합니다. 여러분은 예수님이 제자들에게 가르치셨던 다음 말씀을 기억하실 것입니다. "이를 내게서 빼앗는 자가 있는 것이 아니라 내가 스스로 버리노라." 따라서 저는 요한복음에 비추어볼 때 37절의 "다 이루었다"라는 큰 부르짖음은 그리스도의 마지막 말씀이라고 생각합니다. 여기서 "다 이루었다"는 말씀을 내뱉으실 때 엄청난 일이 일어나고 있었습니다. 하나님은 자신의 말씀으로 새로운 피조세계를 다시 창조하고 계셨습니다.

출애굽기 26장에서 하나님은 속죄소가 놓인 언약궤가 있는 지성소를 다른 모든 것과 분리하기 위해 휘장을 만들도록 명하십니다. 이 휘장에는 거룩하신 하나님을 거룩하지 않은 사람들과 분리하는 기능이 있습니다. 제사장들, 심지어 **대제사장**까지 포함하여 모든 사람을 차단합니다. 하나님은 레위기 16장에서 모세에게 자신의 형제이자 대제사장인 아론에게 백성을 위한 지침을 전하라고 하십니다. 즉 아무 때나 휘장을 지나 지성소에 들어서지 말라는 것이었습니다. 만약 그렇게 하면 죽을 것인데, "이는 내가 구름 가운데에서 속죄소 위에 나타남이니라"라고 하십니다.

히브리서 9장은 이렇게 기록합니다. "이제 자기를 단번에 제물로 드려 죄를 없이 하시려고 세상 끝에 나타나셨느니라"(26절). 사람이 한 번 죽은 후에 심판을 당하는 것이 정해진 일인 것처럼, 그리스도는 많은 사람의 죄를 지시려고 한 번 제물로 드려진 것입니다. 친구들이여, 죄 용서로 말미암는 새 창조에 대한 극적인 증거가 이제 등장합니다. 그리고 이것은 가장 위대한 최후의 희생제물이 드려졌다는 극적인 증거이기도 합니다. 바로 38절에서 우리는 "이에 성소 휘장이 위로부터 아래까지 찢어져 둘이 되니라"라는 말씀을 봅니다. 구약의 모든 제사 제도는 우리에게 용서가 필요하다는 사실을 가르쳐주기 위해 있던 것이지, 용서를 가져다주려는 용도가 아니었습니다.

그렉: 예수님의 돌연한 죽음과 휘장이 찢어지는 것을 함께 묶으신 것은 대단하다고 생각합니다. 그 둘은 동시에 일어난 일입니다.

모든 제물은 공항의 활주로 조명과 같은 기능을 했습니다. 즉 우리의 눈을 바른 곳으로 향하게 하는 것이죠. 아무도 조명 위로 날지는 않습니다. 절대로 제물로는 죄 용서가 일어나지 않습니다. 다만 우리의 눈이 바른 곳을 향하도록 지켜주어, 실제 사건이 일어날 때 그것을 식별할 수 있게 하는 것입니다. 이를테면 수 세기 동안 사람들을 가르치고 훈련하여, 죄 용서와 화해라는 실재가 있고 용서와 화해가 있기 위해서 대속이 있어야 하며 대속을 위해서는 제물과 피와 죽음이 있어야 한다는 것을 알게 한 것입니다. 이는 또한 그 해결책이 우리 외부에 있다는 사실을 가르칩니다. 친구들이여, 구약에서 이 모든 제사를 아무리 드려도 그것이 죄를 용서하지는 않았습니다. 다만 이를 통해 사람들은 죄에는 죽음이 수반되고 대속에는 제물이 수반된다는 사실을 배우고 깊이 이해하게 되었습니다.

그렉: 활주로 조명 예화는 약간 이상합니다. 아무도 조명을 실제로 사용하지 않는다고 말씀하셨지만, 분명히 사람들은 조명을 사용합니다. 비행기들이 조명 위를 날아서 착륙하니까요.

마크: 무슨 의미인지 알겠습니다... 물론 저는 빠르게 넘어갔기 때문에 듣는 분들이 예화에 논리적 흠결이 있다는 사실을 알아차릴 시간은 없었을 것입니다!

그렉: 맞습니다. 오히려 원고를 보니 더 까다로워지는 것 같습니다! 청중은 핵심을 이해했을 것입니다.

친구들이여, 여기서 바로 이러한 일이 벌어지고 있습니다. 바울은 갈라디아서 3장에서 무어라고 씁니까? "그리스도께서 우리를 위하여 저주를 받은 바 되사 율법의 저주에서 우리를 속량하셨으니 기록된 바 나무에 달린 자마다 저주 아래에 있는 자라 하였음이라"(13절). 보시다시피 종교 지도자들은 바르게 이해했습니다. 그리스도께서 저주를 받았다고 생각한 점에서는 옳았던 것입니다. 하지만 자신들이 나무에 달리지 않았기 때문에 저주를 받지 않았다고 생각한 점에서는 틀렸습니다. 그들은 하나님께 죄를 범했습니다. 그들은 그리스도께서 저주를 받으신 이유를 오해했습니다. 하지만 하나님의 말씀은 그리스도께서 우리를 위해 저주를 받으셨다고 말합니다. 그분이 하신 일은 십자가에 흘리신 피로 우리를 하나님과 화목하게 하는 것이었습니다. 베드로전서 3장 18절은 이렇게 말씀합니다. "그리스도께서도 단번에 죄를 위하여 죽으사 의인으로서 불의한 자를 대신하셨으니 이는 우리를 하나님 앞으로 인도하려 하심이라." 아시다시피 아담과 우리는 죄를 저지르면서 생명을 잃고, 하나님을 잃었으며, 결국 모든 것을 잃어 버렸습니다. 하지만 이제 다른 나무에서 시작했던 우리의 시련은 이 나무, 즉 참된 생명 나무에서 완전히 끝나게 됩니다.

히브리서 13장입니다. "이는 죄를 위한 짐승의 피는 대제사장이 가지고 성소에 들어가고 그 육체는 영문 밖에서 불사름이라 그러므로 예수도 자기 피로써 백성을 거룩하게 하려고 성문 밖에서 고난을 받으셨느니라 그런즉 우리도 그의 치욕을 짊어지고 영문 밖으로 그에게 나아가자 우리가 여기에는 영구한 도성이 없으므로 장차 올 것을 찾나니."

친구들이여, 우리가 매주 섬기는 자들로 모인다는 사실을 아실 것입니다. 우리는 섬기려고 모입니다. 섬기면서 서로를 격려하기 위해 모입니다. 우리는 예식과 제사를 위해 모이는 것이 아닙니다. 예식과 제사는 우리를 혼란스럽게 만듭니다. 그리고 예식과 제사는 모두 예수 그리스도의 위대한 희생제사로 완전히 해결되었습니다. 이제 우리는 단번에 제물이 되신 분 때문에 기뻐하고 경축하기 위해 모입니다. 즉 우리가 모이는 것은 그리스도께서 희생제물이 되셨고, 그렇게 죽으셔서 우리가 진실로 영원히 하나님과 화목할 수 있는 길을 만드셨기 때문입니다.

네 번째, 우리는 하나님의 은혜가 얼마나 넓은지를 봅니다. 예수님의 죽음 때문에 하나님의 은혜가 놀랍도록 넓게 흘러가는 것입니다. 이제 저는 아주 간단하고 짧게 다루려고 합니다. 하지만 우선 우리가 읽은 구절이 어떻게 끝나는지 주목하기를 바랍니다. 아시다시피 예수님은 처음 되려고 하는 자는 마지막이 되고 모든 자의 종이 되어야 한다고 가르치셨습니다. 또 먼저 된 많은 자가 오히려 마지막이 될 것이며, 마지막인 자가 먼저 될 것이라고 가르치십니다. 그리고 우리는 심지어 십자가에서도 이 사실을 어느 정도 확인합니다. 우리는 그분의 은혜가 미치는 범위가 얼마나 넓은지를 봅니다.

아시다시피 1세기에 여성은 종종 남자보다 못한 존재로 여겨졌습니다. 하지만 종교 지도자를 포함한 모든 남자가 예수님을 거부하고 예수님의 제자들조차도 그분을 배신하고 버렸을 때, 누가 그 모든 일의 신실한 증인이 되었습니까? 바로 이 여인들이었습니다. 40-41절을 보십시오. "멀리서 바라보는 여자들도 있었는데 그 중에 막달라 마리아와 또 작은 야고보와 요세의 어머니 마리아와 또 살로메가 있었으니 이들은 예수께서 갈릴리에 계실 때에 따르며 섬기던 자들이요 또 이 외에 예수와 함께 예루살렘에 올라온 여자들도 많이 있었더라." 왜 그들의 이름이 기록되었습니까? 이 글이 기록되는 기원후 60년에 이르러서는 이 여성들이 믿음의 기념비적 인물로 여겨졌기 때문입니다. 이 여성들은 인류 역사상 가장 중요한 사건의 증인이 되었습니다. 즉 기독교 신앙의 핵심 말입니다. 따라서 그들은 기억되었고 존경받았습니다. 이 신실한 여인들을 주신 하나님께 감사합니다. 이 나라의 많은 교회는 사실 남성들에게 거의 빚진 것이 없습니다. 남성들의 부정함과 세속성과 세상 것에 대한 애착 때문에 말입니다. 반면에 여성들은 거의 홀로 신실하게 신앙을 지키고 있지 않습니까? 우리 중에 그리스도 안에 있는 신실한 자매에게 복음을 들은 사람은 얼마나 많습니까? 많은 사람이 그러했습니다.

그렉 : 이 부분은 정말 흥미롭네요. 모든 내용을 결론으로 이끌고 가다가 갑자기 여성에 대한 요점을 다루셨습니다. 결론으로 가는 흐름이 흐트러졌다고 생각하시지 않습니까? 좋은 요점이라고는 생각합니다. 하지만 구원에 대한 이 모든 영광스러운 진리들을 고찰하다가... 갑자기 교회의 여성들에게 감사를 표시한다는 것은 좀 쌩뚱맞습니다.

마크 : 저런, 저는 몰랐습니다. 좋은 지적입니다. 저는 그저 하나님의 자비가 얼마나 넓은지 보여주려고 그렇게 했습니다.

그렉 : 하나님의 자비가 예측하지 못하게 나타났다는 것이죠.
마크 : 그렇습니다. 남성 종교 지도자들은 모두 거부되었는데 보통 낮게 평가되던 여성들이 거기 있다는 점은 놀랍습니다. 그 여

성들은 참으로 신실한 증인이었습니다.

그렉 : 글쎄요. 좋은 요점이기도 하고 옳은 요점이기도 합니다. 긴 적용도 아니었습니다. 그저 핵심에서 약간 벗어난 느낌입니다.

그리고 민족들 역시 하나님을 알게 됩니다. 39절에서 그 사실을 봅니다. 이는 모든 민족에게 임할, 하나님이 놀랍게 부어주시는 은혜에 대한 일종의 계약금과 같았습니다. 하나님의 백성 중에 권세 있고 존경받는 모든 사람, 그리고 지나가는 사람조차도 예수님을 거부합니다. 이때 그분에 대한 진리를 고백하는 사람으로 나타나는 사람이 누구인지 보십시오. 바로 군사를 부리던 백부장이었습니다.

39절을 보십시오. "예수를 향하여 섰던 백부장이 그렇게 숨지심을 보고 이르되 이 사람은 진실로 하나님의 아들이었도다."라고 기록되어 있습니다. 마가는 자신의 복음서 1장 1절을 이렇게 시작합니다. "하나님의 아들 예수 그리스도의 복음의 시작이라." 이제 마가는 결론을 향해 나아갑니다. 그런데 누가 독자들의 관심을 중요한 질문, '예수님은 누구인가?' 라는 질문의 바른 대답으로 인도합니까? 바로 이 로마 백부장입니다.

그곳을 지키고 서서 십자가형을 받는 죄인을 빼가지 못하도록 하는 장본인이었던 백부장 말입니다. 때로는 그런 사고가 있었던 것 같습니다. 그래서 로마 정부는 범죄자가 완전히 죽을 때까지 군사를 그곳에 두게 했습니다. 따라서 그가 "하나님의 아들"이라고 했을 때는, "나는 여기에서 무슨 일이 벌어지고 있는지 이해할 수 없다. 이 일은 놀라운 일이다. 그렇기에 이 사람은 인간 이상의. 신적인 존재 같다."라고 한 것입니다. 하지만 왜 그가 이러한 결론을 내리게 되었을까요?

글쎄요, 여러 이유가 있을 것입니다. 첫째, 33절에서 당신이 본 바로 그 어둠입니다. 또 제 생각에는 아마도 십자가형을 많이 목격한 사람으로서 그렇게 큰 소리를 낸다는 사실이 놀라웠을 것입니다. 십자가형을 당하는 사람은 대개 질식사로 죽습니다. 모두 숨이 막히게 되는 것입니다. 따라서 신음을 내기는 하지만 분명한 발음을 할 수는 없는 것입니다. 분명히 많은 사람이 큰 소리를 내지 못했을 것입니다. 그렇게 큰 소리를 낸다면 분명히 죽을 때가 아직 많이 남았다는 뜻이었을 것입니다.

하지만 친구들이여, 예수님은 그렇지 않았습니다. 예수님은 큰 음성을 내셨습니다. 그분은 정확히 발음도 하셨습니다. 그 말을 이해할 수 있었습니다. 어떠한 능력이 이 사실을 설명하겠습니까? 이 백부장의 고백에서 우리는 하나님이 아브라함에게 예전에 주신 약속이 성취되리라는 전조를 볼 수 있습니다. 즉 그의 자손을 통해 이 땅의 모든 민족이 복을 받게 되리라는 약속 말입니다. 그 복은 예수님이 죽는 바로 그 순간에 십자가 발치에서 흘러나가기 시작할 것입니다.

다시 시편 22편 27절입니다. "땅의 모든 끝이 여호와를 기억하고 돌아오며 모든 나라의 모든 족속이 주의 앞에 예배하리니." 다니엘의 환상에서 우리는 인자에게 권세, 영광, 주권이 주어짐을 봅니다. 모든 백성들과 나라들과 각 언어를 말하는 자들이 그분을 경배할 것입니다. 그리고 우리는 요한계시록 7장에서 바로 이 말씀을 봅니다. "이 일 후에 내가 보니 각 나라와 족속과 백성과 방언에서 아무도 능히 셀 수 없는 큰 무리가 나와 흰 옷을 입고 손에 종려 가지를 들고 보좌 앞과 어린 양 앞에 서서 큰 소리로 외쳐 이르되 구원하심이 보좌에 앉으신 우리 하나님과 어린 양에게 있도다 하니"(9-10절).

당신은 십자가가 어떻게 그분의 보좌가 되는지를 봅니다. 또한 당신은 구원을 베푸신 그분에 관한 진리를 외치는, 로마 백부장뿐 아니라 셀 수 없이 많은 사람들이 어린양 앞에 어떻게 서는지를 봅니다. 그분은 자신을 구원하지 않음으로써 다른 이를 구원하셨습니다. 즉 우리를 구원하신 것입니다. 하나님의 은혜는 놀랍습니다.

그리스도인이여, 당신은 하나님이 당신을 구원하셨다는 사실에 여전히 놀라워하고 계십니까? 아니면 너무나 오래되었고 익숙하기에 이제 더 이상은 놀라지 않으십니까? 당신은 이 사실에 반드시 놀라워해야 합니다. 당신이 자신 스스로를 더 잘 안다면, 이 사실은 당신을 놀라게 할 수밖에 없습니다. 하나님이 우리 중 누구라도 구원하신다는 사실 자체가 놀라운 것입니다. 친구여, 당신이 그리스도인이 아닌데도 여기 와 계시다면, 예수님이 십자가에서 하신 일을 이해하시기 바랍니다. 그분이 당신의 구원을 가능하게 하셨습니다. 죄를 회개하고 그분을 신뢰하기만 한다면 당신은 구원받을 수 있습니다. 그렇게 하지 않을 이유가 있겠습니까?

우리는 로마서 4장에서 "우리를 의롭다 하시기 위하여 살아나셨 느니라"(24-25절)라는 말씀을 봅니다. 말하자면 하나님은 예수님의 모든 요구사항에 결재하신 것입니다. 그리고 여기 캐피톨힐 침례교회에 있는, 팔백 명 정도 되는 우리가 당신에게 이것이 참이라고 증언합니다. 우리는 모든 연령대로 구성된 사람들이며, 우리 모두의 삶은 예수 그리스도로 인해 변화되었습니다. 우리는 그분이 당신의 삶에 행하실 수 있는 일, 그분의 용서, 그분의 변화시키는 능력에 대해서 말하고 싶습니다. 여기서 당신은 그리스도 안에서 하나님의 은혜의 광활함을 조금이라도 보시기 바랍니다.

그렉: 그리스도인이 아닌 사람들에게 회개하고 믿으라는 놀라운 호소입니다. 모든 설교에서 그렇게 하십니까?

마크: 오, 잘 모르겠습니다. 저는 분명히 그렇게 하려고 하는데 매번 하는지는 모르겠습니다.

친구들이여, 우리는 기독교의 특이함에 대해 생각하며 시작했습니다. 그리고 이것은 오늘 말씀이 담고 있는 특이함에 적지 않게 기인합니다. 우리는 예수님이 위대하고, 존경받고, 강하고, 자기 운명의 주인이며, 영혼의 선장이실 것이라 기대하며 나왔습니다. 당신은 침착하고 차분한 예수님을 기대하고 나왔습니다. 당신은 이러한 모든 기대감을 품고 나왔습니다. 그런데 당신은 예수님이 조롱당하고,

거절당하고, 고통과 고뇌 가운데 울부짖으며, 자신조차 구원하지 못하는 모습을 봅니다.

하지만 이 이상하고도 놀라운 그분의 모습을 자세히 보십시오. 그러면 우리의 죄가 얼마나 끔찍한지, 어떻게 그분이 우리를 위해 그 대가를 치르셨는지, 어떻게 죄를 버리고 그분을 신뢰하는 모든 자에게 대속물이 되시는지를 깨닫게 됩니다. 그분은 우리 모두를 하나님과 화목하게 하실 수 있는 분입니다. 우리가 오늘 자신이 어떤 상태에 있음을 발견하든지, 우리는 그분의 부르심에 귀를 기울여야 합니다.

19세기 어느 목회자는 여기서 그리스도께서 행하신 일이 얼마나 기이한지를 다음과 같이 묵상했습니다.

그리스도께서 빌라도의 재판소에서 "내가 왕이니라"라는 놀라운 말씀을 하실 때, 그분은 말할 수 없는 위엄과 능력으로 가득한 간단한 인사말을 하신 것이었다. 그분의 적들은 그분의 허세를 조롱하고 그분의 주장을 능욕하였다. 가시 면류관, 갈대, 자주색 옷을 들이밀고 십자가에 못 박아 죽임으로 그렇게 했다. 하지만 타락하지 않은 지성의 눈으로 보면 그분은 정말 왕이셨다. 그 조롱 섞인 의식을 주관하신 더 높은 권세가 이것을 실제 대관식으로 바꾸신 것이다. 그 가시 면류관은 실제로 제국의 왕관이 되었다. 자주색 옷은 왕권의 상징이 되었다. 부러지기 쉬운 갈대는 무한한 권력의 상징이 되었고, 십자가는 권세의 보좌가 되어 영원히 다함이 없다.

친구여, 이 모든 것을 따져봤는데도 기독교가 이상하게 여겨집니까? 물론 그래야만 합니다. 기독교는 낯설고 이상합니다. 존 파이퍼 목사는 최근에 이렇게 말했습니다. 하나님이 어떤 사람을 그가 당해 마땅한 취급보다 더 나쁘게 취급한 유일한 예가 바로 예수님이시며, 그것은 우리를 위해, 우리를 하나님께 인도하시기 위해 그렇게 하신 것입니다.

그렉: 이 설교는 결론이 간단한 편이네요. 목사님은 대여섯 개의 결론을 내시는 편으로 알려져 있는데 말입니다.

마크: 네 정말 간단했네요.

그렉: 다시 서론과 연결되었습니다. 그것도 두세 문장으로 끝냈습니다! 시간을 의식하셨나요? 아니면 그냥 원래 짧았던 겁니까?

마크: 성경 본문의 중심 메시지 때문에 저는 충분히 분명하다고 생각했고, 더 많이 이야기할 필요를 못 느꼈습니다.

기도하겠습니다.
주님, 우리를 향하신 당신의 사랑에 놀라게 됩니다. 우리가 우리 죄를 더 잘 깨닫도록 도우시고, 그리스도 안에서 우리에게 베풀어주신 놀라운 것들을 깨닫게 해주시기를 간구합니다. 우리를 우리 자신에게서, 그리고 교만함에서 벗어나게 하시며 주 예수님의 사랑 안으로 인도하여 주소서. 우리의 유익을 위해 그리고 주님의 영원한 영광을 위해 간구합니다. 예수님의 이름으로 기도합니다. 아멘.

그렉 : 매우 좋은 설교였고 놀라운 본문이었습니다. 설교 중에 말씀하셨듯이 목사님은 여기에서 성경 신학의 가장 뜨거운 지점에 있습니다. 아름다운 설교였고 설교하시는 내내 열정적이었습니다.

마크 : 이 본문으로 어떻게 그러지 않을 수 있겠습니까?

결론

몇 년 전 나(마크)는 알버트 슈바이처(『역사적 예수 탐구』 저자)와 마틴 로이드 존스를 동시에 읽고 있었다. 그리고 이 두 사람의 차이에 충격을 받았다.

슈바이처는 신학 훈련을 그만두고 의학 학위를 받아 아프리카에서 의사가 된다. 본인 말에 따르면 슈바이처는 "언제가 이 가난한 피조물들이 필요로 하는 의사가 되겠다"[20]고 다짐했다. 아마도 역사적 예수에 대한 그의 불확실함과 더불어 예수님의 가르침의 온전한 의미에 대한 그의 불확실함이 그를 거기까지 인도했을 것이다. 하지만 그는 평생 말씀보다는 행위를 더 믿은 것처럼 보인다. 슈바이처는 결국 신학 훈련을 받은 의사로서 삶을 마친다.

반면에 로이드 존스는 거의 정반대의 길을 걷는다. 그는 할리 스트리트에서 의술을 펼치다가 웨일즈에서 설교자가 되었다. 로이드 존스는 인간의 행위보다 하나님의 말씀을 더 믿었다고 할 수 있다.

그는 말하기를, 사람들을 꿰매어 보내 또 계속 죄를 짓게 하는 일에 질렸다고 했다. 로이드 존스는 인간의 문제를 의학적으로 돕는 일에는 한계가 있다는 사실을 절감하고 복음의 확실성으로 나아갔다. 결국 그는 의학 훈련을 받은 설교자로서 삶을 마친다.

1939년 4월, 런던의 *이브닝 스탠다드* 신문 기자는 로이드 존스를 인터뷰했다. "나는 그에게 '왜 당신은 설교를 위해 의술을 그만두었습니까?'라고 물었다. 그는 나를 날카롭게 쳐다보더니 잠시 머뭇거리고는 이렇게 대답했다. '왜냐하면 저는 질병보다 사람에게 더 관심이 있기 때문입니다.'"[21] 그는 『설교와 설교자』에 대한 유명한 강의에서 이렇게 말했다. "나는 아무 주저없이 오늘날 교회에서 가장 긴급한 필요는 참된 설교라고 말할 것입니다. 이는 교회에서 가장 중요하고도 가장 긴급한 필요로서, 분명히 이 세상이 가장 필요로 하는 것입니다."[22]

이것이 설교의 특권이다. 하나님의 말씀을 선포하는 우리는 이 세상이 앞으로도 계속 알아야 할, 구원을 주는 참되고도 유일한 메시지를 선포할 책임이 있다. 우리는 예수님이 대신 죽어주신 하나님의 백성을 가르친다. 그리고 예수님을 믿고, 죄를 회개하고, 영원을 위해 구원을 받으라고 남녀노소를 부른다. 그렇다. 이 일은 어렵다. 감정적으로, 신체적으로, 심지어 때로는 영적으로도 고갈된다. 하지만 이것은 고귀한 특권으로서, 겸손과 감사로, 또한 마음을 다해 하겠다는 결단으로 우리 주님의 손에서 받아야 하는 일이다.

하지만 설교의 부르심에는 위험도 따른다. 야고보는 이에 대해 누구보다도 간단하게 말한다. "내 형제들아 너희는 선생된 우리가 더 큰 심판을 받을 줄 알고 선생이 많이 되지 말라"(약 3:1). 그리고 히브리서 저자는 교회 지도자들을 "너희 영혼을 위하여 경성하기를 자신들이 청산할 자"(히 13:17)라고 일컫는다. 이 말씀은 정신이 번쩍 들게 만든다. 우리가 하는 일이 얼마나 중요한지 다시 한 번 일깨운다. 형제들이여, 설교의 특권을 절대로 가볍게 여기지 말라.

강단에 서서 당신이 무슨 일을 하는지 잊지 말라. 당신은 하나님의 말씀을 선포한다. 당신은 모든 사람에게 구원을 받으라고 촉구한다. 당신은 구세주이신 예수 그리스도의 영광을 선언한다.

미주

1. Nigel Tomm, *The Blah Story*, 23 volumes (Charleston, SC: BookSurge Publishing, 2007-2008).

2. E. C. Broome, "Ezekiel's Abnormal Personality," *Journal of Biblical Literature* 65 (1946), 277 –92.

3. See for example, Mark Dever and Michael Lawrence, *It Is Well: Sermons on Atonement* (Wheaton, IL: Crossway, 2009).

4. See Mark Dever's chapter in *Give Praise to God*, edited by Philip Graham Ryken, Derek W. H. Thomas, and J. Ligon, III Duncan (Phillipsburg, NJ: P & R Publishing, 2003).

5. James Reid, *Memoirs of the Westminster Divines*, vol. 2 (Carlisle, PA: Banner of Truth, 1983), 196.

6. Thomas Watson, *Heaven Taken by Storm* (Grand Rapids, MI: Soli Deo Gloria Ministries, 2003), 17.

7. Don Carson, ed., *Worship by the Book* (Grand Rapids, MI: Zondervan, 2002), 100.

8. Jonathan Leeman, *The Surprising Offense of God's Love* (Wheaton, IL: Crossway, 2009).

9. Bill McKibbens, "The Christian Paradox: How a faithful nation gets Jesus wrong," *Harper's Magazine* (August 2005), 34.

10. See Westminster Directory of Public Worship: Discussed by Mark Dever and Sinclair Ferguson (Christian Focus Publications, 2009).

11. "I confess that I frequently sit hour after hour praying and waiting for a subject, and this is the main part of my labor." Charles Spurgeon, *Lectures to My Students* (New York: Sheldon and Co., 1836), 136, 146.

12. The sermons have been reprinted in modern times. See Joseph Caryl, *Practical Observations on Job*, 12 volumes (Spring Lake, MI: Dust and Ashes Publications, 2001).

13. Iain Murray and David Martyn Lloyd-Jones, *The First Forty Years, 1899–1939* (Carlisle, PA: Banner of Truth, 1982), 147.

14. William Perkins, *The Art of Prophesying* (Carlisle, PA: Banner of Truth, 1996), 56 – 63.

15. D. Martyn Lloyd-Jones, *Romans: An Exposition of Chapters 3:20–4:25* (Carlisle, PA: Banner of Truth, 1998), xii.

16. From Baxter's poem, "Love Breathing Thanks and Praise."

17. Marcus Loane, *Makers of Puritan History* (Carlisle, PA: Banner of Truth, 2009), 190.

18. John Piper, *Counted Righteous in Christ* (Wheaton, IL: Crossway, 2002), 22 – 23.

19. P. J. King, "Capitol Hill: Late at Night," http://www.pillarontherock.com/2010/06/capitol-hill-late-at-night.html.

20. Hugh T. Kerr and John M. Mulder, *Famous Conversions* (Grand Rapids, MI: Eerdman's, 1994), 193.

21. Murray and Lloyd-Jones, *The First Forty Years*, 372.

22. D. Martyn Lloyd-Jones, *Preaching and Preachers* (Grand Rapdis, MI: Zondervan, 1972), 9.

개혁된 실천 시리즈 —————————

1. 조엘 비키의 교회에서의 가정
설교 듣기와 기도 모임의 개혁된 실천

조엘 비키 지음 | 유정희 옮김

이 책은 가정생활의 두 가지 중요한 영역에 대한 실제적 지침을 포함하고 있다. 첫째, 공예배를 위해 가족들을 어떻게 준비시켜야 하는지, 설교 말씀을 어떻게 받아야 하는지, 그 말씀을 어떻게 실천해야 하는지 설명한다. 둘째, 기도 모임이 교회의 부흥과 얼마나 관련이 깊은지 역사적으로 고찰하면서, 기도 모임의 성경적 근거를 제시하고, 그 목적을 설명하며, 나아가 바람직한 실행 방법을 설명한다.

2. 존 오웬의 그리스도인의 교제 의무
그리스도인의 교제의 개혁된 실천

존 오웬 지음 | 김태곤 옮김

이 책은 그리스도인 상호 간의 교제에 대해 청교도 신학자이자 목회자였던 존 오웬이 저술한 매우 실천적인 책으로서, 이 책에서 우리는 청교도들이 그리스도인의 교제를 얼마나 중시했는지 엿볼 수 있다. 이 책은 그리스도인의 교제에 대한 핵심 원칙들을 담고 있다. 교회 안의 그룹 성경공부에 적합하도록 각 장 뒤에는 토의할 문제들이 부가되어 있다.

3. 개혁교회의 가정 심방
가정 심방의 개혁된 실천

피터 데 용 지음 | 조계광 옮김

목양은 각 멤버의 영적 상태를 개별적으로 확인하고 권면하고 돌보는 일을 포함한다. 이를 위해 교회는 역사적으로 가정 심방을 실시하였다. 이 책은 외국 개혁교회에서 꽃피웠던 가정 심방의 실제 모습을 보여주며, 한국 교회 안에서 행해지는 가정 심방의 개선점을 시사해준다.

4. 네덜란드 개혁교회의 자녀양육
자녀양육의 개혁된 실천

야코부스 꿀만 지음 | 유정희 옮김

이 책에서 우리는 17세기 네덜란드 개혁교회 배경에서 나온 자녀양육법을 살펴볼 수 있다. 경건한 17세기 목사인 야코부스 꿀만은 자녀양육과 관련된 당시의 지혜를 한데 모아서 구체적인 282개 지침으로 꾸며 놓았다. 부모들이 이 지침들을 읽고 실천하면 큰 도움을 받을 수 있게 하였다. 의도는 선하더라도 방법을 모르면 결과를 낼 수 없다. 우리 그리스도인 부모들은 구체적인 자녀양육 방법을 배우고 실천해야 한다.

5. 신규 목회자 핸드북

제이슨 헬로포울로스 지음 | 리곤 던컨 서문 | 김태곤 옮김

이 책은 새로 목회자가 된 사람을 향한 주옥같은 48가지 조언을 담고 있다. 리곤 던컨, 케빈 드영, 앨버트 몰러, 알리스테어 베그, 팀 챌리스 등이 이 책에 대해 극찬하였다. 이 책은 읽기 쉽고 매우 실천적이며 유익하다.

6. 신약 시대 신자가 왜 금식을 해야 하는가
금식의 개혁된 실천

대니얼 R. 하이드 지음 | 김태곤 옮김

금식은 과거 구약 시대에 국한된, 우리와 상관없는 실천사항인가? 신약 시대 신자가 정기적인 금식을 의무적으로 행해야 하는가? 자유롭게 금식할 수 있는가? 금식의 목적은 무엇인가? 이 책은 이런 여러 질문에 답하면서, 이 복된 실천사항을 성경대로 회복할 것을 촉구한다.

7. 개혁교회 공예배
공예배의 개혁된 실천
대니얼 R. 하이드 지음 | 이선숙 옮김

많은 신자들이 평생 수백 번, 수천 번의 공예배를 드리지만 정작 예배에 대해서 제대로 이해하지 못하는 경우가 많다. 당신은 예배가 왜 지금과 같은 구조와 순서로 되어 있는지 이해하고 예배하는가? 신앙고백은 왜 하는지, 목회자가 왜 대표로 기도하는지, 말씀은 왜 읽는지, 축도는 왜 하는지 이해하고 참여하는가? 이 책은 분량은 많지 않지만 공예배의 핵심 사항들에 대하여 알기 쉽게 알려준다.

8. 아이들이 공예배에 참석해야 하는가
아이들의 예배 참석의 개혁된 실천
대니얼 R. 하이드 지음 | 유정희 옮김

아이들만의 예배가 성경적인가? 아니면 아이들도 어른들의 공예배에 참석해야 하는가? 성경은 이에 대해 무엇을 말하는가? 아이들의 공예배 참석은 어떤 유익이 있으며 실천적인 면에서 주의할 점은 무엇인가? 이 책은 아이들의 공예배 참석 문제에 대해 성경을 토대로 돌아보게 한다.

9. 마음을 위한 하나님의 전투 계획
청교도가 실천한 성경적 묵상
데이비드 색스톤 지음 | 조엘 비키 서문 | 조계광 옮김

묵상하지 않으면 경건한 삶을 살 수 없다. 우리 시대에 일어나고 있는 일이 바로 이것이다. 오늘날은 명상에 대한 반감으로 묵상조차 거부한다. 그러면 무엇이 잘못된 명상이고 무엇이 성경적 묵상인가? 저자는 방대한 청교도 문헌을 조사하여 청교도들이 실천한 묵상을 정리하여 제시하면서, 성경적 묵상이란 무엇이고, 왜 묵상을 해야 하며, 어떻게 구체적으로 묵상을 실천하는지 알려준다. 우리는 다시금 이 필수적인 실천사항으로 돌아가야 한다.

10. 장로와 그의 사역
장로 직분의 개혁된 실천
데이비드 딕슨 지음 | 김태곤 옮김

장로는 무슨 일을 하는 사람인가? 스코틀랜드 개혁교회 장로에게서 장로의 일에 대한 조언을 듣자. 이 책은 장로의 사역에 대한 지침서인 동시에 남을 섬기는 삶의 모델을 보여주는 책이다. 이 책 안에는 비단 장로뿐만 아니라 모든 그리스도인이 본받아야 할, 섬기는 삶의 아름다운 모델이 담겨 있다. 이 책은 따뜻하고 영감을 주는 책이다.

11. 북미 개혁교단의 교회개척 매뉴얼
URCNA 교단의 공식 문서를 통해 배우는 교회개척 원리와 실천

이 책은 북미연합개혁교회(URCNA)라는 개혁교단의 교회개척 매뉴얼로서, 교회개척의 첫걸음부터 그 마지막 단계까지 성경의 원리에 입각한 교회개척 방법을 가르쳐준다. 모든 신자는 함께 교회를 개척하여 그리스도의 나라를 확장해야 한다.

12. 9Marks 마크 데버, 그렉 길버트의 설교
설교의 개혁된 실천
마크 데버, 그렉 길버트 지음 | 이대은 옮김

1부에서는 설교에 대한 신학을, 2부에서는 설교에 대한 실천을 담고 있고, 3부는 설교 원고의 예를 담고 있다. 이 책은 신학적으로 탄탄한 배경 위에서 설교에 대해 가장 실천적으로 코칭하는 책이다.

13. 예배의 날
제4계명의 개혁된 실천
라이언 맥그로우 지음 | 조계광 옮김

제4계명은 십계명 중 하나로서 삶의 골간을 이루는 중요한 계명이다. 하나님의 뜻을 따르는 우리는 이를 모호하게 이해하고, 모호하게 실천하면 안 되며, 제대로 이해하고, 제대로 실천해야 한다. 이를 위해 우리는 이 계명의

참뜻을 신중하게 연구해야 한다. 이 책은 가장 분명한 논증을 통해 제4계명의 의미를 해석하고 밝혀준다. 하나님은 그날을 왜 제정하셨나? 그날은 얼마나 복된 날이며 무엇을 하면서 하나님의 복을 받는 날인가? 교회사에서 이 계명은 어떻게 이해되었고 어떤 학설이 있고 어느 관점이 성경적인가? 오늘날 우리는 이 계명을 어떻게 지킬 것인가?

14. 9Marks 힘든 곳의 지역 교회 (2019년도 4사분기 출간 예정)

가난하고 곤고한 곳에 지역 교회가 어떻게 생명을 가져다 주는가

메즈 맥코넬, 마이크 맥킨리 지음 | 김태곤 옮김

이 책은 각각 브라질, 스코틀랜드, 미국 등의 빈궁한 지역에서 지역 교회 사역을 해 오고 있는 두 명의 저자가 그들의 실제 경험을 바탕으로 쓴 책이다. 이 책은 그런 지역에 가장 필요한 사역, 가장 효과적인 사역, 장기적인 변화를 가져오는 사역이 무엇인지 가르쳐준다. 힘든 곳에 사는 사람들을 긍휼히 여기는 마음이 있다면 꼭 참고할 만한 책이다.

15. 질서가 잘 잡힌 교회 (2019년도 4사분기 출간 예정)

교회 생활의 개혁된 실천

윌리암 뵈케슈타인, 대니얼 하이드 공저

이 책은 두 명의 개혁파 목사가 교회에 대해 저술한 책이다. 이 책은 기존의 교회성장에 관한 책들과는 궤를 달리하며, 교회의 정체성, 교회 안의 다스리는 권위 체계, 교회와 교회 간의 상호 관계, 교회의 사명 등 네 가지 영역에서 성경적 원칙이 확립되고 '질서가 잘 잡힌 교회'가 될 것을 촉구한다. 이 네 영역 중 하나라도 잘못되고 무질서하면 그만큼 교회의 삶은 혼탁해지며 교회는 약해지게 된다. 어떤 기관이든 질서가 잘 잡혀야 번성하며, 교회도 예외가 아니다.

16. 장로 직분 이해하기 (2019년도 4사분기 출간 예정)

모든 성도가 알아야 할 장로 직분

제랄드 벌고프, 레스터 데 코스터 공저

하나님은 복수의 장로를 통해 교회를 다스리신다. 복수의 장로가 자신의 역할을 잘 감당해야 교회 안에 하나님의 통치가 제대로 편만하게 미친다. 이 책은 그토록 중요한 장로 직분에 대한 성경의 가르침을 정리하여 제공한다. 이 책의 원칙에 의거하여 오늘날 교회 안에서 장로 후보들이 잘 양육되고 있고, 성경이 말하는 자격요건을 구비한 장로들이 성경적 원칙에 의거하여 선출되고, 장로들이 자신의 감독과 목양 책임을 잘 수행하고 있는가? 우리는 장로 직분을 바로 이해하고 새롭게 실천하여야 할 것이다. 이 책은 비단 장로만을 위한 책이 아니라 모든 성도를 위한 책이다. 성도는 장로를 선출하고 장로의 다스림에 복종하고 장로의 감독을 받고 장로를 위해 기도하고 장로의 직분 수행을 돕고 심지어 장로 직분을 사모해야 하기 때문에 장로 직분에 대한 깊은 이해가 필수적이다.

17. 집사 직분 이해하기 (2019년도 4사분기 출간 예정)

모든 성도가 알아야 할 집사 직분

제랄드 벌고프, 레스터 데 코스터 공저

하나님의 율법은 교회 안에서 곤핍한 자들, 외로운 자들, 정서적 필요를 가진 자들을 따뜻하고 자애롭게 돌볼 것을 명한다. 거룩한 공동체 안에 한 명도 소외된 자가 없도록 이러한 돌봄이 잘 이루어져야 한다. 이 일은 기본적으로 모든 성도가 힘써야 할 책무이지만 교회는 특별히 이 일에 책임을 지고 감당하도록 집사 직분을 세운다. 오늘날 율법의 명령이 잘 실천되어 교회 안에 사랑과 섬김의 손길이 구석구석 미치고 있는가? 우리는 집사 직분을 바로 이해하고 새롭게 실천하여야 할 것이다. 그것은 교회 공동체를 향한 하나님의 거룩한 뜻이다.

18. 건강한 교회의 실천사항들(2019년도 4사분기 출간 예정)

생기 넘치는 교회 생활과 사역을 위한 성경적 전략

도널드 맥네어, 에스더 미크 공저, 브라이언 채플 서문

이 책은 미국 P&R 출판사에서 출간된 책으로서, 교회라는 주제를 다룬다. 저자는 교회를 재활성화시키는 것을 돕는 컨설팅 분야에서 일하면서, 많은 교회의 문제점을 진단하고 개선을 유도하면서 교회들을 섬겼다. 교회 생활과 사역은 침체되어 있으면 안 되며 생기가 넘쳐야 한다. 저자는 탁상공론을 하지 않는다. 이 책에서 그는 교회의 관행과 관련된 여러 가지 실제적 문제점을 진단하고, 그 개선책을 제시하면서, 생기 넘치는 교회 생활과 사역을 위한 실천적 방법을 명쾌하게 예시한다. 그 방법은 인위적이지 않으며 성경에 근거한 지혜를 담고 있다.